地方本科院校教学质量保障体系研究

——以重庆科技学院为例

严欣平 王光明 ◎ 编著

西南师范大学出版社

国家一级出版社 全国百佳图书出版单位

图书在版编目(CIP)数据

　　地方本科院校教学质量保障体系研究：以重庆科技学院为例 / 严欣平，王光明编著. — 重庆：西南师范大学出版社，2016.10

　　ISBN 978-7-5621-8271-9

　　Ⅰ. ①地… Ⅱ. ①严… ②王… Ⅲ. ①地方高校—教学质量—研究—重庆 Ⅳ. ①G649.21

　　中国版本图书馆 CIP 数据核字(2016)第 238446 号

地方本科院校教学质量保障体系研究
——以重庆科技学院为例

DIFANG BENKE YUANXIAO JIAOXUE ZHILIANG BAOZHANG TIXI YANJIU
YI CHONGQING KEJI XUEYUAN WEI LI

严欣平　王光明　编著

责任编辑：郑先俐

书籍设计：CASTALY 周　娟　邹　青

出版发行　西南师范大学出版社

　　　　　地址：重庆市北碚区天生路 2 号

　　　　　网址：http://www.xscbs.com

　　　　　邮编：400715　市场营销部电话：023-68868624

经　　销　全国新华书店

印　　刷　重庆美惠彩色印刷有限公司

开　　本：720mm×1030mm　1/16

印　　张：17.25

字　　数：339 千字

版　　次：2017 年 1 月　第 1 版

印　　次：2017 年 1 月　第 1 次印刷

书　　号：ISBN 978-7-5621-8271-9

定　　价：52.00 元

MULU 目录

第一章 质量保障:世界高等教育关注的焦点

第一节　关注高等教育质量

一、高等教育规模扩张与质量下降

20 世纪六七十年代，以美国为代表的世界各国的高等教育规模迅速扩张，迅猛增加的在校人数与相应稀缺的教育教学资源以及随之而来的管理方式滞后的矛盾，使得高等教育的质量问题尖锐、突出——主要问题是高等教育质量下降。虽然高等教育规模扩张的原因各异，但是基于各国社会经济实际需求与民众入学需求，高等教育大众化是一个国家或地区综合实力的重要指标，是发展知识经济的基本条件，也是人力资本积聚的重要手段。高等教育大众化提供了大量具有较高文化素质和专业知识的人才，为经济增长提供了人力资源方面的支持；同时，对高等教育的投入，将带动相关产业的发展，刺激经济的增长，这是高等教育规模扩张的一个积极性因素。

高等教育规模扩张的过程，并没有相应的教育理念、教育技术与教学资源的同步跟进，是导致高等教育质量下降的根本原因。美国著名教育社会学家马丁·特罗提出了高等教育发展的三个阶段：精英化阶段，18～23 岁适龄青年能受到高等教育的人数不足 15％；大众化阶段，大学生占适龄青年的比例达到 15％～50％；这个比例超过 50％便是高等教育的普及化阶段。马丁·特罗还提出，高等教育发展的三个阶段不仅有量的区别，还有质的区别，即教育观念的改变、教育功能的扩大、培养目标和教育模式的多样化及课程设置、教学方法、入学条件、高等教育与社会关系的变化等。如果对这一系列变化没有做好应变，就会出现负面效果——高等教育质量下降。

1983 年 4 月，美国高质量教育委员会发表的《国家处于危机之中：教育改革势在必行》的报告指出，美国的高等教育质量在不断下降。从 1963 年到 1980 年，大学入学考试成绩连续 17 年下降，使大学不得不降低入学标准。大学在读生的水平也在下降，攻读学士学位的学生中，仅有一半能如期获得学位。人们对高等学校的教育质量提出了尖锐的质疑，批评大学毕业生在校没学会做人，以自我为中心，缺乏社会责任感；批评高等教育缺乏针对性，使人才质量、学科比例与社会期望存在巨大差异。

同样的问题也存在于英、法、德、日等国家。20 世纪 80 年代以来，各国纷纷推出教育改革的文件：美国高质量高等教育研究小组于 1984 年发表《投身学习：发挥美国高等教育的潜力》的报告,美国卡内基教学促进基金会于1986年发表《美国高等学校的本科教育》的报告,英国在1985年推出《20世纪90年代高等教育的发展》的绿皮书,法国在1984年颁布《高等教育法》,德国在1985年修订《高等教育总纲法》,日本临时教育审议会做出关于教育改革的四次咨询报告,苏联于1987年发布《苏联高等和中等专业教育改革的基本方针》,印度在1986年发布《国家教育政策》,都围绕着提高教育质量这个中心,提出了一系列有针对性的改革建议。[1]

20世纪90年代以后,高等教育质量问题成为全世界人们普遍关注的焦点。"截至1998年联合国教科文组织召开世界高等教育大会,质量保证已经是几乎所有国家关注的话题,而且大部分国家已经开始实施评估高等教育机构和项目质量的规划。"[2]"如果说80年代的关键词是效率,那么90年代就首推质量。"[3]

世界各国的高等教育大众化进程,都伴随着质量下降的问题,这是一个普遍性现象。进行高等教育研究就是要把握一些规律性动态,注重普遍性问题的成因及结果,指导自身及早做出反应,规避有关问题,提高高等教育办学效益和质量。从20世纪中叶欧美高等教育大众化开始,到20世纪末期我国进入高等教育大众化,期间有足够的时间、材料、考察对象可供研究,以指导我们提前做出应对。

二、争议"质量"

1.质量是什么

高等教育质量下降引起了普遍关注,人们自然会从根本上考察到底什么是质量。1982年,美国联合研究理事会在《关于美国研究型博士学位点评估总报告》中,对质量提出了质问:"质量是什么?你知道它,你又不知道它,它就是这样自相矛盾的。虽然,一些事物确比另一些事物好,就是说它们有更高的质量,但是,当你试图说明什么是质量时,除了具有质量的事物本身,却又没有什么可说的了……在人们的实际生活中,它又确实存在,不然,等级以什么为根据呢?人们又为什么愿意为某些事物付出代价,而把另一些事物扔进垃圾堆?如此翻来覆去,伤透脑筋,但还是找不到思维的出路,质量究竟是什么?"这段对质量的经典质问,深刻地撩拨了人们的神经——好像最简单的事物恰恰最难以分解求证,最普通的事物也恰恰最难以界定。1996年,欧洲大学校长会议公布的《制度评估:质量战略》报告中指出:"什么是质量,各人各论。有人认为是品质优劣的表征;有人认为是个捉摸不定的概念,若无参照物,难以判断。总之,很难对质量下一个能被普遍接受的定义。"2007年,高等教育质量保障机构国际网络组织(INQAAHE)在其第八届学术探讨会上,对于质量的探讨,从关注定义质量发展到侧重理解质量。[4]因为,质量实在难以定义。

质量界定模糊,对管理行为就难以从理论上给予清晰、有根据的阐释。"高等教育质量的概念不清,高等教育质量保障的对象是什么也就不清;高等教育评估、排行、工程等,最终评估的是什么对象、排的是什么行、实施的是什么工程,都值得怀疑。"[5]

2.质量如何界定

对高等教育质量的争议,促使人们对质量进行多维度、多层次的考察。

从普遍、权威资料方面审视质量,ISO8402将质量界定为反映实体满足相关方明确或蕴含需要能力的特性总和。ISO9000将质量看作产品的固有特征满足顾客需要的程度。《汉语大词典》对质量的解释为"事物、产品或工作的优劣程度"。《朗曼现代英语词典》的解释为"Grade,Degree of Excellence"(优秀的等级或程度)。上述定义已经附着了人类的价值判断,不是本原意义上的质量。

从哲学视角分析,"质量"是"质"和"量"的一个复合词,是一对矛盾的两个方面。质是指一事物区别于其他事物的内在规定性(我们可以形象化地称其为质素);量是数量、规模和程度。质是无形有相,量是有形无相,形与相融合,才能被人们所感知。"质量"本是一个中性词,无所谓高低好坏,但是后来人们习惯地用"质量"来表征事物的品质,这已经附加了人化的价值判断。质素符合人类需要,谓之有质;质素满足人类需求,谓之有量。社会中人们常说的质量暗含有质和量两方面的规定,不具有符合人类需要的质素的事物,量再大也无用,在需要方面定义就是废品;具有符合人类需要的质素的事物的量不足以满足需求,在需求方面定义就是稀缺品。所以,质量概念的核心是质,有质的量才具有意义;足量的质才能产生效益,满足人类的需求。质量由事物的有用性和有效性所决定,二者不可分割。质量具有效用二象性,我们称之为质量的效用二象性原理。比如,杯水车薪,杯水对救火有用但无效,原因在于水量不足,不满足效用二象性。

人类的需要千差万别,对事物质素的需要因人而异,一事物对某个人来说是需要的,对另外一个人来说就不一定是需要的。事物的质素本无所谓层级区分,但人类的价值需求赋予了质素优劣差别。社会中的质量含义,永远随着人类的需求而变化,质量概念的含义是不断发展的。具体事物的质量,则由主体的需求来确定。同样一杯水,作为饮用的需求,一般是认可的,但一杯浑浊的脏水就得不到认同了。饮用水与水的质素相同,但因需要的背景不同,会附加一些标准,饮用水要规定矿物质的含量,超过标准就界定为水质变化。饮用水的这种标准,可以视为附加质素,以人类饮用的适切性为标准。在理论研究中,对事物的衡量以质量的效用二象性为准则;在实践研究中,对事物的衡量以适切性和有效性为准则,这种适切性就是附加质素的需要标准。

高校人才培养多以专业教育模式进行,不可能对应所有行业。在学生实际就业中,会出现很多跨专业就业的情况。互动百科CEO潘海东对学生讲道,智联招聘的调查表明,工作和专业对口的仅占26％,52％的人会从头再来另选职业。潘海东本人学的是机械制造专业,却从事互联网工作,业界这种情况很普遍。能够胜任的原因在于掌握了发现问题和解决问题的方法,并系统地提高了发现问题和解决问题的能力。[6]虽然高校的专业教育一般比较严谨,并通过学历学位向社会证明人才达到了质的规定性,但是依然有用人单位抱怨学生质量不高。也就是说,通过了学校质量标准却不符合用人单位的质量需要,这一矛盾反映了附加质素在学生成长过程中的缺失。除了部分订单式培养外,高校不可能完全契合每一个用人单位的需求,这就需要在完成专业教育的“规定动作”外,师生均应注重附加质素的养成。个体的发展不可能脱离时空而存在,在专业学习过程中,提升个体的附加质素,不只应完成知识学业,更重要的是应着力加强自身的知识转化、能力迁移方面的训练,以提高适应变化的能力。

3.质量观点辨析

对质量的效用二象性的界定,可以帮助我们对有关质量的观点的研究进行辨析,进一步理解质量。黄蓉生教授综合国际国内的有关研究,将质量观点归纳为10种:第一,质量是指产品优劣的程度或符合工作的优劣程度,是指事物的内在规定性;第二,质量是含蓄不明、难以确定定义的,像“自由”“公正”一样晦涩,难以捉摸;第三,质量是满足或符合一些既定的标准或适应目标或达到目标的程度;第四,质量是卓越、优秀、第一流的代名词,在很大程度上等同于卓越;第五,质量是相对的、发展的、动态的概念;第六,质量是一个哲学范畴的概念,它涉及价值判断;第七,实用主义观点:给质量下定义十分困难,故放弃寻求理论或定义;第八,从社会适应角度看,质量除追求学术性外,还应满足社会需要,适应市场需求以及人文修养等;第九,相对质量观:从学校的投入和产出、绩效和效率来衡量教学质量;第十,可观质量观。[7]

我们对此进行分析:第一、三、四包含了质量的内在规定性的含义,但缺少量的解释,可以衡量单个主体,却难以说明群体或组织的质量情况。第二、五、六、七说明了质量的外在统觉特征,难以说明、没有深入质量的内在特性。第八包含了部分质素,阐释了有效性特征,包含的合理因素较多。第九是政府视角的效益质量观点,可以通过现实比较来判断该观点的内在合理性。按照这种观点,美国教育投入的GDP占比比我国大,资金总量也比我国大,但其学生正常毕业率小于我国,我国高等教育质量应该显著高于美国,事实上并非如此。该观点只注意了从经济效益视角来审视教育,忽视了内在质素的衡量。第十是一种模糊的观点,在普通意义上有较大的市场,通过一些可观察的结果来比较说明质量,在同一时间节点上,有较强的地域性。上述观点都没有同时注重对质量效用二象性的考量。

三、高等教育质量之锚

通过对以上质量界定的分析,高等教育质量则应由各利益相关者的需求来确定,高校则要提供这种需求服务。政府、社会、企业、家长、学生、学校、教师等都有各自的利益诉求,有多少类利益相关者,就有多少种高等教育质量观。1998 年,在法国巴黎召开的世界高等教育大会通过的《21 世纪的高等教育:展望和行动世界宣言》指出,高等教育的质量是一个多层面的概念,应包括高等教育的所有功能和活动、各种教学和学术计划、研究和学术成就、教学人员、学生、校舍、设施、设备、社区服务和学术环境等,还应包括国际交流方面的工作:知识的交流、相互联系、教师和学生的流动以及国际研究项目等,当然也要注意本民族的文化价值和本国的情况。[8]

高等教育质量是一个多层面的概念,高等教育质量多元化观点已成共识,有学者对此进行总结:模糊质量观、产品质量观、目标质量观、学术质量观、需求质量观、绩效质量观、增值质量观、素质质量观。[9]有学者探讨了内适质量观、外适质量观、人文质量观。[10]有研究者总结出五种大众化教育质量观:发展的质量观、多样化的质量观、适应性的质量观、整体性的质量观、特色化的质量观。[11]安心归纳了九类高等教育质量观:不可知论、产品质量观、测量观或达成度观、替代观、哲学观、实用观或外适应观、绩效观、内适性或学术质量观、准备观。[12]质量观归类不胜枚举,但多有交叠重复。

高等教育质量观的多元化研究,理论上可以拓宽对高等教育质量观的理解,但具体到高校管理运转中,就需要结合自身实际,确立某种具体的高等教育质量观,以更好地指导工作,体现自身工作的特殊性,展现学校办学特色。毕竟具体到每一所高校,服务区域有一定的边界,区域内的需求类别、层次和高校实际情况是高校定位的客观依据。除了模糊质量观主张放弃对高等教育质量本质的研究外,其他的高等教育质量观都有一定的合理成分可用于指导办学实践。

高等教育质量既然是一个多层面的概念,那么,就一定有主次之分。人才培养是高等教育的核心职能,居于高等教育质量的主要地位,其他质量的实现均以人才培养质量为前提。从人才培养角度来审视高等教育质量,能够得到广泛的认同,实际上所有高校也都是这么做的,这就为各种质量观的整合提供了共有基础。全面素质质量观以人的综合素质作为衡量质量的主要标准。潘懋元首先提出:"必须把传统的知识质量观以及一度流行的能力质量观转变为包含知识、能力在内的全面素质质量观。"[13]后来,周远清将之发展为"大学教育应该把传授知识、培养能力、提高素质三者结合起来,并融为一体"[14]。20 世纪末,创新精神和实践能力成为人才培养的重点,成为所有专业教育都必须重视的焦点。因为它不仅统摄了知识传授、能力培养、情感体验,又跳出了三者的窠臼,化为一种能量——创造的能量。正如阿基米德所说:"给我一个支点和一根足够长的杠杆,我就能撬动整个地球。"这就是人类理性力量的伟大。30 年前很多人都想不到信息交换不受空间限制。因特网和电脑在改变人们生活、工作方式的同时,也显示了创新精神和实践能力的力量。

高等教育质量终于找到了一个锚。高等教育质量的达成,主要通过教学和实践,培养学生的创新精神和实践能力、提高教学质量是达成高等教育质量的主要途径。

第二节　美欧高等教育质量保障措施

一、美国高等教育质量保障措施

得益于"民有、民治、民享"的民主理念沐浴,美国公众对公共服务的关注和参与热情一直较高。所有高校都是公共服务机构,公众有权了解它们在管理和发展方面的事实。1937 年,一场调查高校办学质量和效益的"院校调查"运动,涉及了 1887 所学校,卡内基教学促进基金会及 230 个政府机构、专业协会、工商业组织参与组织了调查。这次调查给高校形成了巨大压力,很多大学开始建立专门的研究机构进行校本研究,很多学校的认证制度、专业认证制度、联邦政府数据收集制度在这个时期建立起来。校内专业定期审查、专业排名、从业资格证书考试等质量保障措施被制度化。

20 世纪 80 年代发展起来的质量保障举措包括学术项目定期评审制度、大学排名制度、学生学习效果调查和毕业生跟踪调查等。这些制度被很好地贯彻并延续下来,《美国新闻与世界报道》的高校与专业排名,在全世界范围内的影响力非常大,一些国家后来效仿该举措,出现了多种大学排名机构。

值得引起重视的是,印第安纳大学的全国大学生学习性投入调查(National Survey of Student Engagement,NSSE)中心研发的 NSSE 问卷,在全国范围内进行调查,引起了很大反响。斯普林奥博大学学术委员会副主任贝蒂感叹,"NSSE 已经指出了努力的方向","就连这项调查的对立面——《美国新闻与世界报道》的'美国大学排行榜'也已经开始采用它的数据了……这个调查报告是值得注意的"[15]。

NSSE 问卷的指标设计如下:反映教育过程的五大指标——学业挑战度、主动合作学习、师生互动、教育经验丰富度、校园环境支持度;具有诊断功能的教育环节指标——课程教育认知目标、课程要求严格程度、学生课程学习行为、课程外拓展性学习行为等;反映学生学习态度的"厌学/向学"指标;表现教育结果的指标——知识、能力和价值观收获三个维度以及"在校满意度"指标。该指标设计可以看出其指导思想是真正体现以学生为中心,调查重点围绕教学、学习以及学习结果,体现大学为促进学生学习而提供的教学实践和学习活动的机会以及为学生发展提供的帮助,而非资源投入、教师学术水平、科研成果等结果指标。其基本思路是通过测量学生的学习性投入来预测其学习结果,用改进学校教育过程来提高学生的教育收获。该问卷经清华大学教育研究院引进修改后于 2007 年启动"中国大学生学习性投入调查",将教育质量评估重点从高校资源投入转向学生的学习过程和收获。项目如今扩展为"中国大学生学习与发展追踪研究",由清华大学教育研究院与中国经济社会数据中心的跨学科团队共同进行,目标是形成以学习者为中心,涵盖大学生成长背景、学习过程、就业和发展一体化的数据采集和评价系统。近三年来,全国已有近百所院校,超过 10 万名大学生参加了这一调查。[16]

通过以上措施分析可以看出,美国高等教育质量保障比较严密和科学,其质量关注既重视学校主体,也重视学生主体;既重视资源投入,也重视资源利用;既重视教育结果,也重视教育过程;既重视等级评定,也重视诊断改进。美国这一套高等教育质量保障举措建立在政府、社会、地方和学校层面上,多元且多样,灵活性大,实用性强,较少形式主义,这值得我们借鉴。

二、欧洲高等教育质量保障体系

1.EAQAHE 质量保障[17]

(1)建立质量保障标准

2005 年,欧洲高等教育质量保障协会(European Association for Quality Assurance in Higher Education,EAQAHE)制定《欧洲高等教育质量保障标准与指导方针》。其标准包括:内外部高等教育活动的共同标准;供高校使用的内部质量保障标准;供校外评估机构使用的外部质量评估标准;供国家或社会机构检查外部质量评估机构的评估标准。

校内质量保障标准包括:质量保障政策、学术项目政策、学生评估过程、教师质量保障、学习资源与学生支持、信息系统。

(2)确立质量保障方式

质量保障方式主要有四种考察形式:评估、审计、认证和基标(将考察对象与最佳实践相比较);主要考察四类对象:专业领域(对所有相关学术项目进行考察)、专业项目(针对单个学术项目进行考察)、学校、专题。在实际工作中,使用最多的仍然是专业评估、专业认证、学校评估、学校认证。

2.学生参与高等教育质量保障[18]

学生参与高等教育质量保障是近年来欧洲高等教育政策强调的一个重要方面。

对学生参与质量保障的规定包括两个层面:第一个层面是在质量保障的政策和程序中将学生放在利益相关者的地位而保障其作用,指出质量保障首先面向学生和其他利益相关者;第二个层面是在欧洲高等教育质量保障标准中对学生参与的具体内容进行规定。具体分为三个部分:第一部分是学生参与内部质量保障;第二部分是学生参与外部质量保障;第三部分是外部质量保障机构中专家组的构成要有学生代表。

据此确立了衡量各国学生参与质量保障的四个指标:一是在国家质量保障系统中要有学生参与;二是在高等教育机构/项目外部评审中,或者在专家组构成中,或者在决策制定阶段中要有学生代表;三是在外部评审中学生要参与咨询;四是在内部评估中要有学生参与。2007 年,伦敦会议又提出增加一条学生参与质量保障的指标:学生参与高校机构或项目自我评估报告的准备或撰写。

学生参与质量保障的执行效果如何?博洛尼亚进程工作小组于 2005 年、2007 年、2009 年分别对各签署国的执行情况进行评分统计,分为五个档次:优异、优秀、良好、合格、不合格。2005 年、2007 年按照四个指标,2009 年按照五个指标对各国执行情况进行评估(见表 1-1)。

表 1-1　欧盟学生参与质量保障执行效果调查统计表

级别及说明	2005 年	2007 年	2009 年
5 优异	6	17	19
4 优秀(参与 3 个指标的评价过程)	9	17	16
3 良好(参与 2 个指标的评价过程)	14	11	7
2 合格(参与 1 个指标的评价过程)	7	3	4
1 不合格(尚未有学生参与或明确的安排)	7	0	2
总计	43	48	48

表 1-1 中数据显示,学生参与质量保障取得了很大进展,参与范围越来越广,评分在"优异"和"优秀"级别的国家数三年分别是 15 个、34 个、35 个,呈逐年增加趋势。但国家间发展不均衡,北欧、波罗的海沿岸国家进展较快,东欧和南欧国家发展比较缓慢。

在学生评估过程中,突出了对学生的人文关怀,首先强调了尽可能不要根据一次检验的结果做出判断,要充分考虑检验制度的后果,要在符合学校规定的情况下安全进行;其次强调了院、系、教师及其他单位对质量保障的责任。信息公开体现了大学对学生的信息开放,不仅要求信息准确、公正,还要求信息易于获得。定期公开的信息包括学校的专业、预期学习效果、教与学、评估程序、获奖标准、学生可获得的学习机会等。[19]

3.牛津大学内部质量保障体系[20]

牛津大学质量保障形成了在校级教育委员会指导下,以各学术分部和学院为主体的体系。

(1)建立专门的校级质量保障机构

牛津大学的校委会由五个委员会组成,其中教育委员会是一个校内质量保障的宏观协调机构,其职责:一是检查各学院教育理念、教育政策和教育标准以及人才培养方案和培养过程;二是检查各学院为实施各项政策、提供学习机会、执行标准而设计的制度;三是设计并运行对学术分部进行常规检查的方案;四是参照优秀的国际标准对学术分部和院系进行常规检查;五是向校委会的规划资源分配委员会提出建议,平衡本科教育、研究生教育、继续教育的资源分配。

(2)制定统一的质量保障手册

手册内容列出了学校进行质量保障的12个领域:招生、入学指导、课程设计认可、监控与评价、学生反馈、学生申述、数据信息、外部信息、教学的质量提升、教学监控、研究生研究型学位、跨校学习协调措施。教育委员会特别强调,要保持各种信息资源(如学生信息)在考试规则、手册、课程规格和学校网站上的一致性,建议各部门使用指定的清单进行自查。除了手册所列内容外,各学院、学术分部原有的传统保障措施是得到教育委员会认可与支持的。

(3)重视学生参与

牛津大学学生参与质量保障主要通过两种方式:一是学生代表以学生观察员的身份参与到校委会中;二是通过学生调查来了解学生对学习、学校支持与生活的看法。具有影响力的学生调查有两种形式:一个是学生晴雨表调查,主要面向非毕业生,由副校长发起邀请,该调查是了解学生对质量、学校的强项和弱项反馈的重要工具,调查结果会在牛津大学的网站上予以公布;另一个是全国学生调查,面向的是即将毕业的学生,问卷涉及课程教学、考试和反馈、学习支持、课程组织和管理、学习资源、个人发展和总体满意度等方面的内容。除此之外,各个学术分部也对课程、讲座进行问卷调查以获得对课程质量的反馈。各学院主要通过辅导员评价问卷、学院问卷、学生和导师会议、学生及导师年会等形式来获得学生的反馈。

(4)实施校外督察员制度

校外督察员共有两类:一种是作为学术标准的外部仲裁者;另一种是能为学校提供内部所不具备的学术技能的专家。

（5）学院、学术分部及系的评价参与

牛津大学具体的质量保障事务分别由学院、学术分部和系来完成。每一个学院都有一个负责教学监控的专职人员，负责在学院内传播良好的教学实践行为。学院、学术分部和系对教学质量的检查几乎与学生的学习过程同步发生。"学生每周至少与导师见面一次，目的在于评价学生提出的问题、答案与理论，并在讨论过程中提出新的观点。"[21]

（6）牛津大学的导师制

导师制是牛津大学的一种富有传统的授课方式，其中心内容就是每周一次（频率也许会因年级、专业和课程而异），导师对学生进行一对一的授课（Tutorial），师生之间就学业做一对一的交流和探讨。师生见面的时间并不长，但是效率和强度都很高。导师每个星期布置的阅读任务和授课时要朗读的短篇论文，学生都得在下一次授课之前按时完成。学生不仅要消化应该消化的阅读内容，同时还得对所阅读的典籍做深入独到的思考，然后写出一篇短论文。下一次授课时，学生得带着论文去见导师。授课一开始，学生就得向导师大声朗读自己写的论文，然后，师生就这篇论文的主题、论点和论据展开讨论，相互切磋。授课接近尾声时，导师就布置下一周的阅读任务和论文的主题。每周如此，从专业上的一个主题转换到另一个主题，从一个名家的经典著作阅读到另一个名家的，从而打下坚实的专业基础。这种授课形式旨在培养学生对本专业典籍进行自我阅读、消化、理解和思考的能力，而一周一次和导师见面探讨学业则起着点睛的作用。这种以一对一授课为主的导师制的优点是学生能够当下就自己一周阅读和思考的问题得到导师的指点，并有机会对自己的论点和导师进行公开的、有效的、具有针对性的讨论，以便深入研究。[22]

通过以上举措分析得出，欧洲高等教育质量保障具有以下特点：

第一，统一性。欧洲高等教育质量保障的一大特点是强调统一性，各签署国统一制定策略、统一执行、统一汇总结果。表面的整齐划一、效率极高掩盖了各国各高校的自身特殊性，牺牲了基层单位的自主性。马丁·特罗曾对此做过一个判断：不管博洛尼亚进程的最终命运如何，就欧洲大学系统的实际情况而言，这个改革成功的希望似乎不大。

第二，重视学生权益。欧洲高等教育质量保障的又一大特点是刚性规定学生参与质量保障并做出评价，保障学生学习机会的获取以及强调学生反馈并做出回应。无论是 EAQAHE 对保障学生权益的规定，还是个案中的牛津大学对学生参与质量保障的举措，都明显体现了以学生为中心的教育理念。

　　第三,高效实用的导师制。牛津大学以及剑桥大学的导师制在全世界范围内也是极具特色的。在这种体制下历练出来的学生,具有独立思考和评判的能力,学术涵养较深。经过导师制的熏陶,学生往往具有扎实的专业知识,形成了较为完善的学科理论体系。这种制度对导师和学生双方的要求都比其他教学形式要高。导师不仅应对学生精读的经典著作驾驭自如,而且对每个学生的知识背景、学业进度和研究兴趣都得了如指掌。而学生除了要透彻读懂指定的经典著作之外,还得对导师提出的议题有深入思考,然后提出自己的见解,以便在一对一授课时能和导师切磋。导师制保障了师生间的交流既传授学识,更能提供相互切磋讨论的机会。导师制对于提高学生学习质量有着关键性的决定作用,非常值得各国高等教育借鉴。

第三节　世界高等教育质量保障最新发展及趋势

国际高等教育研究权威专家菲利普·阿特巴赫联合部分专家对全球高等教育的发展趋势进行了研究,其中涉及质量保障部分的发展趋势综述如下。[23]

一、界定质量

菲利普·阿特巴赫认同联合国教科文组织关于高等教育是一个多维度、多层次和动态的概念的界定,但在实践中,他提出,质量问题作为一个进程而非一个理念来解决会更有用。质量保障被视为一种进程,在这种进程中,高等教育的各个关键要素得到评估。也是在这种进程中,行动的观念、标准、规则、认证、基准、结果和责任等叠加在一起并形成了世界各地在高等教育中兴起的质量文化的基础。不同之处在于评估了什么以及怎样反映不同国家与文化对质量的理解。

二、高等教育质量保障六大发展趋势

1.质量标准重视国际等效性

质量发展的一个趋势是发展具有国际参考作用的标准。也就是说,不同国家的质量保障体系需要进一步相互认可和信任,以使各国的质量保障体系具有国际有效性。博洛尼亚进程正在带领欧洲走向共同的基准和标准,使所有参与国颁发的文凭和证书具有可比性。

2.评估模式发生变化

目前,高等教育机构常用的评估方法是对照自己界定的使命进行评估而不是按照管理机构确定的院校模式来评估,这是质量评估的一个重要趋势。随着高等教育机构和高等教育体制的多元化,这种进程也越来越重要和必要了。

3.评估机构角色调整

质量发展的另一个趋势是政府和半官方机构角色的调整。这些机构过去的管理和规范的角色现在已经转变为确认的角色,即当质量逐渐被视为评估和改进的一个连续的进程时,评估机构主要是看机构是否有足够的运作机制去支持这一活跃的进程。

4.大学排名受到重视

大学之间为地位和排名相互竞争,原因主要是为了获得政府拨款或者私人资助。从全球来看,各个国家为学术地位、国际学生以及顶级的学者和人员而竞争。各种排名在国家制定高等教育政策中的分量越来越重。

5.文凭和证书的评估渐受关注

如何评估教育文凭和证书是质量保障主题的一个较新的维度。以往的重点主要放在学位项目的课程上。有时更广泛的学术经验,如补充课程和课外活动,也会得到评估。新的标准(如与劳动市场相关的内容)也被添加到文凭和证书的评审中。同时,学习内容所发展的竞争力也越来越受到关注。

6.重视学生学习成果

最近几年,人们对高等教育的成果越来越重视。评估者正在寻找新的数据和指标去显示学生通过受教育对特定目标的掌握程度。在少数国家的少数高等教育机构中,基于结果来评估学习效果的经验依然很有限,但是这种评估方式正在快速扩张。

经济合作与发展组织已经引入了一种评估学习效果的计量表。高等教育学习成果评估于2006年开始实行,目的是打造评估教与学的能力。这个计划仍然在发展中,它关注以下几个方面:

其一,物理与组织特性:可以观察到的特性,如入学状况以及男女生比例的数字。

其二,与教育相关的行为和实践:学生—教师之间的互动、学术的挑战、对应用工作的强调等。

其三,心理社会属性和文化属性:学生的职业期盼、父母的支持、高等教育机构的社会期待等。

其四,行为和态度的结果:学生的持久性和学位的完成程度、继续进入研究生学位的学习还是成功找一份工作、学生的满意度、增加学生的自信,以及学生自我报告的学习成果(或由教师提供的反映学生学习成果的报告)。

三、高等教育质量保障的三大挑战

1.妥善评估

高等教育质量保障运动的全面推进,需要参与者和利益相关者的信任。这意味着需要良好的准备、妥善管理的自我研究、审计和同行评估。在许多国家,这个进程比较新颖,由几乎没有足够的知识、技能或者经验的人去实施。比如,进行自我研究和同行评估已经成为在全球范围内建设质量保障计划的一个严峻挑战。

2.教学与研究功能的平衡

最近几年,由于具有高度影响力的世界大学排名体系对研究活动与成果的重视,传统的与研究相联系的声望被强化了。资金与关注源源不断地流进那些在研究方面非常杰出的院校,这导致以教学为主的院校难以吸引资金和其他支持,并因此处于非常不利的状态。然而,培养一个拥有技能的劳动者一直以来都是高等教育相当关键的功能,因此,不能为了竞争研究声望而忽略了教学的功能。

即使在同一所学校,讲师和研究人员都知道,研究导向和研究产出对学者来说就意味着最高的荣誉、最好的待遇,所以,他们常常迫使学校强调研究是大学的关键使命。在大学排名和全球化竞争时代,这种倾向更加强烈。同构(迫使学术机构互相复制的压力)趋势是学术体制分化的桎梏。但是,公众领袖必须相信:一个多元化的学术体制才能服务于不同的社会需要。这考验着高层管理者的管理智慧。

3. 教授职位的官僚化

随着大学的规模日益扩大并对校外的权威负责,大学越来越官僚化了。严重的官僚控制和作风对教师在学术管理中的传统参与活动以及学术氛围有害无益。一度占支配地位并曾抵制变化的教授权力已今非昔比。在高等教育领域,权威的钟摆已经从教师转到管理人员和官僚体系上,这对大学造成了重大的影响。

第四节　我国高等教育质量保障举措

一、我国高等教育质量保障政策与举措

1985 年,我国颁布的《中共中央关于教育体制改革的决定》从权责赋予、保障方式、提高路径和衡量的根本标准等方面对高校提高教学质量做出了明确规定。"教育管理部门还要组织教育界、知识界和用人部门定期对高等学校的办学水平进行评估",中国高等教育质量评估活动开始试点。为激励、保障各高校切实提高教学质量,进行教育体制改革,文件明确提出"要扩大高等学校的办学自主权……对不同的高等学校,国家还可以根据情况,赋予其他的权力"。对于各高校进行的质量提高活动,文件明确指出要"积极进行教学改革的各种试验,改革教学内容、教学方法、教学制度,提高教学质量"。文件最后鲜明地提出了"衡量任何学校工作的根本标准不是经济收益的多少,而是培养人才的数量和质量"。同年,原国家教委颁布《关于开展高等工程教育评估研究和试点工作的通知》,一些省市开始启动高校办学水平、学科、专业、课程的评估试点工作。至 1990 年,总计有 500 多所学校参与评估。

1990 年,原国家教委颁布了首个专门的评估文件《普通高等学校教育评估暂行规定》,就高校评估的指导思想、性质、目的、任务、基本形式等做了明确规定,这是中国第一部关于高等教育评估的法规。随后,我国开始探索对本科教学工作进行整体评估。

1993 年出台的《中国教育改革和发展纲要》提出"建立各级各类教育的质量标准和评估指标体系"。纲要对评估的定位有三个特点:一是将评估定位为学校的一项基础性工作,申明"把检查评估学校教育质量作为一项经常性的任务";二是对评估主体和形式做了拓展,"对职业技术教育和高等教育,要采取领导、专家和社会用人部门相结合的办法,通过多种形式进行质量评估和检查";三是突出用人单位的作用,"各类学校都要重视了解用人单位对毕业生质量的评估"。纲要的一个显著变化是申明高校性质的多元化,强调高校的质量层次特色,提出了"制定高等学校分类标准和相应的政策措施,使各种类型的学校合理分工,在各自的层次上办出特色"。

随着国家逐步加大对高等教育质量问题关注的力度,一系列本科教学水平评估

工作开始展开。其一，合格评估。1994 年，我国对本科教学工作进行合格评估，这种评估方式主要用于 1976 年以后新建的、本科教育历史较短的、基础比较薄弱的学校，目的是使这类学校能够达到国家规定的基本的办学水平和质量标准，并帮助这类学校进一步明确办学指导思想，加强教学基本建设，提高教学管理水平。被评学校由原国家教委指定。截至 2002 年，共有 190 所新建院校接受了合格评估，154 所学校一次性通过，36 所学校暂缓通过。其二，优秀评估。1994 年，我国实施"211 工程"，申请入围的学校将享受专项资助。1996 年，我国开始对申请进入"211 工程"的高校进行教学工作优秀评估，有 80 多所院校申请参加，实际仅评估了 16 所。到 2000 年，这项优秀评估试点工作就停止了。其三，随机性水平评估。随机性水平评估开始于 1999 年，主要是针对介于上述两类学校之间的普通院校，被评学校由教育部随机抽取。随机性水平评估分为优秀、良好、合格与不合格四种。至 2001 年，有 26 所高校接受了随机性水平评估。其四，统一水平评估。2002 年，教育部将合格评估、优秀评估和随机性水平评估三种方案合并为一个方案，即现行的《普通高等学校本科教学工作水平评估方案（试行）》。普通高等学校本科教学工作水平评估的结论分为优秀、良好、合格和不合格四种。随后采用新方案对 21 所高校本科教学进行评估试点。[24]

2001 年 8 月，教育部公布《关于加强高等学校本科教学工作，提高教学质量的若干意见》（俗称"高教 12 条"）。该意见提出"建立健全教学质量监测和保证体系"。较之以前出台的政策，该意见有三大显著突破：一是明确申明"教学工作始终是学校的中心工作"，为此提出"各级教育行政部门要把教育质量特别是本科教育质量作为评价和衡量高等学校工作的重要依据"；二是将建立质量保障体系上升到基本制度保障的高度，"政府和社会监督与高校自我约束相结合的教育质量监测和保证体系，是提高本科教育质量的基本制度保障"；三是强调如何进行高校内部质量保障，"建立用人单位、教师、学生共同参与的教学质量内部评估和认证机制"。

2003 年，国务院批转了《2003—2007 年教育振兴行动计划》，明确提出"完善高等学校教学质量评估与保障机制"，明确了教学质量评估与保障机制的具体内容："健全高等学校教学质量保障体系，建立高等学校教学质量评估和咨询机构，实行以五年为一周期的全国高等学校教学质量评估制度。规范和改进学科专业教学质量评估，逐步建立与人才资格认证和职业准入制度挂钩的专业评估制度。加强高等学校教学质量评估信息系统建设，形成评估指标体系，建立教学状态数据统计、分析和定期发布制度。"与以前的政策相比，在高等教育方面，拓宽了质量提高的实施路径，更具针对性和指导性；确定了"五年一轮"的普通高等学校本科教学工作水平评估制度；提出了"重点推进高水平大学和重点学科建设"战略重点，并且具体到实施"高等学校教学质量与教学改革工程""促进毕业生就业工程""教育信息化建设工程""高素质教师和管理队伍建设工程"等四项重大工程,在保障内容方面更加贴近高校教学与管理实际。

2004年,教育部出台《普通高等学校本科教学工作水平评估方案(试行)》,提出了"以评促改,以评促建,以评促管,评建结合,重在建设"的二十字方针。同年8月,教育部高等教育教学评估中心正式成立,建立了五年一轮的评估制度,标志着中国高等教育的教学评估工作开始走向规范化、科学化、制度化和专业化的发展阶段。

2005年,教育部出台《关于进一步加强高等学校本科教学工作的若干意见》(俗称"高教16条"),明确指出要"加强高等学校教学工作评估,完善教学质量保障体系"。该意见在质量保障方面有两大亮点:一是提出了"建立政府、高校和社会有机结合的高等教育质量保障体系";二是明确了评估要"重视不同类型高校的办学定位和特点,按照分类指导的原则,进一步完善教学工作评估指标体系"。在质量保障主体上,该意见申明了政府、高校、社会三位一体的内外结合保障模式;在内部保障方面,该意见阐明了分类指导、分类评估,给予了高校充分的重视,有利于立足自身定位,办出特色,激发了高校探索、创新的积极性和主动性。

2006年,我国开始建立工程教育认证体系,并于当年开始了认证试点工作。

2007年初,我国开始实施"高等学校本科教学质量与教学改革工程",提高质量成为我国高等教育发展的主旋律。

2010年公布的《国家中长期教育改革和发展规划纲要(2010—2020年)》将提高质量作为高等教育发展的核心任务,健全高等教育质量保障体系,改进评估工作。

2011年,《教育部关于普通高等学校本科教学评估工作的意见》指出,建立以学校自我评估为基础,以院校评估、专业认证及评估、国际评估和教学基本状态数据常态监测为主要内容,政府、学校、专门机构和社会多元评价相结合的教学评估制度,即所谓的"五位一体"评估制度。

2012年出台的《教育部关于全面提高高等教育质量的若干意见》(俗称"高教质量30条")要求"加强高校自我评估,健全校内质量保障体系,完善本科教学基本状态数据库,建立本科教学质量年度报告发布制度",把工作重点集中到提高教育质量上来。

2013年,我国加入《华盛顿协议》,高等工程教育获得国际认可。至2013年,我国共在15个专业领域对155个专业进行了认证。[25]

从各种质量政策、意见和规定的成文理路分析,质量主线越来越清晰,质量意识趋向接地气,突出学校质量保障的中心地位,重视评估与自身定位、目标的契合,给予自我评估以奠基性定位。但已采用的质量保障手段单一,只有教育部主导的外部评估。只是近来才确立了"五位一体"的评估制度,明确了自我评估在评估政策中的基础性地位,专业认证工作处于起步阶段。从执行情况看,政策号召力度大,但执行措施、赋予的条件却不充足,对评估走形式的批评一直没有间断,自始至终都是从上而下的贯通模式,没有激发高校自身参与评估的积极性。高等教育原有的制度痼疾并没有解决,高校办学自主权问题有所改善,但并没有满足学校发展需求。总体来说,政策、制度的供给既保守又僵化,高校围绕着指挥棒团团转。但是,近年来出台的"五位一体"评估制度所秉持的"以学生发展为本位""学生和用户满意度""强化质量保证体系"的理念和标准具有完全"国际实质等效"的实践效用,让人期待着能够带给高等教育质量保障领域一股清灵、充满活力的春风,尤其是院校评估和专业认证制度,激励高校积极主动地关注、加强质量保障建设。

二、构建教学质量保障体系

1.高校教学质量保障体系存在的问题

目前,高校教学质量监控主要体现于对教学过程的监控和对教学质量的评价分析上,其存在的不足如下:第一,教学过程监控不平衡,主要偏重于课堂教学,对其他教学环节和教学过程监控较少;重视理论教学监控,而缺乏对实践教学环节的监控。第二,教学质量评价不尽完善,尚未建立符合本校实际的科学合理的教学质量评价指标,评估过程中人为成分较重,难以达到客观化、科学化。第三,教学质量监控范围较窄,对教学计划、教学秩序的监控较重视,对执行教学大纲、教学内容、教学研究等方面的监控不足;对教师教学活动监控较严格,对学生学习情况监控较松弛;对学生知识的考核比较重视,对学生素质和能力的考核缺少办法。第四,教学质量监控功能发挥不足,领导对教学质量监控的薄弱环节重视不够,对监控系统反馈的信息缺乏决断。[26]还有人从教学学术视角审视本科教学内部质量保障体系,提出高校领导重视加大投入以提高教学质量,但未能重视教师对本科教学精力投入不足的问题,重科研轻教学的倾向仍然存在,部分教授不愿意为本科生授课。原因在于外部评估重视科研论文、科研经费等学术研究类指标,内部评估就是职称评聘也是重科研成果,教学再好没有一定数量的论文和课题,也不符合晋升标准。[27]

还有研究者对研究型大学内部质量保障的问题进行了研究,其问题带有普遍性,地方本科院校也同样存在这类问题:教学质量评估和监控体系薄弱[28],课程问题是导致本科教学质量总体偏低的重要因素,教学问题也在一定程度上影响着教学质量[29];评估主体多为行政管理人员而非教师、专业学者,且缺乏相关保障制度和激励机制,导致教师参与度不高、主动性不强;课程教学评估标准的随意性和结果缺乏公信力,重视教学信息收集和总结性评价,相对忽视教学信息的反馈,忽视教学问题诊断和发展性评价结果。[30]

2.高校教学质量保障体系的构建研究

有研究者认为,教学质量保障体系由四大系统组成:控制要素系统(对教学质量影响最大的因素包括:师资队伍状况、学生状况、教育教学资源配置状况、教学管理状况、各主要环节的组织与运行状况)、质量标准系统、统计测量与评价系统、组织系统。[31]也有研究者认为,教学质量的高低取决于教与学两个方面,教学质量保障体系应由教学管理制度系统(教学质量标准、教学过程、教学管理、教学条件及保障制度体系)、教学管理组织系统(校、院、系三级教学管理体制)、教学质量评估系统、教学信息反馈系统四大子系统组成。[32]

2008年,教育部连续召开三期以高校内部教学质量保障体系为主题的研讨会,参会高校380所,各自交流本校的质量保障体系,比较有特色的质量保证体系有以下几种。[33]

戚业国教授认为,高校内部教学质量保障体系的结构框架由六个子系统构成:本科教学的质量思想与质量文化;本科教学质量准则和质量标准的建设;本科教学的投入保障机制;本科教学质量的过程保障;本科教学产出质量保障体系;本科教学的反馈与修正系统。

上海应用技术大学教学质量保障体系包含两个回路、八大系统:服务支持回路由教学组织指挥系统、教学过程管理系统、教学基本建设系统、信息采集处理反馈系统四部分构成;质量产出回路由教学质量目标系统、教学过程质量监控系统、教学水平质量评估系统、调整决策与反馈系统四部分构成。

南京师范大学提出生源控制(起点)、师资控制(基础)、过程控制(关键)、自我评价(重要一环)四部分构成内部质量管理体系。

大连海洋大学的教学质量监控与保障体系包括五大系统:教学目标系统、教学质量标准系统、教学运行系统、教学保障系统和教学质量监控系统。

3.高校内部教学质量保障体系的运行

戚业国提出高校内部教学质量保障体系的五大运行基本系统:指挥系统、信息收集系统、评价与诊断系统、信息反馈系统、支持系统。北京印刷学院的教学质量保障体系的运行体系包括五大系统:教学决策系统、教学指挥系统、教学条件及支持保障系统、教学质量监控及评价系统、教学信息反馈系统。

4.独具特色的质量保障措施

(1)教师教学培训

西南财经大学的新教师教学训练制度规定,连续两次以上学生评教效果不好的教师,需要进行教学技能提升训练。天津大学完善教学准入制度,建立校院两级督导体系,对第一次指导本科生毕业设计工作的教师进行培训。哈尔滨工业大学的课堂教学准入制度,强化了助课、试讲、准入、认证、预警、退出、培训、提高等环节,确保教师任教资格。

(2)教师评学

烟台大学每学期开展一次教师网上评学工作,结果作为评选"优良学风班"的参考,网上实现监控数据的及时反馈,师生评学评教信息互通,教学相长。黑龙江中医药大学提出,由教师、辅导员、教学管理干部对学生学习过程每学期评价一次。

(3)学生参与教学管理

杭州师范大学钱江学院成立学生教学管理委员会,下设教学信息服务部、课堂教学管理部、实践教学管理部、学生科研管理部、组织宣传部五个分部。

(4)教学质量监控的数据库建设

河海大学委托外部公司研制和开发了本科教学工作内部评估系统,真正实现了评估的全过程管理,有利于教学评估的常态化,这也是下一轮评估的走向。

(5)课程教学

安徽财经大学成人教育学院实行"聘任课程教学负责人制度",在同一课程聘任教师中,选聘一名学术威望高、教学业务强的教师担任课程教学负责人,其责任是:主持所承担课程的教学研究、拟订授课计划、组织教学备课、拟订考核内容、总结教学经验、参与新聘教师的岗前培训等。

通过以上政策分析和实践梳理可以看出,2005年以前的质量保障政策和文件主要是强调高校要围绕教育部出台的政策法规来完成规定动作。自"高教16条"出台以来,我国将高校与政府、社会的合作结合到一起,正视了高校的独立法人地位,重视高校的办学定位和特点,并按照分类指导的原则完善教学工作评估指标体系,高校的自主性、主动性、积极性得到尊重。但从教学质量保障体系建设来看,已有体系不完善,多数学校没有完成体系构建。从完成的质量保障体系来看,多数遵循全面质量管理理论、系统论、信息论、控制论等理论进行探索,理论呈现蔚为壮观,这成了高等教育管理的一种时尚。然而,教学质量保障属于教育范畴,首先要遵循教育规律和教育理论,用教育教学理论来指导教学实践。质量保障体系不仅仅是一个结构框架那么简单,这个结构图式里面应该蕴含着教育思想、办学理念、工作侧重点和质量保障流程。全面质量管理理论、系统论、信息论、控制论仅仅是将某些教育教学节点、某些教学管理组块科学地整合起来,这些节点和组块用上述理论是不能解释的,只能用教育理论来说明。如此,几个明显而必要的问题是质量保障体系必须要回答的:构建教学质量保障体系的切入点和落脚点是什么? 教学质量的本质是什么? 影响教学质量的关键要素是什么? 作为质量保障的基本手段——评估,其依循的标准是什么? 这些关键的问题都需要用教育教学理论来阐释。还有一个很现实的问题,教学质量保障对于高校来说是一个个性化的问题,解决好这个问题对于解决当前地方本科院校发展同质化、提高教育质量、促进学校特色化发展来说是一条必由之路。教学质量保障的底线是教育部的评估标准,起码要做到合格,更关键的是提高,根据自身特点和实际情况,选择适合自身发展的路径以及选择适切的管理策略。具体到某所高校,高大上不一定就是最好的,力微而负重,好高骛远,对地方高校来说是一种戕害。

参考文献:

[1]吴长庚.由高等教育大众化引发的思考[EB/OL].[2015-07-08].http://db.sru.jx.cn/gjyj/lw/13.htm.

[2][美]菲利普·阿特巴赫,利斯·瑞丝伯格,劳拉·拉莫利.全球高等教育趋势——追踪学术革命轨迹[M].姜有国,喻恺,张蕾译.上海:上海交通大学出版社,2010:46.

[3] Diana Green. *What is Quality in Higher Education*[M]. Society for Research into Higher Education & Open University Press,1994:1.

[4]郭朝红.高等教育质量保障:总结经验、展望未来——高等教育质量保障机构国际网络组织(INQAAHE)第八届双年会综述[J].江苏高教,2008(2).

[5]黄蓉生.质量与保障:坚守高等教育生命线[M].北京:教育科学出版社,2011:4.

[6]潘海东:北科大 2014 级新生开学典礼讲话 [EB/OL].[2015-07-08].http://huodong.baike.com/article-1443050.html.

[7]黄蓉生.质量与保障:坚守高等教育生命线[M].北京:教育科学出版社,2011:5.

[8]联合国教科文组织.21 世纪的高等教育:展望和行动世界宣言[R].1998.

[9]熊志翔等.本科院校质量保障体系研究[M].广州:广东高等教育出版社,

2008:15—20.

[10]戚业国,陈玉琨.论教育质量观与素质教育[J].中国教育学刊,1997(3).

[11]邱梅生.大众化高等教育质量研究综述[J].江苏高教,2002(1).

[12]安心.高等教育质量的界定初探[J].现代教育管理,1997(2).

[13]潘懋元.走向21世纪高等教育思想的转变[J].高等教育研究,1999(1).

[14]周远清.素质　素质教育　文化素质教育——关于高等教育思想观念改革的再思考[J].中国大学教学,2000(3).

[15]NSSE公布高校另类调查[EB/OL].[2015-9-12].http://www.chuguo.cn/news/1657.xhtml.

[16]"中国大学生学习与发展"系列调研报告[EB/OL].[2015-9-12].http://wenku.baidu.com/view/8b612c22ccbff121dd3683cb.html.

[17]赵炬明.超越评估(上)——中国高等教育质量保障体系建设之设想[J].高等工程教育研究,2008(6).

[18]赵叶珠.学生参与:欧洲高等教育质量保障中的新维度[J].复旦教育论坛,2011(1).

[19]赵炬明.超越评估(下)——中国高等教育质量保障体系建设之设想[J].高等工程教育研究,2009(1).

[20]朱国辉,谢安邦.英国高校内部教育质量保障体系的发展、特征及启示——以牛津大学为例[J].教师教育研究,2011(2).

[21]刘宝存.牛津大学办学理念探析[J].比较教育研究,2004(2).

[22]李若虹.在牛津和哈佛求学[M].上海:华东师范大学出版社,2009.

[23][美]菲利普·阿特巴赫,利斯·瑞丝伯格,劳拉·拉莫利.全球高等教育趋势——追踪学术革命轨迹[M].姜有国,喻恺,张蕾译.上海:上海交通大学出版社,2010:46—147.

[24]刘振天.回归教学生活:我国新一轮高校本科教学评估制度设计及其范式变革[J].清华大学教育研究,2013(6).

[25]教育部高等教育教学评估中心.2013年工程教育认证交流研讨会会议资料[Z].

[26]贺祖斌,杨树,何茂勋等.地方高等学校教学质量保障体系的建构与实践[J].高教论坛,2004(4).

[27]项聪.基于教学学术的高校本科教学内部质量保障体系构建[J].黑龙江教育(高教研究与评估),2011(8).

[28]李明.研究型大学内部教学质量评估与监控的实践及反思——以 39 所"985"工程大学为例[J].中国高等教育评估,2013(4).

[29]何华春.我国研究型大学本科教学质量及影响因素实证研究——以国内 8 所高校为例[J].煤炭高等教育,2011(2).

[30]王迎军.问题、变革与展望——研究型大学本科教学质量保证研究[J].高等工程教育研究,2008(5).

[31]高海生,胡桃元,许茂组等.高等教育教学质量保障监控体系的构建与实践[J].教育研究,2006(10).

[32]贺祖斌,杨树,何茂勋等.地方高等学校教学质量保障体系的建构与实践[J].高教论坛,2004(4).

[33]杨彩霞.高校内部教学质量保障体系评析——教育部评估中心教学质量保障体系研讨会启示[J].中国高等教育评估,2009(4).

第二章　地方本科院校教学质量保障体系的理论研究

　　梳理已有的关于高等教育质量保障的研究，戴安娜·格林对高等教育质量保障的界定较为经典。其定义为："高等教育质量保障是指特定的组织根据一套质量标准体系，按照一定程序，对高校的教育质量进行控制、审计和评估，并向学生和社会相关人士保证高等教育质量，提供有关高等教育质量的信息，其基本理念是对学生和社会负责，保持和提高高校的教育质量水平，促进高等教育整体发展。"[1] 该定义包含了内外部质量保障两个方面，指明了内部质量保障依赖质量控制和质量评估，通过公开发布质量信息向社会证明办学质量。高校以此受到鞭策，发挥长处，改进不足，促进教学质量提高。高校的教学质量保障属于内部质量保障，其关键在于关注质量生成环节，牢牢掌握质量关键控制点，注重质量的品质，促进质量的持续提高，重在诊断，明晰教情和学情，有目的、有针对性地改进和提高，向利益相关者证明是次要目的。因此，教学质量保障首先要关注质量生成环节，而质量生成需要什么资源、条件，怎样才能高质高效生成质量，怎样保证监控过程，如何来评价它是否高质高效，如何反馈信息以促进改进，这些才是教学质量保障要解决的问题。

第一节　知识视角:透视教学质量

高等教育的三大职能——人才培养、科学研究、服务社会,归根到底是知识的传递、发现与应用。人才培养的过程包括了知识的传递、发现和应用,并且始终伴随着情绪的变化、情感的升华和信念的形成。个体知识的外用辐射实现自身的社会价值,知识的内在滋养使得自我价值得以实现。不考察知识的传递、发现和应用,研究教育教学质量就成为无源之水、无本之木。而通过知识考察教育教学质量的研究却很少,"从很多方面来说,知识问题最基本,并且最具有理论色彩,但相关的研究却很少。"[2]"在高等教育研究中,很少有聚焦于知识的分析。"[3]从质量保障角度分析,知识转化是质量生成的本质,是教学质量的关键控制点。教学评估、质量认证等保障方式,从根本上来说,就是通过诊断和评价来发现问题,反馈给教学,有针对性地提高知识转化的效能,借以提高教学质量,所以才有了"以评促建,以评促改,以评促管,评建结合,重在建设"的评估方针。没有知识转化,高等教育的三大职能就是空中楼阁、镜花水月。

一、知识的哲学解读

教学行为的发生,是教师和学生这两个主体针对知识(学习内容)进行对话、操作、演示、思考的活动。没有对知识的加工、理解、掌握和应用,我们就无法理解教学质量。

在教育哲学中,"什么是知识"是首要的认识论问题,它是教育行为得以发生的依据。在西方哲学史上,柏拉图关于知识的观点为多数哲学家所赞同。他认为,知识是人类理性认识的结果,是人们对于事物本质的反映和表述,不同于人类感性认识所产生的"意见"。[4]在柏拉图看来,一条陈述能称得上知识必须满足三个条件,它一定是被验证过的,正确的,而且被人们相信的。基于以上观点,我们可以得出知识的内在特性。

1. 知识的客观性

经验主义者认为,知识的客观性包括:首先,这种知识是可检验的,可以用"结果"来证明的;其次,这种知识是可证实的,可以用自然事实或实验事实为其提供证据。

知识的客观性是教学行为发生的逻辑起点,因为它是可观察的、可证实的。提高教学质量的一个方面就是如何帮助学生认识或获得知识的这种客观性。经验主义者认为,要认识知识的这种客观性,就要按照事物的本来面目来认识事物,教师要做的工作就是还原事物本来的面目——引出学生已有的经验或实验、实践验证。照本宣科、满堂灌的教学方法备受诟病,根源就在于承袭知识的文本表述,没有揭示文本背后的事物本源。

2.知识的逻辑性

对同一事物的表述有的可信,有的不可信,原因在于表述的逻辑性。知识表述必须逻辑自洽,能够自圆其说,不能前后矛盾、令人怀疑。知识是人类理性认识的结果,是思考的产物,其中的关键是思维,思维的流畅性、灵活性和科学性决定了思维逻辑的品质。逻辑是人们在认识事物的过程中习得、掌握的思维规律以及思维逻辑化的规律,其形成理路是思维模仿—思维验证—思维惯性—思维再验证—思维规律。提高教学质量的一个最关键方面就是剖析知识的内在逻辑,帮助学生掌握思维规律。思维逻辑化是学生分析、推理、判断、创新所需要的核心能力。通过知识学习,习得、掌握思维方法和思维规律,知识既是目的,更是手段,也是训练学生思维的材料。有学者认为,大学期间学什么很重要,但怎么学更重要。逻辑思维在大学学习中居于首要地位,是应对大学高深知识、抽象知识的圭臬。

3.知识的相对性

知识的相对性是由认识的相对性原理所决定的。人类对事物的认识总是处于一定的环境中,受背景、条件所限制,在一定条件下被验证是正确的知识,在条件改变的情况下,知识所反映的本质、呈现的形态会随之发生改变,这在自然科学、社会科学领域都有经典范例。知识的相对性是知识创新和发展的客观基础,因为它提供了一种开放性和问题情境。也就是说,个体对于认识领域中的"客观性"问题与存在领域中的物质体的"客观性"的理解存在差别,即对同一事物不同的人可以有不同的看法,同一个人在不同时期对同一事物的观点也可以有所不同,这都是经验事实,这就隐含了问题情境。知识学习需要了解知识的应用条件,知识创新需要改变条件和前提,这是学习和创新的基本方法论。

二、高深知识

接受高等教育,主要是从事高深知识的学习和研究。"知识材料,尤其是高深的知识材料,处于任何高等教育系统的目的和实质的核心。不仅历史上如此,不同的社会也同样如此。"[5]有学者认为,高等教育理论体系的逻辑起点是高深专门知识的教与学。[6]高深知识除了具有知识的三个一般特性外,其自身还具有以下特性。

1.专业性

大学按专业传授知识,为服务专业做大做强,按专业群开设相关课程,知识专门化性质明显。客观上,由于人类认识的不断深入和视野的不断扩展,专业发展促使知识精细化和交叉化,而个体精力、时间的有限性,使得对高深知识的学习和研究只能选择专业化。高深知识的专业性表现在:专业的陈述性知识具有自身特定的符号表征、概念、命题,能形成自身知识体系的结构图式;其程序性知识往往具有行业规范性特征;学习与研究的策略性知识常常带有明显的专业特征,能形成自身特有的模式、信念。因此,专业结构图式、专业实践规范和专业思维模式是区分知识专业化的三个维度。专业性越强,辐射到实践中技术性就越高,没有认真学习这个专业的人很难胜任这个专业的工作。有些大四学生在应聘后反映:"感到自己学了很多专业知识,但应聘时明显感到自己不够专业。"因此,我们应该了解学生现场应聘的问题,从上述三个维度有针对性地进行剖析,以指导后续的教学。

2.实践性

大学专业知识具有一定的行业导向特点,学生毕业后总要从事某一行业,这必然要求对专业知识的教和学体现一定的实践性特征,以学科为基础的知识不可能包括所有的程序性知识,"做什么"和"如何做"不可能在课堂中得到全面阐释。"在高等教育领域中,出现了知识范式的转换,学校传统教育重视洞察力、理解力、反应力、批判力的培养,而现代社会更支持的是技能、能力、结果、信息、技术与灵活性。"[7]尤其是工科类学校、定位于培养应用型人才的学校,应将实践教学置于跟理论教学同等的地位,这是由专业知识的实践性所决定的。

3.复杂性

布鲁贝克认为,高深知识所谓的高深只是程度上的,这种程度在教育体系的上层是如此突出,以致使它成为一种不同的性质。在另一种意义上,所谓高深又是极为含混不清的。[8]高深知识随人类认识的深入和时间的延续而变化,高深知识的前沿性很好解释高深知识的这种变化:有些知识过去是高深知识,但后来也就是普通浅易知识,为多数人所学习和掌握;而当下的前沿性知识只能为少数人所接触、掌握,对于多数人来说,这种前沿性知识就是高深知识。高深知识对于多数人来说除了认识视野局限而难有机会接触外,还有一个很重要的特点就是高深知识是包含复杂规则,甚至超越现有规则的知识,需要有一定的基础、长期训练才能掌握;有些知识还是探索未知规则的知识,为未来制定规则的知识,在这种知识中,模糊、混沌、矛盾、无序等经常出现,确定性消失了。[9]学生反映的教学知识陈旧、学习与实践中不能从专业的视角分析等问题,都揭示了其对知识的时代性、前沿性的把握不足,对专业知识的内在规则掌握不到位,这恰恰是反映教学质量的一个重要方面。

第二节　知识转化：教学质量生成的本质

一、知识转化的内涵

所谓知识转化，是指知识经过选择性加工和吸收后，出现三种或然结果：一是生成新的知识结构；二是形成新的知识观念；三是化成一定的实践能力。三者达成其一，我们就认为知识转化过程发生了。前两者属于认识论领域，后者属于实践论领域；后者是前两者的功用目的，前两者是后者的智力基础。三者的内涵及其质量旨蕴是什么呢？

1.生成新知识结构

知识结构是知识因子、功能、因子间性的组合体，三者任何一者的变化都将改变知识结构，从而形成新的知识结构。知识因子的增加拓展知识结构，知识功用相应增多，因子之间的联系也相应复杂，知识转化的重点相应地放在发现知识因子之间的联系上。"联系性是属于一切类型的一切事物的本质。抽掉联系性，必将抹杀所考虑的事实中的一个本质性因素。"[10]同一领域的知识因子之间建立的联系越多，昭示知识学习的程度越深；不同领域的知识因子之间建立的联系越多，显示知识拓展的范围越广。二者都表现为知识功用的增多增强，亦即学习质量提高。

学习的认识论意义就是发现知识之间的联系，掌握发现这种联系的方法和规律，能够利用该知识的功用，增强改造世界的能力；而研究则是为了谋求知识的某种功能或结果，企图去发现和建立知识之间的联系，得到新理论、新技术、新发现。二者的区别在于：研究旨在建立已知与未知之间的联系，这种联系是思维逻辑的延伸和实验结果的证明；学习旨在揭示个体已有知识与当前知识之间的联系，通过把握这种联系，掌握现有知识，习得思维规律，这种联系获得了心理上的透视感——原来是这样，或者原来可以这样的感觉，给予学生以豁然开朗的知觉，更容易唤醒学生的自我意识。

平时的知识积累仅仅是为了生成新的知识结构创造条件的，并不一定能形成新的知识结构。按照知识构建的观点，知识可以分为活性知识和惰性知识。活性知识能够与已有知识结构建立联系，能够被纳入知识结构，同时也拓展了已有知识结构。

惰性知识是相对的,是目前无法纳入已有知识结构的游离态知识,随着知识结构的拓展,以后有可能被纳入知识结构。所以,只有对活性知识的吸纳才能生成新的知识结构。活性知识和惰性知识的区分是相对的,就是考察它们与已有知识结构之间是否存在联系。知识丰富、思维敏锐的学生的学习质量、学习效率高,根源于知识结构强大的吸纳性和发现知识之间的联系。

2.转变观念

观念转变是指通过对事物更为深入的理解,改变原来错误和幼稚的思想,思考问题、认识世界、处理事务的方式发生根本性变化。观念转变是相对的,一个时期内自认为是正确的观念,随着认知的提高和环境的变迁,会发现其局限性甚至错误,自然转变为另一种观念,个体会产生"原来我的认识和做法是错误的"的感触。观念的这种无形有相性质,令表征颇为棘手,需要从哲学视角厘清其本源与转变方式。

(1)观念源于印象

印象是观念产生的原因,印象先于观念产生。观念和印象是知觉的两个层面,是按照事物进入人类心灵时的强烈程度和生动程度不同而划分的。人们把强烈生动的知觉称为印象,它包括所有第一次出现于我们心中的一切感觉、情感和情绪。观念是指我们的感觉、情感、情绪在思维和推理中较为微弱模糊的意象。[11] 由此可见,观念与印象的区别就在于在思维和推理过程中,个体所保持的印象之意象,尽管这种意象是模糊的。但印象是第一次出现之后,再经常出现同样或相似的印象以强化这种意象,这种现象被休谟称之为恒常结合。"恒常结合的含义是相似的对象永远被置于相似的接近和接续关系中……恒常结合使得一个对象向另一个对象进行推断成为可能。"[12] 从印象到观念的推断,必须考察恒常结合。休谟认为,哲学中有一个原理:一切开始存在的东西必然有一个存在的原因,考察这种因果关系将会强化这种观念,因为相似的对象在处于相似的环境下时,会产生相似的结果。[13]

(2)观念开始转变

从过程角度来分析,当我们在思维和推理时,外界对象会引起我们的内心印象,我们会调动自己的知识储备和经验储备对之进行分析,心灵会转到伴随对象的生动观念上,心灵的这种倾向就形成了对象间的必然联系。当我们由对象转到知觉时,印象就被看作原因,而生动观念就被看作结果,它们之间的必然联系就是我们所感觉到的倾向,这种倾向使我们从一个观念转到另一个观念。对象的恒常结合和心灵的倾向是构成这种必然性的两个因素,否则就要归结为机会。[14] 在方式方法上,"如果要改变一个特定对象的概念,只需增加或减少它的强烈程度和活跃程度,在信与不信之间,观念发生了改变"[15]。

（3）生成理性信念

随着时间的推移，思维和推理的频繁重复发生不断调整自己的思维方式和观念，这种观念的转变就发展上升为信念。个体明显的感觉是：以前的一些印象从记忆中消失，但产生的信念仍然存在。这种信念的获得是经验主义的，体验是个体化的，过程是碎片化的，但对个体的思维磨砺、心智成长是大有裨益的。如果将这种碎片化过程整合代之以系统化训练，汇聚个体化体验归纳其共性代之以通则培训，则是培育信念的佳境。"培根、笛卡儿、霍布斯、胡可等人对此表达了一种极度的自信：只要按照正确的方法导引和训练心灵，就能获取关于自然之因果结构的确定知识。方法就意味着一切。即使对正确方法的规定千差万别，但有了方法，获取自然世界的知识就成为可能，而且知识也因之变得更加有力。"[16]这种导引和训练最终形成学生的理性信念，这正是高等教育规训的圭臬。

"理性信念首先是正确的世界观，它们作为获取新成果的方法在科学认识和实践中起着巨大的作用，对于科学假说的提出和选择，具有准则的意义。"[17]刘大椿认为，理性信念大致分为两部分：普遍的哲学原理和普遍的科学原理。只有承认世界是一个有规律的整体，才可能有意识地去发现、探索规律，这种信念，是规律性认识的前提。爱因斯坦对世界统一性的信念促使他在狭义相对论、广义相对论方面做出划时代的贡献，而其对统计规律的排斥，导致他游离在量子力学发展的主流之外。[18]

（4）形成专业研究信念

学习是对已知知识的再发现，通过知识这个载体，习得某种思维，把握某个规律，培养某种理性信念，以支撑学习和研究的深入发展。具体到学科专业知识上，除了知识的显性框架结构外，一种隐性的"框架"是教学和学习都需要认真关注和必须掌握的——专业研究范式。学习这种再发现在形而上学意义上来说就是继承科学传统——习得、拥有学者共同体所共有的理性信念、思维方式、价值取向、技术手段，这将为学习和探索提供样板，指明可能的思路。专业研究范式信念在知识转化中具有质的规定性，"专家的知识不仅仅是对相关领域的事实和公式的罗列，更是围绕核心概念或大观点组织的，这些概念和观点引导他们去思考自己的领域。"[19]没有通过知识的学习养成这种信念，就难以进入专家、内行的行列。培养这种范式信念，有利于我们像专家一样思考，像内行一样做事，提高质量和效率。

3.化成实践能力

（1）动手操作能力

调研发现，制约实践能力提高的主要因素不是学生的实践意愿和实践技能不强，而是学生的实践愿望极为迫切,实践条件却有限:实习实训时间少、实践过程中教师指导不到位、实验室开放和设备限制等因素导致实践过程含金量下降。这基本是国内地方高校存在的普遍性问题,根源在于经费限制和课时安排。学校的苦衷在于不是"想不想"的问题,而是"能不能"的问题。如果是定位于培养应用型人才的学校,需要优先保证满足学生的实习实训条件,实践技能是练出来的,不是教出来的,保证必要的实践时间和强度,才可能训练出动手操作能力。

(2)解决问题能力

如果说实习实训侧重于学生专业技能的训练,那么实验教学则侧重于学生掌握科学思想和科学方法,运用所学知识解决给定问题的能力。尤其是综合性实验、设计性实验和研究性实验,实验过程中对分析与研究的能力、理论与实践相结合的能力、独立实验能力、创新能力的训练和提高是全方位的。其间学生的情绪体验、知识的综合运用、方式方法的选择得到全面的检验,这在本质上是技术研发、创新过程的预演,是一个国家财富和力量的支撑所在。

实验意味着或明或暗的问题群所在。整个实验过程是构想、材料、形式、转化和结果相互交织的过程。"过程有一种节奏,创造活动由此引起了自然搏动,每一次搏动形成了历史事实的一个自然单位。通过这种方法我们就能够在相联系的宇宙的无限性中辨认出有限的事实单位。"[20]实验过程的节奏就是实验构想的步骤甚至是构想细节,每个构想细节或步骤的完成都必将形成实验事实,实验事实与构想事实是否相符决定了实验过程能否持续。持续下去,最终解决了问题;不能持续下去,说明过程中出现了新问题,要着手解决新问题;能够持续下去,但最终实验事实与构想事实不符,整个实验过程需要推倒重来,其间,需要重新考量构想、材料、形式、转化和结果的交织,对照实验记录,发现问题,反复矫正与核实,最终的结局是:或推翻构想,或改变方法、程序,或得到创新结果,或得到构想结果。所有的结果伴随着问题的解决而产生,实践能力也在其中得到锻炼。

二、知识转化的条件

在教育教学和知识学习中,我们听到的最频繁的词语就是"理解",诸如此类:"要先理解,然后才可能掌握。""理解是前提。"这是教育经验在学习、生活中的直接启示:理解是我们对事物形成观点的前提条件。而普遍语境中的"理解",就是明白、懂了,意味着清楚词语的含义和符号表达的意思,这仅仅是理解过程的一小部分,并非"理解"的本义。

1.理解三要素：理解的理性表征

怀特海认为，在哲学层面，理解有两种方式：内在的理解和外在的理解。内在的理解总是包含了结构概念，按照一事物的因素以及将这些因素构成这一事物的交织方式来理解这一事物。这种理解的方法会显示出一事物为什么是一事物。外在的理解是把事物看作一个统一体，并获得它对其环境起作用的能力的证据。只要这两者的关系未弄清楚，任何事物最后都未被理解，就这种关系概念而论，不存在转化。[21]由此，我们可以归纳出理解的三要素：厘清事物的结构、功能以及各因素间的联系方式。教学能够提供给学生的核心服务之一就是帮助学生加深理解，这既是指导教与学的方法论，也是教师自我评价剖析、学生自我评价理解的三个维度，是提高教学质量、学习质量的逻辑起点。

结构意味着联系、清晰和秩序，昭示着推进的方法。通过析出核心概念建立知识联系节点，通过核心概念之间的联系，发现理论的逻辑路径，掌握专业学习与思维的方法。"从分析哲学角度看，每种形式的知识都有自己特有的核心概念，这些核心概念的有机联结形成了这种形式的知识独特的逻辑结构。人们通过掌握其特殊的术语和陈述式，形成了一套特殊研究范式，使经验在其中得到理解。"[22]一旦理解的知识与原有知识建立联系，新的知识结构生成，就意味着已经进行了知识转化。

在实际调研中，有部分学生不能用若干核心概念将所学的某门课程有机串联。这就意味着，对这门课程，学生只是复制、记忆了一些逻辑衍生物，仅仅具有某些单因素功能的游离态知识，缺失知识之间的联系，未能有机构成整体，更不可能体验到整合态知识对环境起作用的功能，也就会出现"明明学了很多东西，但总感觉到好像没学多少，更没有感到有什么作用"的感觉。上升到哲学层面，学生没有获得可理解性解释。"这样的解释有一个结构上的特征。也就是说，一个复杂的事物的特征和行为将通过指出其组成，包括它的组成部分、这些部分的结构以及它们的行为而得到解释。"[23]没有真正理解的知识，难以纳入个体的知识结构，也就难以进行转化。

2.观点分享：理解的感性表征

充分理解的外在表现为：学生能够对事物做出理性判断，无论该判断在本真意义上正确与否，学生都能够对判断提出理论上的支撑、实践中的事实证明。也就是说，学生能够持有某种观点，并能够向他人论证该观点，与他人分享这一观点。该过程的突出表现是学生对内容理解的表述逻辑自洽，进退有据。"学生们的观点未必像权威观点那样完美，但他们坚持自己的观点仍然极为重要。他们应该分享自己的观点，并从不同的角度去加以审视。这才是我们所说的'理解'的含义，当学生们宣称这些观点正确时,他们必定信奉它们。正是在这个意义上,我们才能说学生们形成了自己的观点。"[24]

在调研中,学生反映影响与教师交流的主要因素是"没有自己的观点,难以与教师深入互动"。没有交流内容的支撑,仅仅凭借交流技巧难以维持深入交流。从理解的三要素来分析,交流难以深入,首先是知识结构不清晰,不知道如何推进交流,出现所谓的"没有话题或没有话头可谈"的情况;其次是知识功能不清楚,不会驾驭知识的功用,出现所谓的"交谈没意思或没意义"的情况;再次是知识之间的联系没有达到自明性,甚至失联,不知道如何从一方面过渡到另一方面,出现所谓的"说了半天不知所云"的情况。实际上,只要学生把握住理解的三要素,在交流中识别难以推进的方面,请教于老师,这本身就促进了理解。

因此,在教学、学习过程中,必须深挖理解的三要素,形成清晰的结构图式,学会把教学与学习置于更广阔的背景之下。达成理解,就意味着有自己的观点或看法,这样,师生交流观点相左时,自然会出现观点碰撞,辩论能够有条件支撑地进行下去;观点相同时,会有一种遇到知己的舒畅感觉。无论哪种情况,都是学习深入、理解升华、质量提高的实质,也是普遍意义上质量提高的催化剂。

三、知识转化的判断依据

对同样知识的学习,如何判断知识已被转化?这只能从学习者的表现——知识的表述和应用——来判断。"学生对于事实、概念和程序的表述由生手到内行的变化才构成真正的学习。学生对教师传授的知识进行机械模仿,或用烂熟于心的固定套路解决问题,都不是真正的学习。"[25]所谓内行看门道,"门"就是方法,"道"就是规律。学生对知识的表述和应用表现为有条件可依据,有逻辑可支撑,有方法、规律可依循,有事实、经验、实践结果来证明,这种表述和应用具有可复制性,不是靠侥幸、瞎蒙来实现的。如此,我们可以判断知识已被成功转化。

四、知识转化成为教学质量的关键控制环节

哲学上有一个基本原理:事物是普遍联系的。知识总与人们的认识、探索和生产实践相联系,这一个简单命题中包含着两个过程:一是外界存在的状态如何转化为人们的认识过程;二是人们的经验认识如何作用于外界的过程。简而言之,就是"化为知识"和"知识化为"两个过程。"只要与过程的关系未弄清楚,任何事物最后都未被理解。"[26]教学将这两个过程简约而不失本真地融合起来。教学不是复制前人的认

识、探索行为,而是将其去粗取精、去伪存真,简约要素化,形成体系,缩短学习时间,扩大学习范围。学习不是将知识用于谈资的炫耀,而是考察切要,选择性应用于实践,改变人们的存在状态。转化为自身知识、知识转化为应用,这两者的程度和广度成为衡量教学质量标准的两个立足点。

教育的哲学意义在于转识成智、化知为慧,将知识转化为智慧。教学就是要践行教育的这种最高准则。识,认得,能辨别,重在区分,旨在掌握区别与联系。知,晓得,明了。了,说明完全知道,很透彻,百度词条的解释是"认识、知道的事物,可以脱口而出",从熟练程度侧面说明知道得透彻。对于智慧的理解,张子往的《智慧说》阐释得较为深刻:"智,法用也;慧,明道也。天下智者莫出法用,天下慧根尽在道中。智者明法,慧者通道。道生法,慧生智。慧足千百智,道足万法生。智慧,道法也。"知识属于形而下范畴,智慧属于形而上范畴,教学就是在二者转化之间架起方法论、理念性的桥梁。这种转化的理念、方法和规律伴随学生的一生,不仅是学生的财富,也是整个社会的财富。

第三节　地方本科院校教学质量保障体系建设理念

教学质量保障体系建设需要先进的理念做指导,核心就是要解决保障什么样的教学质量(What)和怎么保障教学质量(How)。所以,教学质量保障首先要制订教学质量目标,然后以合适的方式方法去做合适的事情,这就需要树立科学的教育质量观和全面的质量管理理念。

一、树立科学的高等教育质量观

《国家中长期教育改革和发展规划纲要(2010—2020 年)》指出:"树立科学的质量观,把促进人的全面发展、适应社会需要作为衡量教育质量的根本标准。"即高等教育质量包括内外两个方面,即人才培养质量(学生发展水平)和满足社会需要的程度。科学的教育质量观体现了以人为本的基本理念,体现了科学发展观"全面、平衡、协调、统筹兼顾"的方法论原则,主要包括以下几个层面。

1.多元化的质量标准

在高等教育大众化时期,各种不同层次、不同类型、不同培养目标的学校应该有不同的质量标准已经成为大多数人的共识。然而,在实际生活中,人们常常有"攀高"之意,不能正确认识自己所处的环境、应扮演的角色,而在质量标准上出现偏差。教学工作与人才培养目标的不协调,使质量保障失去根基。因此,多元化的质量标准、科学的人才培养定位,以及相适应的教学工作,是质量保障体系建设的前提。

2.满足社会的需求性

需求性就是适应性,适应性的高等教育质量观是指高等教育所提供的教育服务满足受教育者个人需要的程度,以及所培养的人才满足国家、社会和用人单位需要的程度。这两种程度越高,则认为人才培养质量越高,教学工作效果越好。因此,只有学校质量标准符合人才成长规律和满足社会各用人单位对高校毕业生多样化的需求,质量保障体系建设才更有针对性和实际意义。

3.促进人的全面发展

人的全面发展主要表现在思想道德素质、科学文化素质和健康素质三个方面。高等学校既要注重学生理论知识的学习、专业技能的掌握,还要注重学生良好的个人品行和道德的培养,学生与人交往、团队合作、面对挫折、克服困难等综合素质的提高,以及学生做人和做事能力的增强。因此,质量保障体系建设是学校各个部门的共同责任。

二、树立全面质量管理理念

全面质量管理(Total Quality Management,TQM)是 20 世纪 60 年代出现的一种全新的、有效的现代质量管理理念和模式,其含义是指"一个组织以质量为中心,以全员参与为基础,目的在于通过让顾客满意和本组织成员及社会受益而达到长期成功的管理途径"。全面质量管理的概念框架包括质量体系、质量方针、质量管理、质量控制、质量评估等内容,其核心理念可以概括为"三全一多"。

1.全过程的质量管理

质量管理的执行要贯穿到教学质量的全过程,即教学质量的产生、形成和实现过程,包括市场调研、制订培养方案、教学建设、理论与实践教学环节、素质拓展、招生就业等全过程的管理。要把教学质量管理的重点从传统的质量检查(考试)转移到对质量形成全过程中各个环节的质量监控上来,要以预防为主。确保培养过程各环节的质量,也就能确保最终的教学质量。

2.全员参与的质量管理

全面质量管理坚持以人为本,把人放在组织管理的第一位,高度重视人力资源的开发和利用,并通过对人的行为管理与激励,促使全员参与质量管理。学校的每位成员,包括教师、学生、教学管理人员、教学辅助人员以及所有为教学服务的人员的工作质量,都与学校的教育质量息息相关,都要参与质量管理,做到"质量第一,人人有责"。

3.全面的质量管理

质量管理不是一个部门的事,而是高校内所有部门的事,各部门之间相互影响、相互联系。各部门、各岗位各有不同的职能,但都应围绕着"教学质量"这一中心发挥各自不同的质量职能。因此,不能把教学质量的问题归结为某一部门的问题,也不能孤立地对某一部门、某一环节、某一要素进行管理,而要从全校、全系统的高度看问题。

4.多方法的质量管理

影响教学质量的因素越来越复杂:既有物质的因素,又有人的因素;既有技术的因素,又有管理的因素;既有学校内部的因素,又有社会市场等外部的因素。要把这一系列的因素系统地控制起来,全面管好,就必须根据不同的情况,区别不同的影响因素,广泛、灵活地运用多种多样的现代化管理方法和技术手段来解决质量问题。管理方法可以借鉴 ISO 系列标准、六西格玛等先进管理理论,管理手段可以利用教务管理系统、学生管理系统、实验室开放系统、图书资源系统等先进技术手段服务学生成长。

三、高校内部教学质量保障体系建设原则

教学质量保障体系建设涉及教师、学生和管理者等所有人员,需要在相关理论的指导下,结合学校实际开展建设,应坚持以下原则。

1.以人为本的原则

坚持"教学以学生为本,办学以教师为本"的理念,通过教学质量保障体系建设充分发挥教与学两个方面的积极性,使教学工作各项措施落实到实处,并充满活力。树立"一切为了学生、为了学生的一切、为了一切学生"的服务理念,尊重人才成长规律和学生个性发展,增强学生的学习兴趣和内驱动力。尊重教师的劳动和创造,积极听取教师在教学质量建设和评价方面的建议、意见,不能简单地把质量保障视为对教师教学工作的管理。

2.系统规划的原则

系统规划就是要把高等学校作为一个有机的整体,对学校质量管理的各个环节、各个要素、各个方面进行全面的规划、系统的设计,建立起科学的决策机制。首先,按照全面质量管理的要求,着眼于高等学校管理系统的整体,建立实施全面质量管理所需的组织架构、程序、过程和资源,构建高等教育质量内部保障的目标系统、标准系统、执行系统、评价系统和信息系统。其次,在管理过程中建立决策科学化、管理规范化的机制,这是防止决策失误的重要基础。

3.持续改进的原则

持续改进就是高等学校要根据个人、政府和社会不断提出的新要求,坚持持续改进和不断提高,使高校始终处于一种不断修正、持续提高的上行通道中。质量的持续

改进是全面质量管理的目标和灵魂,它强调在管理过程中要使影响质量的各个因素,包括技术、管理及人的因素始终处于受控状态。同时,建立纠错和预警机制,不断改进过程控制,从而达到不断提高教育质量的目的。

四、教学质量保障体系建设思路

教学质量保障体系建设的总体思路是:运用现代管理理念,分析质量生成过程,找出质量控制关键点,科学定位,拟定质量标准,健全组织,构建制度体系,完善机制,实现质量的持续提高。

1.分析质量生成过程,找出质量控制关键点

"质量形成于生产全过程",教育教学质量始于学校办学定位、教学建设、师资队伍建设、人才培养目标及计划、招生、专业、课程、实践环节,终于毕业设计、学生就业,包括毕业生调查等在内的全过程。其中关键在于:办学思想是质量形成的出发点,教学基本条件和建设是质量形成的基础,师资队伍是质量形成的关键,教学运行是质量形成的核心过程。因此,教学质量保障体系需要对质量形成的关键要素建立明确的质量标准,实施有效的控制。

2.明确办学定位,拟定质量标准

只有科学定位,才能拟出合理的教学质量目标和质量标准。教学质量目标与质量标准是高等教育活动的出发点和归宿。由于教育对象的差异性和教育活动的多功能性,教育质量具有综合性,因此,质量标准也是多样的、复合的。在复合标准系统中,有些是根本的、核心的、主导的,有些则是支持的、保障的、调节的。前者主要指人才培养目标系统,后者主要包括资源建设标准、培养过程标准和服务管理标准。

3.健全机构,分解职能职责

健全的教学质量管理机构是提高教学质量的组织保证。围绕教学质量组织保障,需要建立一套包括教学决策指挥组织、教学参谋与咨询组织、教学建设与运行组织以及教学监控与评价组织在内的教学质量保障组织。

4.健全保障制度,规范教学运行

高校内部管理制度是指规范、约束、协调学校内部师生员工行为和关系的规则或程序,是实现质量管理科学化和规范化最重要的基础性工作。高校应按照以人为本、依法建制、公平公正、与时俱进、流程优化、激励与约束相结合等原则,制订教学管理

规章制度,最终形成包含教学管理组织、教学基本建设、教学运行管理、教学质量监控、教学质量评价等主要板块的制度体系。

参考文献:

[1]Diana Green. *What is Quality in Higher Education*[M]. Society for Research into Higher education & Open University Press,1994:3—21.

[2][英]马尔科姆·泰特.高等教育研究进展与方法[M].侯定凯译.北京:北京大学出版社,2007:184.

[3]Patricia J.Gumport. *Academic Pathfinders*:*Knowledge Creation and Feminist Scholarship*[M]. Greenwood Press,2002:3.

[4]石中英.知识转型与教育改革[M].北京:教育科学出版社,2001:13.

[5][美]伯顿·R.克拉克.高等教育系统——学术组织的跨国研究[M].王承绪等译.杭州:杭州大学出版社,1994:12.

[6]薛天祥.高等教育学[M].桂林:广西师范大学出版社,2001:14—15.

[7] Ronald Barnett. *The Limits of Competence* [M]. SRHE and Open University Press,1994:15—16.

[8][美]约翰·S.布鲁贝克.高等教育哲学[M].郑继伟等译.杭州:浙江教育出版社,1987:2.

[9]黄启兵,毛亚庆.大众化高等教育质量保障:基于知识的解读[M].北京:北京师范大学出版集团,2011:80.

[10][英]怀特海.思维方式[M].刘放桐译.北京:商务印书馆,2004:10.

[11][英]休谟.人性论[M].张晖编译.北京:北京出版社,2007:1—3.

[12][英]休谟.人性论[M].张晖编译.北京:北京出版社,2007:31.

[13][英]休谟.人性论[M].张晖编译.北京:北京出版社,2007:28—36..

[14][英]休谟.人性论[M].张晖编译.北京:北京出版社,2007:54—55..

[15][英]休谟.人性论[M].张晖编译.北京:北京出版社,2007:33.

[16][美]史蒂文·夏平.科学革命:批判性的综合[M].徐国强,袁江洋,孙小淳译.上海:上海科技教育出版社,2004:89.

[17]刘大椿.科学哲学[M].北京:中国人民大学出版社,2006:80.

[18]刘大椿.科学哲学[M].北京:中国人民大学出版社,2006:78—80.

[19][美]约翰·D.布兰思特,安·L.布朗,罗德尼·R.科金等.人是如何学习的——大脑、心理、经验及学校[M].程可拉,孙亚玲,王旭卿译.上海:华东师范大学出版社,2002.

[20][英]怀特海.思维方式[M].刘放桐译.北京:商务印书馆,2004:79.

[21][英]怀特海.思维方式[M].刘放桐译.北京:商务印书馆,2004:42.

[22]郝明君,王光明.人文社科专业研究生问题意识的培养[J].学位与研究生教育,2007(9).

[23][美]史蒂文·夏平.科学革命:批判性的综合[M].徐国强,袁江洋,孙小淳译.上海:上海科技教育出版社,2004:53.

[24][英]罗纳德·巴尼特.高等教育理念[M].蓝劲松译.北京:北京大学出版社,2012:193.

[25][美]普莱斯顿·D.费德恩,罗伯特·M.沃格尔.教学方法——应用认知科学,促进学生学习[M].王锦,曹军,徐彬译.上海:华东师范大学出版社,2006:序言.

[26][英]怀特海.思维方式[M].刘放桐译.北京:商务印书馆,2004:42.

第三章 教学质量保障要素分析

我们一直秉持一个观点：提高质量是最好的保障。学校内部质量保障不仅要通过评估手段做好质量的自我诊断，更重要的是通过建立一套体系，使质量的生成和提高在可控范围内，形成核心竞争力，保障质量持续改进。谈及体系，不可避免地涉及其核心要素。根据体系所要具备的功能，我们将教学质量保障要素划分为内生要素、外生要素和驱动要素。内生要素的功能主要是保证符合预期的质量生成和对质量评价做出改进反应，保障质量持续改进。外生要素的功能主要是保证质量顺应国家、社会的需求。驱动要素的功能主要是保证对教学质量如实评价，如实反映质量评估意见，促进教学改革。

第一节　内生要素:质量战略与质量策略

一、发展定位

麻省理工学院原校长格雷认为:"一所大学的质量在于它为自己制订的发展水平和前景以及它的原动力和潜在能力。"[1]质量保障的顶层设计在于有清晰的质量战略规划和可行的实施策略。地方高校的发展定位是一所学校对自身发展的价值取向、目标规划、思路选择的理性界定,既要有对区域环境的考量,又要有对自身在高等教育系统中位置的选择,更要有对定位层层分解的解释。也就是说,要对国家或区域社会经济的发展需求结构进行分析定位,这是高校的使命所在;要有自身特色和文化选择,这是高校安身立命的"身份"确定;要有渗透的策略,将定位属人化,被师生所理解和践行,这是学校可持续发展的保证。

关于高校发展定位,有学者提出了"战略定位、办学目标定位、功能定位、层次定位、区域定位、形象定位、规模定位、能级定位"[2]等多重维度。也有学者从社会学视角,根据资源依附状况来决定高校定位的类型。[3]还有学者根据卡内基高等教育机构分类标准和国际教育标准分类(ISCED)(1997),提出要根据学校所属类型决定发展定位。[4]所有这些观点都是从理论上建构了解决定位问题的可能路径。但具体到高校自身的定位选择,尤其是地方高校,首要的是考虑大学的发展方向以及如何快速成长,因为多数地方高校学术底蕴不厚、资源不丰,处于转型时期,应抢抓机遇,促使学校尽快奠定发展基础。现实格局决定了地方高校管理层不可能按部就班地遵循老牌研究型大学的发展路径,在遵循教育规律的前提下,只能与社会需求紧密结合来规划学校的发展定位。

发展决定出路,实力决定层次,没有实力在任何层次都没有发言权。发展定位表面上看是一所学校的发展方向,内在的考察最终要落实到实力的发展壮大上,实质是学校由实然状态向应然状态转变的构想。这个构想的生命力在于能够实现转变,即要有广泛的群众基础——接地气,有强大的动力机制推动全体成员向期望的应然目标逼近,否则,定位就成为纸上谈兵。所以,我们认为,高校发展定位应有三个层面:理念层、目标层和能量层。这三个层面可以分解为办学理念、类型与层次、服务区域、人才培养目标、管理取向，结构大致如图 3-1 所示。

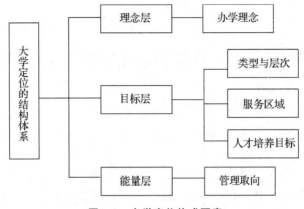

图 3-1　大学定位构成要素

1.办学理念

办学理念是高校主体尤其是校级管理者对大学应该是什么、应该做什么所持的基本观念，观念映射到行为，就是办什么样的大学、培养什么样的人、应该怎么办大学的问题。办学理念的内核是大学观、教育观、学生观。在一个合理的、与时俱进的、清晰的办学理念中，学校观、教育观、学生观总是千丝万缕地交织在一起。

在雅斯贝尔斯看来，大学是一种特殊的学校，大学的学术自由和自我更新会导致国家观念的觉醒。对于国家、民族的未来来说，大学比军队重要，因为国家的意义深深扎根于民众的日常思维方式中。在大学里，学生不仅要学习知识，而且要师从导师学习研究事物的态度，培养影响其一生的科学思维方式……大学的生命在于教师传授给学生新颖的、合符自身境遇的思想来唤醒他们的自我意识。[5]

教育观问题是办学理念的思想基础问题。教育的终极意义是将知识转化为智慧，以文化人，唤醒人的自我意识，确立人的独立地位和主体地位，反思自我的存在以及对社会的认识，确立自身的人生目标，实现自我价值和社会价值。怀特海认为，在大学里，必须学会从一般概念向具体事例的运用的转变，着重于理论兴趣和实际效用的结合，真正有用的教育是使学生透彻理解一些一般原理，这些原理能够运用到各种不同的具体细节中。在随后的实践中，人们可能已经忘记具体的细节是什么，但是，他们的潜意识里的判断力会帮助他们把这些原理用于当时的情况。当你丢掉你的课本，烧掉你的听课笔记，忘掉你为了应付考试而背诵的细节，你的学习对你来说才是有用的……一个真正浸入你骨子里的原理与其说是一种正式的语言阐述，还不如说是一种思维习惯。[6]

大学生是大学教育过程中最不确定的因素,其思想、行为、性格、兴趣各异,地缘、阅历千差万别,但思想活跃、精力充沛、不安于现状、内在的有所建树的愿望,这些青年共性为大学教育的引导提供了便利条件。早在古罗马时期,就有先哲指出,学生不是一个需要填满的容器,而是一个需要点燃的火种! 导火索就是科学思维方式、专业研究范式,学生一旦习得这种思维构架,即可引燃探索未知的火种。当今社会生产力发展迅速,科学技术突飞猛进,知识更新周期不断缩短,联合国教科文组织的研究表明:在 18 世纪时,知识更新周期为 80~90 年;19 世纪到 20 世纪初,知识更新周期缩短为 30 年;20 世纪六七十年代,一般学科的知识更新周期为 5~10 年;到了 20 世纪八九十年代,许多学科的知识更新周期缩短为 5 年;而进入新世纪,已缩短至 2~3年。[7]知识的如此更新速度,使得传统知识记忆的学习方法已不能适应社会的发展,指导学生必须重"渔"而非"鱼","最佳的专业教育并非教授一套固定的知识就够了,而是要训练发展一套科学思想的构架,这样,我们才可以在人生的过程中继续接受精神和思想方面的教育"[8]。

从办学理念的"三观"分析可见,虽然其侧重点不同,但是都指向了一个主体——学生,也都指出了学生的根本作为就是知识探索和知识运用。办学理念这个整体是由知识转化这个"细胞"以不同侧重方向和不同表述方式来体现的。

2.类型与层次

学校的类型与层次定位是对学校的学生学历层次、学科取向、职业导向、办学模式以及学校的形象、特色、规模等进行判断和选择。这既是学校对自身"身份"的确认,也是学校面对社会的"招牌"。有些学校为了面子和声誉,不惜罔顾实际而随意拔高其层次定位,这种定位就属于无效定位。并非层次越高、规模越大就越好,瞄准社会需求,紧跟产业升级,调整学科专业设置,形成核心竞争力,办出特色,这才是学校立身之本。

3.服务区域

学校的服务区域定位是指学校在人才培养、科学研究等方面的服务范围、服务行业、服务层面以及服务对象的定位。学校首先要搞清楚所服务区域的产业结构及规模,需要学校提供的服务类型及项目,行业发展的客观实际和周期趋势,这直接与学校培养的学生的主要就业范围、行业、层面有关。人才的供需脱钩,造成结构性失业的原因之一就在于学校的服务区域定位不合适。

4.人才培养目标

人才培养目标是学校要培养什么样的人。其阐释指标应该包含:人才规格,即培养学术型还是应用型人才;知识素养,即学校要求学生掌握哪些知识,能够对哪些领域的知识进行解读,显示出专业属性;能力类别,针对人才规格,需要什么样的能力,学校侧重于哪些能力的培养,还有一个能力和谐的问题;素质培养,即要求学生具有哪些素质。

5.管理取向

学校的教育教学以及管理等活动的制度规定、行为规范、价值取向,是理念层、目标层在教学、管理活动上的落实和体现。为什么有的学校制度很清晰完善,但就是执行不力,连规定动作都不到位。心有余而力不足是个人能力不足,要么加强培训,要么适人适岗进行调整,"对想做不能做的事情的人,就让他去做他能做的事情吧"[9]。力有余而心不足,教育信念不强,制度鞭策不到位,文化影响渗透力不强,简单有效的做法是加强制度执行力,让人行动起来,在行动中感悟、转化信念。也就是说,学校的管理取向必须将定位属人化,进行人格转化,让师生员工可感、可理解、可行。

二、知识转化与质量提升策略

在影响教学质量的要素中,从保障主体看,教师是关键因素,学生是根本因素,管理者是保障因素,都有着不可替代的重要作用;从质量生成环节看,教学与学习共同作用促进质量的生成,管理者为质量生成提供资源支持和环境保障。

1.知识转化与教师教学

没有一流的教师,就没有一流的大学。教师的大学观、教学观、学生观深刻地影响着其教学理念、教学行为和教学效果。也就是说,办学理念的人格转化,首要应该是教师的"三观"认识到位。哈佛大学哈佛学院前院长哈瑞·刘易斯认为:"大学不是简单学习什么的地方,而是要学会如何学习的地方;不是学习答案的地方,而是应该学会提出问题的地方;不是成为博学的地方,而是学到创新思维的地方;不是一个学到什么都要记得的地方,而是要学到学习精髓的地方。大学应该是获得智慧的地方,而不是获得信息的地方。"[10]在实际研究中,哈利勒等人通过对某高校11780名学生连续两年的调查分析,找出了影响教师教学质量的决定因素,并就这些因素对学生总体满意度的影响进行了研究。研究得出:四项因素对学生总体满意度的贡献率达到60.24%,其中,课程结构和教学过程的贡献率为44.66%,学习时间的贡献率为5.84%,学习成绩的贡献率为5.35%,投入的贡献率为4.39%。其结论是:为了改善教学质量,应该多关注教学过程和课程结构。[11]卡罗尔认为,有效的学习实际需要强调优质的学习环境,而优质的学习环境需要两个前提条件：教学质量和学习机会。[12]

杰奎琳·道格拉斯等人的调查研究表明，学习在物质方面提供的服务对学生满意度的影响不是很重要，最重要的是课堂教学的质量，这也是学生在学习经历中最重要的部分。[13]而巴奈特和达塔等的研究，都提出学校的核心服务方式就是课堂教学，讲课质量直接影响学校的整体质量。学生主要关注课堂教学的成效，包括知识技能的获得、阅读资料与讲课内容的广度和深度、教师对作业的反馈等。研究还发现，学生对讲课教师具有忠诚度，如果一门课教师讲得好，学生们会相互推荐，学生还会选择自己听过讲课好的老师的其他课程。[14]我们在本校连续三年的学情、教情调研中，也得到相同的结论。

在质量保障过程中，要全面评价教师在教学中的能力和作用，要从识、教、导、评四个方面来考量，也就是知识结构、教学能力、指导水平、评价智慧。这四个方面全面反映了教师的知识结构、教学信念和教学实践能力。

(1)立体互联的知识结构

一个教师合理的知识结构应该具有以下三个显著特点：系统化、鲜活和新颖。这也是评价教师学识的标准。教学过程中体现的知识系统化就是教师针对所讲内容能够旁征博引，其间的联系又让人感到非常自然，感觉就应该是那样的，也就是说起码逻辑自洽，能够吸引学生。教学过程中体现的知识鲜活就是知识的功用能够与自然、社会、人的心理和精神相联系，能够解释自然、社会现象，引起心理共鸣，即知识是有用的，能够与实践相联系。教学过程中体现的知识新颖不只是涉及领域前沿知识，还有人们在现实中的一些实践拓展、实践创新，这更容易坚定学生的学习信心，激发学生的学习热情。这样的知识就容易为学生所理解，易于感知知识转化。

从现象学的视角考察知识结构，将知识结构进行还原，知识来源于自然、社会实践、科学实验，知识获取有三条根本路径：文本解读、自然（自在自然、人化自然）观察、实践（生产实践、社会实践、科学实验）参与。来源于自然观察和实践参与的知识能够满足鲜活和新颖的要求。来源于文本解读的知识（新颖的知识的来源之一）除非能够在自然和实践中再现它，否则只能从逻辑上解释，这种逻辑就是建立知识之间的联系，一旦联系成功，知识必然具有系统性，而且在这种系统结构中总能找到一个节点或组块，通过它们勾连联系路径。来源于自然观察和实践参与的知识最终要被吸附到这些节点或组块上，或者形成新的节点或组块。

随着知识的增多，这些节点或组块之间的联结路径增多，又会形成更大的组块，具有更多的功能，即"生成性话题——能够提供足够深度、重要性、关联性以及多样性的问题、主题、概念、观念等，以促进学生有效理解的发展。生成性话题的关键特点是：它是某个学科的核心。生成性话题使学生能够获得必要的技能和理解，以进一步从事该领域更为复杂的工作"[15]。如此构建的知识结构就形成了一个知识网络，为视野的切换、思维的跳跃和问题的盘剥提供了便利和知识基础，个体反映出来的特征就是思维敏捷、灵活且合乎逻辑。一个具有合理知识结构的教师，在授课、师生互动时，其知识讲解和输出自然会带有上述三个特征，也就是说，能够提供给学生可以直接转化的知识。

(2)灵活卓越的教学能力

卓越的教学能力的评价标准主要有两条：一是生动活泼，二是逻辑清晰。胡塞尔认为，直观才是我们所拥有的最本质的出发点。教学的首要原则应该是直观，直接感知到知识形成、发展和转化，这是知识生产的重演，如此建立的知识结构是鲜活的，它直接与知识所映射的现实物态融合在一起。"不能让知识僵化，而要让它生动活泼起来——这是所有教育的核心问题。"[16]这也是我们尽量使用教育技术手段和实验手段的根本原因。

大学的知识主要以文本形式存在，阐明知识的逻辑关系是不可回避的必然的教学方式，不仅仅要阐明知识之间的联系，更重要的是要跟学生的既有知识结构建立联系，这样有利于知识转化。可以说，教学的智慧关键体现在建立这两种联系上。诺贝尔奖得主贝里奇说："如果要我说什么样的天赋是必需的，那就是在大量不相干的事实之间建立联系的能力……我所遇到的那些有天赋的科学家都具有这种能力。他们能够用一种开阔的视野观察正在发生的事情，而且能够在不同观察点、不同学科之间架起桥梁。"[17]

现在要求教学方法改革的呼声很高，"教学方法是提高教育质量的重大问题，甚至是关键所在，而创新教学方法对于我国高等教育改革来说，已到了非改不可的时候"[18]。为什么呼吁了很多年，成效却甚微？有研究者认为，改变教学方法实质上是改变教师的一种习惯，费力不讨好，加大了工作量，这是一种表面现象。学生反映突出的是教师照本宣科，照读PPT。对应到知识上，就是对文本知识的传授，其实质就是阐释知识之间的联系，抓不住这个实质，用什么方法都是枉然。本体论决定方法论，知识的存在状态决定了方法的选择。一个烂得发黑的苹果，无论你用什么样的方法介绍都不可能把它说成金灿灿的苹果。让学生参与到发现知识联系的活动中，这是最高效的方法，因为它能够直接产生知识转化。启发式、讨论式、实验法、小组合作学习法等，根据条件和需要可以随时切换，不存在拘泥于某种方法的问题。

(3)醍醐灌顶的学生指导

对于教师指导的评价，只能由学生根据自己的感受和体会来完成。一般来说，指导因直接面对问题、面对特定的学生,其知识领会、转化效果要好于课堂教学。但这有一个前提:师生都能够抓住问题的本质,也就是到底是情境(条件)问题,还是知识逻辑路径问题。前者是核心概念不清晰,需要阐明概念的内涵、外延,内涵帮助确立知识节点,外延帮助建立知识联系。大学阶段必须学会从一般概念向具体事例的运用的转变,这就必须清晰概念的外延。后者是核心原理没有理解,需要掌握精确的知识细节来领悟原理;也就是说,要使学生一点一点地接受一些特定的分析事实的方法,其实质是在更小的范围内将细节知识系统化、条理化。"大学的功能在于使你能够摆脱细节而保留原理……一个真正浸入到你骨子里的原理与其说是一种正式的语言阐述,还不如说是一种思维习惯。这种思维习惯成了大脑对一些恰当的刺激的反应方式,这些刺激具体表现为一些例证性的情况。"[19]大学最重要的任务就是培养思维能力,习得有效的思维方式,掌握专业的研究范式。

还有一种复杂的情况,就是学生的混沌问题,抓不住问题的实质,不知道怎么问问题,反正就是不明白,有时表达出来的问题不是自己要求证的问题;也就是说,不会界定问题。解决这种问题,就是要帮助学生一点一点地梳理。混沌问题的实质是意义弥散漂移,只能从概念的外延排查,只要能够抓住一点,就能迅速定位到有关的核心概念上,快速厘清问题所在,进入问题解决过程。

(4)切中肯綮的学生评价

对学生学习效果的评价是教学的重要一环,现实中多数教师简单对待这个问题,一句"很好"或"不全面"应付过去,到底好在哪里,如何改进,学生不清楚。其实,这种评价从知识转化角度看,属于无效评价,因为这种评价是以教师的认识程度为标准,不是以学生的思维结果为标准。这实质上是画了一个圈(答案),学生进去了就是好,进不去就是不好。当然,这种评价适合于一些简单的判断性问题,而对于复杂的学习过程就不合适了。

对复杂问题或复杂学习材料的处理,对学生学习质量层次做出评价,我们可以借鉴 SOLO(Structure of the Observed Learning Outcome,可观察的学习成果结构)分类理论[20]。该理论通过问题解决的条件、线索与给出的相关素材的交织方式判断SOLO 层次,将其分为前结构、单点结构、多点结构、关联结构和抽象扩展结构五个层次,各 SOLO 层次与能力层次、思维操作方式的一些重要特点相对应。能力层次指的是不同的 SOLO 层次的问题解决所需的记忆容量或注意广度,能否建立联系及联系密度和交叉度。思维操作方式是指把线索和回答联系起来的方式。SOLO 层次由低到高对应的各能力、思维操作特点见表 3-1。

表 3-1　SOLO分类理论各因素层级分解表

SOLO层次	能力	思维操作
前结构	最低:问题线索和解答混淆,回答不存在逻辑联系(不知道问题的核心指向,甚至连问题是什么都不清楚)	没有思维参与,"不知道"或乱猜一气;同义重复,简单地将问题重复一遍,转换、跳跃到个别细节上,根据感觉判断
单点结构	低:问题线索+单个相关素材	只能联系单一事件进行"概括",意味着仅有某一点与结论相联系
多点结构	中:问题线索+多个孤立的相关素材	只根据几个有限的、孤立的事件进行"概括",但没能把它们联系起来
关联结构	高:问题线索+相关素材+相互关系进一步将各个概念相互联系起来,这种情况需要掌握线索,掌握大部分或所有相关素材加上它们之间的相互关系	归纳:能够在设定的情境或已经历的经验范围内运用相关知识进行概括;能够用概括性的概念或原理解释多点结构,回答所包含的各个孤立点,但局限于已教过的内容,没有开拓
抽象扩展结构	最高:问题线索+相关素材+相互关系+假设学生不仅需要对已知素材进行编码,而且还要理解已知信息与首要的抽象原理的关联,导出假设并将其应用到未知的情境	演绎与归纳:能够对未经历的情境进行概括;超越了根据素材进行的归纳,进行真正的合乎逻辑的演绎;学生建立起抽象的原则

　　这种学习质量分层次评价方法也应该让学生知晓,学生知道评价的依据、来源,就能够自我评估自己的学习效果,知晓知识转化的程度。这是一种提高问题解决能力的方法,有利于知识构建信念的形成,使学生明明白白学习,明明白白思维,丰富自我知识,培养自我效能感。

2.知识转化与学生思维

　　知识转化要依赖思维来完成。大学期间,学生"重要的不是记住学过的东西,而是判断力的训练。我们需要的能力是在任何时候都可以自己动脑筋去找到必要的知识,可以从不同的角度去思考事物"[21]。那么,学生应该如何学会思考呢?

　　(1)树立批判性思维信念

　　学习者首先是批判性思维者,其次才是知识建构者,不会分析和鉴别的学习者是"书橱"。学习者要相信自己有能力找出任何事物的内在逻辑,只有具备这个前提,才能对事物的表征和解释有一个判断的标准,对一些似是而非、模糊混沌的认识有清晰的判断,对貌似合理实则混淆是非的论断加以彻底批驳。而且要习惯这种学习方式,这样建构的知识才是理性的,才能有逻辑地阐释自身,有根据地解释外在事物;也就是说,这样的知识才是活性知识,是能够产生力量的知识。

那么,怎样才算是批判性思维者呢?或者说批判性思维的本质特征是什么呢?我们的观点是:将初步的知觉和思考提升到意识实现的层面上,也就是说,将知识学习、事物认识提升到分析、评价、重建的层面上。

第一,分析。分析就是要把复杂的知识整体分解,并理解各部分之间的联系,解释因果关系,理解事物的本质。对于文本知识,关键要辨别整体结构中重要和不重要的部分,析出核心概念以及在文本中的下位概念或子概念,揭示其联系,建立系统性和连贯性的要素的联结;对于实践及观察事实与现象,关键要将表象、流程概念化、原理化,将实践与理论相结合,能否准确定位概念与原理是思维能否深入的关键;对于概念的分析,要能够识别出概念的关键特征以及这些特征之间的联系。经过这样的分析过程,文本知识、实践知识都有一个清晰的定位,为发现知识之间的联系、联结理论与实践、重建知识结构提供了材料基础。分析为理解扫清了道路,"理解的发展其实就是概念图式上的概念联结的数量和类型上的变化"[22]。经过分析后的知识或现象事实,总是对应于某些概念或原理,也就是说,为知识的转化提供了联系节点,便于统摄思维。

第二,评价。评价是对分析结果进行理性反思,是对事物本质的价值做出判断。这种价值体现在内在的逻辑联系、外在的事实勾连中(即支持对外在事物的理解),它综合内在与外在的资料、信息,做出符合客观事实的判断。评价的意义在于对事物分析所持有的信心,既强化分析的理路,也强化事物的价值。如果说分析揭示知识的力量,那么,评价强化的就是对知识应用和转化的信念力量。评价能够让学习者明明白白地学习,既清楚知识的内在关联,又清楚知识的外在功用。另外,评价对死记硬背的学习方式有消解作用,对于要记忆的知识,不要因为考试重要而记忆,而要遵循内容揭示的知识逻辑或对事实现象的理论透析进行记忆;也就是说,要明白除了应对考试外,为什么要记忆这些知识,给知识找一个学术性的、解释性的锚。研究发现,凡是采用死记硬背学习方式的学生,都是不会评价的学生。

第三,重建。知识重建有两种形式:一是构建知识结构。通过评价,学生将事物的分析要素、联系、概念进行过滤,将有价值的知识纳入知识结构,拓宽理解范围和深度,形成可理解性知识结构,达到知识转化的目的。必须认识到,这种重建是相对的,因为无论学生怎样提高自身对事物的理解能力,总有些是无法领悟的,评价也是客观见之于主观的价值判断,主体认识具有自身能动性,总有一定的局限性,诠释学也有

"理解是一个循环过程"的观点,所以,这种知识重建的结果只能是一种可理解性知识结构,需要以后不断完善和扬弃,也就是说,学习不能停止批评和反思。二是构建自己的观点。学生根据问题或目标要求,层层分解目标,确立要应用的每部分的基本概念或原理,在尊重事实、遵循事理的前提下,将材料按逻辑有机整合,建构自己的观点。

(2)掌握思维原理

问题是思考的原点,一个优秀的思考者必然是一个优秀的提问者,具有敏锐的问题意识。如果想要从所学知识中真正获益,就不能只是按照课堂教学方法所要求的去做,必须掌握一套思维技能,学会有效提问,引导、激发自身有条不紊地思考所学知识,并将其灵活应用于思想和生活中。

思维第一问:知识仅仅是思维的对象和载体吗?

无论学习什么知识,都需要学会思考,这个常识说明了知识是思考的对象。思维的推进需要我们调动自身的知识储备,通过概念、原理与现象的耦合得以实现,在此,知识又被认为是思维的载体。但是,还有一个更重要的思维现实是:为获取全面、客观的认识,我们对某个问题的思考,常常从多角度来审视,变换视角,甚至多学科知识交叉利用。也就是说,思考的前提或假设发生了转换,思维的逻辑也就随之不同,结论自然不同。所以,从思维的视角分析,某种知识隐含着某种思维方式。"要具备深刻思想,首要也是最重要的观点就是:最终看来,大学课堂里和课本上所传授的一切知识都不过是对特定事物的特定认识方法。"[23]这种知识的思维观,把知识转化为一种思维方式,对知识进行整体思考,甚至将其看作一个思想体系。死记硬背摒弃了逻辑思维的参与,难以形成深层次的知识结构,不可能有智力飞跃。知识的思维观有三层要义:

其一,知识是相互联系的。对于该项的自我评价,学生可以针对所学课程,画一张知识结构图表,显示该课程的各个基本概念之间的关系,用自己理解的语言解释每个概念如何与其他概念相联系。对于一些重要原理和结论,写出其应用条件和范围。只要是重要原理,都是对事物在某种条件下的规律性反映,能够在一定条件下揭示事物存在、变化的规律。教师总结的知识结构图式,学生如果不能理解其间的联系与条件,是难以纳入自身的知识结构中的。在调研中,很多学生不能将所学课程中的某些概念、原理联结起来,那就很难指望学生用该课程知识来思考和解释问题,所学的知识仅仅是知识,不能支持思维,难以应用到实践。

其二,所有知识都由概念组织联结。该要义突出知识节点,隐含着重要的学习方法——找出核心概念。学习不只可以循序渐进,还可以是跨越式的,构建核心概念之间的联系,自成体系。这种建构必然存在大量问题,要求学生必然采用研究性、发现性学习方式,讨论、教师指导必不可少,这是一种高质量的学习方式。

其三,课程逻辑是对特定问题的解答模式。每种课程知识都有自己的核心概念和关键原理,这是问题研究选择视角的客观基础。这些特殊术语和表达逻辑,形成了课程学习和问题研究的特殊思维范式。这也就是上文所分析的专业研究范式,它能够促使学生的学习和思考专业化、深刻化。

思维第二问:思维遵循什么样的形式逻辑?

对任何事物、问题的思考,首先都要明确其目的,因为目的影响提出问题的方式,提出问题的方式影响收集信息的类别,占有的信息决定解释它们的方式,解释方式决定如何使其形成概念,概念化的方式影响据此做出的假设,假设决定推理应有的含义,含义决定我们看问题的方式,也就是观点。

其一,有目的的思考。思考都有目的,有时不一定意识到,或者有些模糊,必须使目的明朗化。这样,为了达到这个目的,需要做什么事,达到什么目标,应该怎么去做,问题自然就来了。目标不同,问题指向自然不同。

其二,心存概念思考。有意识地将现象、事物概念化,只有当对一件事情形成概念时,才可能思考它,这样才能将事物与思维纳入一个网络。感官意识向概念意识的递升,是思维深入的开始。批判性思维者的一个基本能力就是懂得如何透过现象抓住本质。

其三,评估信息。要进行推理思考,就需要借助论据、数据、经验等。提出的问题决定了材料收集的方向,评估收集的材料信息与问题的联系能否支持推理,要养成探究事物之间内部逻辑关系的习惯,对材料进行去伪存真、去粗存精,对信息按专题进行分类整理。

其四,区分推论和假设。推论都是在假设基础上通过推理得来的,人们常常把自己相信的、认为正确的东西作为假设前提,它是我们自身信念体系的一部分,假设不同,结论自然不同。要明晰逻辑思维路径,就要清楚其中的假设前提和推论。增强批判性思维能力的一个重要途径就是将自身思想中潜意识的部分提升到有意识层面,包括确认和重建自己得出的推论,作为假设前提进行推理,这有利于从新的视角思考问题,更有助于过滤、整理自身的积累,保留有价值的信息。在专业学习中,每一种假设前提都源于对基本概念和原理的理解,得出的正确推论可以作为以后推理的假设,拓宽自己的眼界,积累经验。

其五,识别观点。大多数学生不知道如何清楚地确认自己和他人的观点,往往在让他们解释或确认自己的观点时,多数学生开始讲述自己想到的东西,而不是观点。一个人要掌握观点,就要练习把它呈现出来,表达出来。我们能够越多地识别自己和别人在思考中所使用的观点,能够学着越多地运用观点去思考,就能更有效地在思考中使用观点。

第二节　外生要素:国家和社会需要

哈罗德·铂金通过对大学的分析指出:"国家和社会的需要是大学存在的唯一依据,如果社会不能从它原有的机构获得它所需要的东西,它将导致其他机构的产生"[24]这个论断揭示了大学使命的法理依据,也是大学存在的法理基础。大学需要,也应该向国家和社会负责,毕竟大学需要生存的土壤,国家和社会的需求是高校教学质量保障主要的外生要素。下面将从质量生成的视角来考察大学对国家和社会需求产生的质量依赖以及自身的质量觉醒,以揭示大学质量保障的外生逻辑。

一、国家和社会需要的实质

国家和社会需要高校培养人才,在这些人才需求的背后,被期待的逻辑却不同,社会需要将知识转化为财富的人才,而国家需要将财富转化为力量的人才。纵观世界各国高等教育的发展,高校在适应国家和社会需要的过程中,这种适应轨迹又因具体国情的不同而出现分野:在欧美国家,高校因奉行自治与自由的核心价值观,按照高校自身的发展逻辑,需要吸纳社会资源和社会力量参与自身发展而主动适应社会和国家的发展需求,但是这种适应对学校来说是第二位的,是服从于高校的自主发展的;而在我国,由于自治和自由的办学理念相对薄弱,高校更多的是围绕高层教育行政指令做出发展战略调整,适应政府需要是第一位的,其发展逻辑基本是被动的,"拨一拨转一转"的痕迹非常明显。

《国家中长期教育改革和发展规划纲要(2010—2020年)》中指出:"高校要牢固树立主动为社会服务的意识,全方位开展服务。"这本来是高校自身的第三项职能:服务社会。这是高校自身发展的需要,也是地方高校做强的必由路径。美国硅谷的形成,起初就是因为斯坦福大学师生的一些研究成果与社会的风险投资基金合作产生了巨大的社会效益和经济效益。这种产学研合作模式得以风靡全国,进而被世界各国高校所借鉴,包括比尔·盖茨的微软的形成也是遵循了这个发展逻辑,当然其壮大的资金来源不仅有风险投资基金,还有一部分家族资源参与。但是,它们发展起来的逻辑基本上是先有科研成果,然后寻找市场,将研究成果转化为经济效益。后来,各国的产学研合作更多的是高校以申请横向课题的模式与企事业单位进行合作研发,是一种先有市场需求,后有适应需求的科研成果的模式。

二、外部质量保障体系

外生要素催生外部质量保障,满足国家和社会需求需要一套相应的制度以及机制来体现政府和社会的意志,相应地催生了外部质量保障,尤其是中国,在高校自治和自由办学理念相对薄弱的背景下,外部质量保障在一定程度上直接规约甚至决定了内部质量保障的方向,在运作上自然形成了一套质量保障机制,这套机制影响着高校的质量保障理念和价值倾向,左右着高校对教学质量评估制度的深度理解。"日本、美国与新加坡的经验说明,一个国家更重要的财富是其能促进财富创造的制度机制及与其相匹配的自由金融创新体系,这种制度财富是无形的,但它比有形的'地大物博'更重要、更'值钱'。"[25]

1.高等教育外部质量保障体系的特点

外部保障体系从其存在环境和服务需求分析,应该包括两方面:一是政府主导的评估,反映国家意志和需求,由国家机构领导,依据国家颁布的制度和评估条例对高校进行外部质量评估;二是市场主导的评估,体现社会和市场的需求,防止高等教育发展自弹自唱,脱离社会和市场发展需求,一般由官方授权成立的社会、民间评估机构对高校进行外部质量评估。对高等教育质量的满意度进行评估,被称为第三方评估。因各国的国情和高等教育发展历程的不同,各国高等教育外部质量保障体系具有各自不同的特点。

2.英美高等教育外部质量保障体系的特点[26]

(1)英国高等教育外部质量保障体系的特点

英国高等教育外部质量保障体系是介于官方和民间的质量保障机构模式的典型代表。以英国高等教育质量保障署(QAA)为主,包括高等教育基金委员会(HEF-CS)和科研评估组(RAE),组成了英国高等教育质量保障的主体体系。在校外评估方面,主要是通过高等教育基金委员会(HEFCs)进行经费补助,委托英国高等教育质量保障署和科研评估组分别对高校进行学术评估和科研评估,其中学术评估又分为学科评估和院校评估。审核的重点不是直接评估高校的教学质量,而是评估高校内部质量保障框架的有效性。

英国高等教育质量保障署的具体职责是与高等教育拨款机构、教师、学生、雇主等合作,维护学生及广大市民的利益,维护学术标准和高等教育质量;为学生和雇主提供有关学术标准和高等教育质量的信息以便他们选择或理解,同时支持公共政策的制定;提高高等教育标准和质量的管理与保证;促进公众对高等教育标准和质量性质有更广泛的了解,包括对相关参照标准的了解对其他欧洲国家和国际惯例的了解等。英国高等教育质量保障署的质量保障工作由非政府人员主持,政府只负责制定总体的科研政策和在总量上控制拨款数额,而不介入具体工作。因此,通过英国高等教育质量保障署等质量保障中介机构,英国政府实现了对高等教育的间接干预和控制。

(2)美国高等教育外部质量保障体系的特点

美国是民间质量保障机构模式的典型代表。美国民间的院校、专业评估认证机构,以及具有协调管理功能的高等教育鉴定委员会(CHEA),组成了高等教育质量保障的主体体系。美国高等教育的评估认证机构一般是由高校和专业协会自发组成的民间组织,根据其评估对象的不同又可分为院校鉴定机构和专业鉴定机构。这些机构受政府的资助而又独立于政府,是依法建立、以多样形式为特征的高等教育评估认证中介机构。[27]这些机构的认证运行和可信度情况通过高等教育鉴定委员会进行协调和认可。

美国中介性认证机构就组织结构而言,是一个由高等教育协会、高等学校以及社会各界代表组成的会员制的中介组织,是参与者的志愿组织。美国高等教育评估是高等学校的志愿活动。高等教育评估认证组织是这一志愿系统的组成部分。这种志愿性主要表现在:第一,美国高等教育评估组织由各类学校自发联合组成;第二,这些组织的评估活动由高等学校或相关院系自愿申请参加,在它们不提出申请的情况下,认证组织不会主动对它们进行评估,也没有权力强制它们参加认证。认证机构和办学机构的责任和权利通过自愿成立的组织进行协调,不具有强制性。认证机构的责任是通过鉴定活动在高校与高校、高校与社会、高校与专门行业间进行沟通。认证机构对高等教育的鉴定结果直接影响高校的声誉、生源和财政资助,大多数美国高校都能积极参与认证,因此,此类机构具有较强的社会影响力。美国联邦教育部和各州教育主管部门对评估机构均没有任何法定的管理权力,它们是平等相待、互相尊重的伙伴,不是管理与被管理的关系。

3.我国高等教育外部质量保障体系的特点

我国形成了"五位一体"评估制度,即以学校自我评估为基础,以审核评估、专业认证及评估、国际评估和教学基本状态数据常态监测为主要内容,政府、学校、专门机构和社会多元评估相结合的教学评估制度,即所谓的"五位一体"评估制度。尤其是院校审核评估、专业认证评估,由学校自愿提出申请参与,赋予了学校较大的自主权,客观上激励了高校重视自我评估、提升教育教学质量，是较大的制度创新。

我国高等教育外部质量保障体系是官方质量保障机构模式的典型代表，政府是高校的举办者、管理者以及评价者，其组织模式是教育部制定政策，评估中心负责组织实施，强调各级政府教育主管部门在教育评估中的组织、领导作用。该体系的缺陷是导致第三方评估式微，难以得到认同。而且由于该体系的主体权威性，评估结果对高校的声誉、资源获取具有决定性作用，导致高校对评估结果的过度关注，一些造假行为和公关行为难以禁止，评估结果一定程度上存在搞利益平衡的现象。

教育部代表国家提供有关学术标准和高等教育质量的信息，并组织对各高校的评估和认证，且在某些质量工程项目上根据评估数据对高校进行有选择性的拨款资助。在综合性评估中，教育部与高校体现了一种有限合作关系：评估标准是在听取各高校意见的基础上综合制定的，由学校自愿申请参与评估，鼓励和尊重学校创建特色。但在一些质量工程专项评估中，则反映了教育部对高校的间接控制，出现"跑部钱进"的现象。

通过对英、美、中三国的高等教育外部质量保障体系的比较可见，英、美虽然主体构成不同，但有一个共同特点就是重视高校自身积极性和主动性的发挥，通过外部保障激励、刺激高校对外界做出反应。我国的"五位一体"评估制度改革，借鉴了其优点，以高校自我评估为基础，尤其是近年来的审核评估，与英国高等教育的外部质量保障异曲同工，重视评估高校内部质量保障框架的有效性，激活高校质量保障意识，同时专业认证及评估、国际评估又为高校追求卓越、走向世界树立了质量发展标杆，促使高校根据自身情况制订发展阶段规划。高校自身内部质量保障如何与外界质量保障契合从而促进自身发展，则是高校抓机遇、提质量的规划重点。

三、内、外部质量保障契合的应然诉求

基于认识论的高等教育哲学观认为，大学存在的一个重要基础是研究、传授高深学问。在此过程中，大学是一个"按照自身规律发展的独立的有机体"[28]，它遵循学术发展的逻辑，代表高校内部管理的需求，外部需求在尊重内部管理需求的基础上才能得以满足，因为"如果大学不可避免地被卷入复杂的社会中去的话，那么我们就既需要专业方面的高深学问，也需要研究方面的高深学问。经验及历史表明，当这两方面相互结合起来的时候，它们各自都得到繁荣并发展"[29]。高深学问的研究与应用就是内外部质量保障的契合点，该契合点在高校规划尤其是地方高校的规划中，最明智的选择就是围绕校企合作、产教融合进行知识选择和专业规划，重视价值依附和资源吸纳，进行知识—能力—财富的转化探索。

第三节 驱动要素:质量自觉与质量保障逻辑

教学质量保障的关键是要有敏锐的质量意识,通过提升质量的教学行为和促进质量提升的管理行为,深化对质量态度、质量情感、质量目标、质量道德和质量价值观的认识。关于质量意识的培养,最具说服力和促进力的当属质量评价。质量评价可以使任何一个无质量意识的个体被动或主动地参与到质量评估活动中,对质量有一个概观的认识。当存在一系列质量评价标准和质量保障举措时,质量意识在保障和提升质量的过程中发展为质量自觉。这个过程中有一个基本的理念识别:到底什么是评价? 什么是评估?

一、评价与评估

1.评价的作用机理

库巴在《第四代评价理论》中提出:"评价就是对被评事物赋予价值,它本质上是一种心理建构,评价描述的并不是事物真正的、客观的状态,而是参与评价的人或团体关于评价对象的一种主观性认识,是一种通过'协商'而形成的'共同的心理建构'。"[30] 由此分析,评价的本质是共同建构,建构价值标准,为评估活动的开展提供标准依据。评价涉及各利益相关者,价值多元是评价必然要回应的首要问题,为正确回应各利益相关者的心理诉求,需要评价者贴近其工作环境,在自然情境下收集各种信息,梳理出其在不同环境中的需求和期望,运用协商的方式,求同存异,引导他们达成共识。

众所周知,评价的核心是标准问题,标准的核心是定位问题,定位的关键是评价理念问题。我国传统的评价理念是:我好不好不能自己说了算,别人说我好,我才是好。这种理念反映了文化不自信,其结果是不敢凸显特色,导致办学趋同化。针对教学质量评价,有一个上位的质量标准,即教育部在教学合格评估中制定的标准,各学校需要对照标准进行建设和改进,达到合格水平后,就该进入个性(特色)发展阶段。在教育部没有统一标准的前提下,各学校应在考虑政府、用人单位、教师、学生诉求的基础上,制订自身的质量标准;也就是说,需要转变评价理念:我好不好,我自己说了算。当然,不是自说自话,而是有根据、有条件地证明自身的教学质量水平。教育部推行的审核评估,其"关注的重点是院校内部质量保障机制的有效性,它不直接评审质量,但其调查质量程序与所陈述目标的适切性、实际质量活动与计划的符合度以及活动对于实现所陈述目标的有效性"[31]。审核评估客观上督促学校转变评价理念,这种转变在根本上促使学校重视目标和标准的制订,严格监控目标和标准的落实与执行,从根本上培养质量自觉,提高质量自信,促进学校建立自身的质量正循环体系。

评价可以对一所学校起到彻底变革的作用,但是,这种作用要得到实现的话,一些核心价值观,比如说系统收集与学习成效相关的数据与信息、改进学生的学习成效等,对于质量产生的关键环节,只靠外部评估难以全面、恰当地做出评判,学校自身的评价必须成为学校文化不可分割的一部分。成功的评价不仅仅涉及评价的技巧、过程,还涉及评价的结果;它是一个文化问题,会影响到教师群体如何看待自己的工作和对学生应负的责任。值得注意的是,即使是在以本科教学为办学重心的学校中,评价文化一般都尚未发展成为常规性的行为,它的成长还需要不断的呵护和支持。一项有生命力的评价规划要求教师突破学科和系科的藩篱,从整体的角度看待学生的学习,共同承担起实现学校教育规划的责任。在现在的高等院校中,这种责任既不容易被激发起来,也不容易维持下去。然而,成功的评价运动能够使教师和学生都受益无穷。[32]

2.评价与评估的关系

从某种意义上来讲,评估结论是对评估对象的价值或所处状态的一种意见和判断。而这种意见和判断,则是建立在对评估对象的技术可能性、经济合理性的充分、客观和科学分析过程的基础上的,因而能给相关部门或单位提供可靠的参考依据。简而言之,评价必须要经过评估过程,评估需要对事物的价值或状态进行分析说明,所以评估与评价的本质属性不同,评估的本质是事实判断,评价的本质是价值判断。评估是为掌握事实,按照标准对此事实进行价值判断,即为评价。

因为评估活动一般都要形成评估报告,包括评估结论,在此背景下,评价与评估从确定性程度上来讲并没有什么原则的区别,两者都是基于衡量某一特定对象的质量、特征、价值等标准而做出的一个评判的过程及其结果,所以常常混淆使用。但是具体到参与主体维度上,评价和评估是有明显区别的,比如学校、教师乃至学生都可以对自身工作和学习进行评估,清楚自身在做什么、做了什么、怎么做的;而对自身工作、学习进行评价,就需要对照相应的标准,来判断做得怎么样以及为什么要做。

3.评估的作用机理与质量保障逻辑

评估是指依据某种目标、标准、技术或手段,收集所需资料和数据的过程。有人对评估做了进一步延伸,即对资料和数据进行分析、研究和解释,并判断其效果和价值的过程。评估报告则是在此基础上形成的书面材料,对方案进行评估和论证,以决定是否采纳。评估关键要审核评估方案是否科学、符合实际。评估隐含着价值期待,隐含着要指导的阶段工作成效如何。评估项目的设定相应地映射着指标的标准,在对照标准的基础上得出的结论即成为评价结果。因此,评估的特征是就事论事,实事求是。作假的评估很容易被指认,但是评价因为对标准的解读和把握的主观性而难以指认。

"五位一体"评估制度内在地体现了教学质量保障逻辑,是高校教学质量保障的一种重要驱动力量。作为一个整体,基于质量生成视角,五种制度设计功能不同,其对学校教学质量保障所起的作用以及价值也有所不同:作为具有高级要求的周期性审核评估和专业认证评估,更多的是对学校的一种肯定,不仅有利于提高学校声誉,而且专业认证可有力助推学校走向国际评估,是学校质量保障努力的目标,但它们很明显是以学校自我评估为基础的,是学校在对本校教育教学质量有了一个基本的判断以后的一种或然选择,是自我评估后的一种质量自信对质量保障目标的异质跨越,对学校质量保障工作具有极强的鞭策、激励作用。而教学基本状态数据监测作为学校的一项经常性工作,一般以学年为周期单位采集信息,本身就属于自我评估信息采集的一部分,因其具有全面和可独立运作的机制而单独作为一种质量检测手段,其数据作为自我评估分析的一项依据,对质量生成和质量提高本身没有直接作用,但是可以反映学校一个时期的质量状况和支持质量的资源配置状况。

教育部"五位一体"评估制度的发布"第一次真正将学校的自我评估作为评估制度的基础性、前提性的主体工作内容",将评估的选择权和自主权让渡给学校,进一步突出学校的自主性,各种形式的评估都是建立在学校自我评估的基础上的。自我评估作为能够直接切入教学及管理过程、提高教学质量的手段,是教学质量保障的核心驱动因素,能发挥自我诊断、自我改进和自我提高的作用,学校可以根据自身的教学实际,有针对性地选择自我评估项目,发挥自身的主体性、自觉性和创造性。

以往的评估倾向于通过专家审查来落实管理要求,通过专家的评判来增加评估结论的权威性,这是"我好不好不能自己说了算,别人说我好,我才是好"的评价理念在作祟。问题是这种评估总是把评估对象排除在外,使得评估者和评估对象之间形成紧张对立的关系,评估对象以"通过检查"的目的来应对评估,对事实有所夸张、有所隐藏,甚至弄虚作假、投其所好,以至于一提到评估,教师就有一种对立情绪,就认为是自己"被检查,被找茬"。而自我评估则强调学校的主体性,重视评估对象的参与和意见申诉,更看重通过同行、同事之间的交流来提供专业支持,通过信息和事实判断,以共同认可的事实为载体进行相互交流、共同建构。审视自我评估过程,自我评估的方案、程序、标准、工具等安排向评估对象公开,考虑他们的想法和顾虑,吸收其合理化建议并加以改进,使其清楚自我评估是帮助他们自我改进和提升的一种助力,尽可能避免自我评估中的定位偏差、角色错位和价值扭曲。

二、自我评估与质量改进

因为评估行为的求真性特征,使得评估成为质量保障的基础手段。为深入开展评估工作,各学校建立了教学基本状态数据库,方便评估教学所需的基本事实情况的获取。作为自我评估的一部分,教学基本状态数据库为管理者掌握学校的基本状况和调整改进方向提供了参考,但是对于教师和学生这一对教学质量产生的主体来说,并不能促进其提高教学质量和学习质量。教与学都需要遵循一定的逻辑对自身进行评估,认清事实,发现差距,以利改进。为此,首先要树立正确的自我评估理念。

1.自我评估的理念:回归教学生活

自我评估弥补了外部主体评估的不足,重点监测质量生成环节,立足于对自身工作的监测、分析和判断,贴近教、学、管工作实际。"其目的在于使学校每一个部门和每一个个体都成为教育教学及管理活动的反思者、批判者和建构者。自我评估实质是一种发展性评估,它指向学校及其内部每一个成员的发展。"[33]自我评估因评估项目、评估方式及内容可以根据发展阶段和实际情况不同而自行选择,使质量生成、问题发现与分析更贴近教学实际,充分体现了以高校自主发展为前提和目标。纵观欧美高等教育质量保障体系,其主体性主要体现在大学的自我约束和监控体制上,其质量保障的关键并非依赖外部对院校质量进行评估以实现保障质量的职责,而是评估院校内部质量保障体系的有效性,促进院校自身保障质量能力的提高。我们认为,自我评估有三大理念支柱。

(1)以学生为中心

首先,以学生为中心是由高校的使命和职能所决定的。人才培养是高校的第一职能,高校通过向社会输送高素质人才来实现服务社会、服务区域经济发展的办学宗旨。自我评估总体框架设计要针对学校办学目标与社会发展需求的契合度、人才培养规格的达成度,以使自己获取相关资料和数据,检验自身是否达成目标。其次,以学生为中心是高校不断进取、追求卓越的必然选择。高校通过合格评估后要想做强,获得更多的外部支持,必然要选择参与审核评估和专业认证及评估之路。而审核评估关注的重点是院校内部质量保障机制的有效性,学校必须提供资料、数据证明实际质量活动与计划的符合度以及活动对于实现所陈述目标的有效性,而学生又是教学活动的主体,是教学质量的体现者,自我评估必须围绕学生学习需要是否得以满足、学生素质是否得以提高而展开。专业认证及评估的第一核心理念就是以学生为中心,关注全体学生,而非少数学生的"标志性成果";评估焦点是对学生表现的评价,对培养规格与培养目标达成度的评价,必须分解为对学生整个学习过程中的全程跟踪与进程式评估,并通过记录行程性评价的过程和效果,证明学生能力的达成。这些必须通过经常性自我评估才能得以完成数据和证据资料的充足积累,也是自我评估基本的而重要的内容之一。

(2)以问题—改进为导向

自我评估是高校内部质量保障工作的基石,现在各高校都在进行内部质量保障建设工作,围绕保障体系的建立,相关工作开展都需要通过自我评估获取第一手资料,发现问题,提出改进意见,并针对学校工作实际,确定某个时期的工作重点,确定自我评估考察要素,进入有选择性的自我评估良性循环过程。这在客观上有利于培养质量意识,落实持续改进的工作理念。这种以问题—改进为导向的自我评估理念,其实质是如何对待事实性判断,通过评估获得数据、调查资料、现场事实,对照学校的有关要求、标准以及教育教学基本常识,判断其是否存在问题,将原始资料和问题诊断一并通报给评估对象,听取其对该评估的解释、申述及观点。自我评估以共同探讨和探索改进为根本目的,但只要评估对象认可事实及问题,就应该相应地针对问题进行整改,避免了形式主义。从工作推进逻辑来分析,自我评估遵循的是"事实是什么,问题在哪里,应该怎么办"的逻辑,是一种基于认识自我、谋求改进的制度安排;而审核评估遵循的是"目标怎么样,事实是什么,事实与目标的符合度"的逻辑,重视事实核查,是一种帮助发现、帮助建设的制度安排;专业认证及评估遵循的是"标准是什么(校方、评估专家),举证达成标准要求(校方),判定达成标准要求(评估专家)"的逻辑,本质上是一种合格评估,是一种资格赋予的制度安排。以问题—改进为导向的自我评估在制度设计、评估工作开展、评估后续工作安排等方面都更加有利于教学质量的持续改进。自我评估关注工作推进过程中的问题发现与改进,重视质量监测、知识增值和价值提升,尤其是形成性自我评估,弱化结果排名,重视事实判断和问题分析,很好地抑制了投其所好的质量投机行为的发生。

(3)以教师发展为重点

高等教育质量的改进还是要取决于教学的实施。西奥多·马奇思针对评价指出:"评价本身并不能保证教学质量的改进与提高,就像温度计治愈不了发烧一样。只有在课程改革中与良好的教学结合起来,它才能发挥加强教育的作用。"[34]作为课程改革和教学的执行者,教师理当也应该成为自我评估的重点对象。对教师的评估首先要回答四个问题:我们想让学生取得的学习成果是什么(目标)? 我们为什么要让学生取得这样的学习成果(个体发展、社会需求)? 我们如何有效地帮助学生取得这些学习成果(教学管理、教学过程)? 我们如何知道学生已经取得了这些学习成果(学习评价)? 这四个问题成为制订评估方案的出发点,相关的目标分解、标准制订、评估项目设置、评估要点、评估结论有机地形成一个体系,较好地体现了以学生为中心,能够有力地促进质量保障和改进工作。

2.自我评估的推进重点

成功的教学质量自我评估建立在质量生成洞察力的基础上,是对内在价值与外在行为之间关系的一种深刻理解。通过简单地走评估流程获得数据来判断教学质量,质量的生成与判断完全就像是在黑箱中运行一样让人莫名其妙。自我评估就是要打开质量生成及成因的黑箱,让学生的学习体验、学习观点、学习成果有章可循、有据可查,为质量保障和改进提供依据。自我评估应重点关注的评估项目有以下几点。

(1)是否制订了以学习为中心的课程大纲

教育学家斯普朗格说过,教育的最终目的,不是传授已有的东西,而是要把人的创造力量诱导出来,将生命感、价值感唤醒。唤醒,是一种教育手段。人一旦得到更多的信任和期待,内在动力就会被激发,会更聪明、能干、有悟性。这种有关学习本质和教育本质的观念与设想,指明了教学要以培养学生在学业和事业上成功所必需的能力为核心,思考的重心要从关注教师教什么转向关注学生学什么,与其说教师是知识的传播者,不如说教师是学习的促进者。这种转变,要求改变观念,重新认识课程、学生学习过程设计和教师教学过程设计。而传统的课程教学大纲是为以教师或内容为中心的课堂而设计的,未能帮助学生理解他们在学习过程中所扮演的日益丰富的角色。如果要让学生理解我们对他们的要求和我们对他们学习过程的计划,我们必须像他们提供更多的综合性信息。

以学习为中心的大纲把学生置于以下问题的中心:为了从教育过程中获得最大的收益,学生应该了解什么? 约翰·劳夫对荣获"卡内基教师年度奖"的教师进行过研究,发现了这些模范教师所设计的大纲有一些重要的共同点,最为明显的是它们详尽明确。每份大纲都有明确阐明的课程目标,规定阅读任务及其完成期限的日程进度表,有关补考、考勤及评分标准的说明。他们还向学生提供自己的办公联系时间。很显然,这些教师通过他们的行为——他们在课堂上的教学行为,以及这些行为与他们的教学大纲所体现出的一致性——向学生传达了行为标准。[35]

制订以学习为中心的课程教学大纲需要高屋建瓴,综合社会发展需求、学生个体发展需求、学科专业发展内在逻辑,更重要的是需要换位思考,站在学生的立场思考如下问题:什么样的信息能够帮助学生学好我们任教的课程? 我们应该向学生提供如下一些信息。

其一,开课理由:课程与课程体系的一致性、社会需求、个体发展、培养有学科特色的并与核心要求有关的能力的介绍。

其二,现行课程目标:学习成效、评价手段和工具(考试考什么? 记忆? 理解? 综合能力? 符合逻辑地提出证据的能力? 灵活运用知识的能力?)、教师对学生的期望以及学生为学好课程应承担的责任。

其三,课程内容概要:教学流程图、单元纲目、选学内容、课程学习策略、课程内容对专业能力培养的支撑关系(课程对学生的思想和实践有什么益处)。

其四,评价程序:学分和分数等级、要求及任务、应具备的基础能力和有学科特色的能力的评价依据。

其五,各单元具体情况:目标、选学内容、水平等级、任务与要求及其布置目的、授课方式(以讲座、讨论还是小组讨论为主)、实践活动流程图。

其六,教学材料:教科书、参考书目及不易找到的阅读材料。

其七,自测卷(附答案):给学生一个检查自己能否达到目标要求的机会。

其八,信息交流:教师应了解学生对该课程的期望以及学生希望得到的指导,学生应了解教学的重点。

(2)教学是否向以学生为中心转换

有效的教学首要的问题是思考学习应该如何产生以及应该如何评价学生。学习得以产生的基本条件是看到(知识的呈现、知识产生的结果)、体会到(参与知识的讨论、知识的应用背景、实践)和想到(所学知识与内化知识、应用方法的联系)。教学就是要创造看到、体会到和想到的情境,引导学生进入学习活动,并对其学习表现做出评价。教学自我评估应侧重以下几点。

第一,是否明确教学目标和要求。教学和评价都是以教学目标的阐述为基础的,没有阐述得当的教学目标和要求,就不可能产生好的教学规划,评价也就缺乏收集数据和进行决策所赖以存在的基础。任何形式的教学目标都应该做到以学习成效为依据来进行描述,让学生了解对他们的期望以及评价方式。不能因大班教学不能一一评价学生而放弃评价环节,坚持每节课都评价若干学生,一来可以引起学生对教学的重视,了解自身的学习成效;二来可以使每个学生都得到评价指导,为学生学会自身评价提供方法指导,让学生学会评价自身;三来可以为评价学生的学习成效提供基础依据;四来可以为教师反思教学、教学方式的选择与改进提供基础。

第二,是否促进学生基本学习技能的提高。"最近50年的各项权威性研究已经反复证明,在讨论中,学生给予的注意和思维活动都更为积极。"[36]推动学生参与讨论学习是大学重要的学习方法之一,通过思考练习帮助学生学会按照教学内容进行思考,帮助学生学会评价自己以及他人的观点是否合理,为学生构想运用基本理论的方法提供机会,帮助学生整合已学到的知识并获得学习情况的反馈。学会组织讨论、推动讨论是一项重要的教学技能,不管以何种形式开始的讨论,都离不开阐明问题、分析问题和解决问题这一套路,采用讨论来促进学生的学习,不在于提问以后马上寻求解答、寻求论据,而在于帮助学生厘清问题、产生思路、谋求解决。

一是阐明问题:定位问题核心,针对问题界定几个核心概念或重要原理。

二是提出可以接受的假设:讨论者可能因为对问题的理解不同而出现"鸡同鸭讲"的无效讨论情况,这就需要清楚问题的产生背景,在背景不明的情况下可以提出各种假设。

三是收集资料:针对已掌握的问题背景,我们知道什么,或有什么相关资料,收集相关资料。

四是选择答案:可能的解答有哪些,评价可供选择的其他解决方式。

教师可控的是提出的问题要与教学内容相关,至于问题的解决方式及结果则是不可控的,但是可以有根据地进行评价,促使学生学会分析问题和评价学习成效。

第三,是否促进深层次学习。专业教学是大学教学独有的特色,不同学科有不同的论文结构、不同的论证模式和不同的研究与解决问题的方式。研究表明,一个领域专业特长的标志就是拥有一个组织有序的知识结构以及一套获得和整合新知识的策略方法。对深层次学习的自我评估应关注以下几点。

一是知识结构:学生是否形成以核心概念、核心原理为节点的网状知识结构。

二是思维模式:学生能否掌握本专业的思维模式,能否评价本专业经典文献的论证模式。

三是毕业设计:学生能够描述毕业设计的论证结构、理论基础、技术路线。

四是管理学习:设置和控制一个学习目标所需的方式;能否以目标的达成过程,及时提醒自己;是否建立为了完成类似任务所需的有效策略组合。

(3)管理是否向规范和服务转变

管理虽然与质量生成没有直接关系,但是却直接关系到质量生成的背景,为质量生成提供条件保障,直接关系到办学定位和质量标准的选择。联合国教科文组织曾经指出,衡量一个国家教育发展的程度,就是看这个国家的教育行政官员和教师有没有相当的教育评价知识和能力。对教学管理的自我评估应注重以下几点。

　　其一,按照国家的通用标准对教学支持条件进行自我评估。

　　其二,在参照国家通用标准的基础上,结合学校实际,给教学各环节制订质量标准,突出学校自身的特色建设,并让全体师生学习、知晓评估标准。

　　其三,教育管理人员、教师必须明确自身在教学质量提升过程中的责任,满足目标要求。

　　其四,有明确的制度与措施激励教师对教学有适当的投入。

　　其五,有明确的执行制度和激励制度,保障教师为学生提供指导、服务并对学生进行职业生涯规划,对学生职业从业教育进行足够的指导。

第四节　教学质量保障体系的构成

通过对教学质量保障要素的分析可以看出，教学质量保障涉及面广，环节繁杂，必须协调各部门按照一定的程序、规则将各个要素整合起来，使得学校教学质量保障工作杂而不乱，有规划、有阶段、有步骤地改进教学质量，这就需要建立一个体系——教学质量保障体系。

所谓教学质量保障体系，是学校为实现人才培养目标，运用系统理论和方法，把质量管理各阶段、各环节的职能组织起来，围绕人才培养活动，对教学过程进行诊断和评价，形成一个任务、职责、权限明确，互相协调、互相促进的有效的、稳定的管理系统。其功能目标是保障高校满足社会经济发展的基本需求，增强高校自身主动适应社会、市场变化的能力，促进高校合理利用内外资源，尤其是学校的人力资源，不断改进和提高学校人才培养活动的效果。[37]质量教学保障体系的构建，关键在于建立科学的质量标准，明确规范的质量责任，健全有效的教学建设、教学管理的制度与流程，这是本科教学质量保障体系建设的基础，由此形成了有着内在联系的若干系统，如图3-2所示。

一、教学质量领导与管理组织系统

一个完整的教学质量保障体系，首先要有教学质量领导与管理组织系统。该系统的人员由校领导、二级院系领导、教师代表、企业代表组成，范围涉及教学质量的领导、管理及工作机构。教学质量保障的领导机构是校长办公会、教学指导委员会。其主要职责是：明确办学指导思想及质量目标，统一领导学校教学质量保障体系的制订、修改和实施；制订有关保障和提高教学质量的重大政策和措施；监督各个工作机构的执行情况。质量要求为：教学质量领导、管理及工作机构健全；质量管理职能职责明确；各职能部门、教学单位服务人才培养情况良好，师生满意。

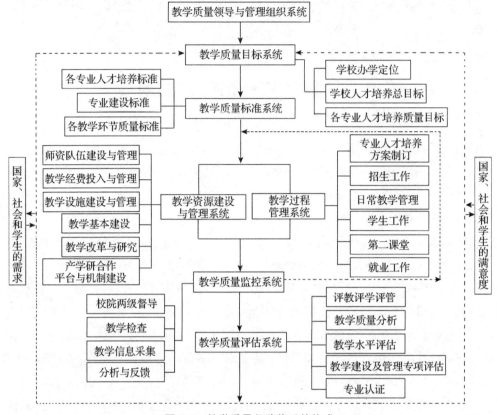

图 3-2　教学质量保障体系的构成

二、教学质量目标系统

教学质量目标系统包括：学校办学定位、学校人才培养总目标、各专业人才培养质量目标。质量要求为：明确学校定位与发展目标，制订科学的发展规划，确立教学中心地位；人才培养目标符合学校定位，满足社会对人才的需求，满足学生全面发展的需求；目标构成具体化，可依循操作。

三、教学质量标准系统

教学质量标准系统包括：各专业人才培养标准、专业建设标准、各教学环节质量标准。

各专业人才培养标准包括：知识、能力、素质标准。质量要求为：支持人才培养质量目标，对毕业生的知识、能力、素质要求具体化，满足社会需求和学生全面发展的需要。

专业建设标准包括：专业设置标准、建设经费标准、师资队伍标准、实践平台标准和课程标准。质量要求为：有明确的专业设置条件和合理的建设规划，专业结构合理，注重特色专业的培育；新专业设置适应社会需要，经费有保障；师资队伍标准、实践平台标准和课程标准明确具体，满足人才培养需要。

各教学环节质量标准包括：课堂教学、实验、实习、实训、毕业设计等各教学环节的质量标准。质量要求为：符合高等教育发展规律，明确具体，可操作性强，经过努力可以达到。

四、教学资源建设与管理系统

教学资源建设与管理系统包括以下项目：师资队伍建设与管理、教学经费投入与管理、教学设施建设与管理、教学基本建设、教学改革与研究、产学研合作平台与机制建设。

师资队伍建设与管理包括：师资队伍的引进、培养，教师的考核和激励机制。质量要求为：师资队伍建设有规划、有措施、有成效；师资队伍数量与结构合理，师德师风优良，满足人才培养需要；建立完善的教师聘任、考核和奖惩等机制；明确主讲教师资格的认定。

教学经费投入与管理包括：四项经费（本专科业务费、教学差旅费、体育维持费、教学仪器设备维修费）占学费收入的比例，生均四项经费的使用情况。质量要求为：确保生均教学经费投入达到教育部要求，满足教学的需要；做到教学经费投入和使用合理、公开、透明。

教学设施建设与管理包括：教室、实验室、图书馆、语音室、体育设施、校园网等硬件和软件的建设与管理。质量要求为：确保各类教学设施的硬件和软件正常运转，能满足本科教学的要求。

教学基本建设包括：专业建设、课程建设、教材建设、实验室与实习基地建设。质量要求为：专业建设应有规划和目标，定位合理，有计划地培育特色专业；逐步形成国家、省部级有一定影响力的特色专业；人才培养方案科学，各专业设置的必修课程达到合格标准，主干课程达到优秀，有一定数量的校级、省级精品课程甚至国家级精品课程；有规范的教材编写、选用制度，有一定数量的高质量的自编特色教材和校企合作教材；实验室建设有规划、有措施，管理规范，满足教学需要，利用率高，有一定数量的省级实验教学示范中心。

教学改革与研究包括：教学内容、教学方法与手段、考试方法等的改革与研究。质量要求为：立项评审规范，经费到位；教学改革与研究成果对教学形成良好的引领和支撑作用。

产学研合作平台与机制建设包括：学校与地方、学校与企业联合办学、协同创新、共建研发机构或实验室、相互提供技术咨询或服务等。质量要求为：有合作规划、措施；有深度合作模式；有一定数量的纵向、横向课题；科研工作、科研平台、科研成果和产学研发展对教学改革及教学质量起到促进作用。

五、教学过程管理系统

教学过程管理系统包括：专业人才培养方案制订、招生工作、日常教学管理、学生工作、第二课堂、就业工作。

专业人才培养方案制订质量要求为：培养计划制订、审核、执行规范，体现人才培养目标要求。

招生工作包括：招生计划制订、招生宣传、录取、生源质量分析。质量要求为：招生计划制订程序规范、合理，符合学校实际和社会对人才的需求；招生宣传效果好，程序规范；生源质量高。

日常教学管理包括：教学计划的执行和教学任务的落实，教学进度的安排，理论与实践教学的运行管理。质量要求为：教学管理制度完善，教学计划执行良好，教学秩序稳定，课堂教学质量好，教学档案规范、齐全。

学生工作包括：学生基础管理、思想政治教育、学风建设等。质量要求为：学生服务与管理工作思路清晰、措施有效，能调动学生学习的积极性；重视学风、考风建设，有较好成效。

第二课堂包括：课外科技文化艺术活动、体育锻炼、社团活动。质量要求为：课外科技文体活动丰富，气氛活跃，学生参与面广，有利于学生创新意识的培养和综合素质的提高；社团管理规范，社团活动贴近学生的学习和生活，体现学生以学习为主的原则。

就业工作包括：市场需求分析、就业措施与效果、应届毕业生就业率和就业质量、毕业生跟踪调查分析。质量要求为：就业指导与服务工作思路清晰，措施周密细致，成效显著，就业率高，就业质量好。

六、教学质量监控系统

教学质量监控系统包括：校院两级督导、教学检查、教学信息采集、分析与反馈。质量要求为：对全校教学建设、教学运行秩序、教学规范的落实情况进行有效的监督检查；采集教学基本状态信息，并分析、反馈，不断改进。

七、教学质量评估系统

教学质量评估系统包括：评教评学评管制度、教学质量分析、教学水平评估、教学建设及管理专项评估、专业认证等。质量要求为：制订科学的教学评估指标体系和实施办法，建立常态评估机制；准确采集教学运行的基础数据进行综合分析，结合学校教学工作进行评估，形成教学质量状态的基本判断，为教学质量的控制提供决策依据。

参考文献：

[1]清华大学教育研究所.美国麻省理工学院校长报告[J].教育研究参考资料，1997(16).

[2]董泽芳.高等教育分流问题研究[J].高等教育研究，2003(4).

[3]王菊.资源依附与高校发展定位的类型选择——从社会学的角度看我国高校发展定位问题[J].清华大学教育研究，2007(3).

[4]邹晓平.高等学校的定位问题与分类框架[J].高教探索，2004(3).

[5][德]雅斯贝尔斯.什么是教育[M].邹进译.北京：生活·读书·新知三联书店，1991：139—148.

[6][英]怀特海.教育的目的[M].庄莲平，王立中译.上海：文汇出版社，2012：37—38.

[7]知识更新周期缩短至2—3年[J].时事报告，2010(2)：7.

[8][德]雅斯贝尔斯.什么是教育[M].邹进译.北京：生活·读书·新知三联书店，1991：153.

[9][西班牙]奥尔特加.加塞特.大学的使命[M].徐小洲，陈军译.杭州：浙江教育出版社，2001：63.

[10]崔金贵.大学的卓越灵魂：通识教育、教学改革与管理——哈佛大学哈佛学院前院长哈瑞·刘易斯教授访谈录[J].高校教育管理，2014(4).

[11] Halil Kurak, Kevser Vatansever, Jan van Dalen. *Factors Determining Students' Global Satisfaction with Clerkships ：An Analysis of A Two Year Students' Ratings Database*[J]. Adv in health Sci Educ，2008.

[12]Carroll，J，B. *A Model of School Learning*[J]. Teachers College Record 64 (8)，723—733.

[13] Jacqueline Douglas, Alex Douglas, Barry Barnes (2006). *Measuring Student Satisfaction At A UK University*[J]. Quality Assurance in Education. Vol. 14 No13:251—267.

[14]Banwet,D.K. and Datta.B.(2003).*A Study of the Effect of Perceived Lecture Quality on Post-lecture Intentions*[J]. Work Study,Vol.52 No.5:234—243.

[15][美]普莱斯顿·D.费德恩,罗伯特·M.沃格尔.教学方法——应用认知科学,促进学生学习[M].王锦,曹军,徐彬译.上海:华东师范大学出版社,2006:432.

[16][英]怀特海.教育的目的[M].庄莲平,王立中译.上海:文汇出版社,2012:8.

[17][英]刘易斯·沃尔珀特,艾莉森·理查兹.激情澎湃——科学家的内心世界[M].柯欣瑞译.上海:上海科技教育出版社,2007:4.

[18]周远清.教学方法是提高教育质量的关键所在[EB/OL].[2015-11-06].http://www.chinadaily.com.cn/micro-reading/dzh/2013-11-06/content_10514953.html.

[19][英]怀特海.教育的目的[M].庄莲平,王立中译.上海:文汇出版社,2012:38.

[20][澳]约翰·B.彼格斯,凯文·F.科利斯.学习质量评价:SOLO分类理论(可观察的学习成果结构)[M].高凌飚,张洪岩译.北京:人民教育出版社,2010:27—32.

[21][德]雅斯贝尔斯.什么是教育[M].邹进译.北京:生活·读书·新知三联书店,1991:153.

[22] D. B. Hay.*Using Concept Mapping to Measure Deep:Surface and Nonlearning Outcomes*[J]. Studies in Higher Education,2007,32(1).

[23][美]理查德·保罗,琳达·埃尔德.批判性思维:思维、写作、沟通、应变、解决问题的根本技巧[M].乔苒,徐笑春译.北京:新星出版社,2006:129.

[24][美]伯顿·克拉克.高等教育新论——多学科的研究[M].王承绪等译.杭州:浙江教育出版社,2001:35.

[25]陈志武.财富是怎样产生的[J].新财富,2003(5).

[26]林梦泉,常凯,巩乐.国外高等教育外部质量保障框架的运行机制及其对研究生教育的启示[J].高等教育研究,2010(10).

[27]沈友,张璇.英、法、美高等教育评估机构的特点及其启示[J].评价与管理,2008(2).

[28][美]约翰·S.布鲁贝克.高等教育哲学[M].王承绪等译.杭州:浙江教育出版社,1998:16.

[29][美]约翰·S.布鲁贝克.高等教育哲学[M].王承绪等译.杭州:浙江教育出版社,1998:56.

[30]卢立涛.回应、协商、共同建构——"第四代评价理论"述评[J].内蒙古师范大学学报(教育科学版),2008(8).

[31]史国栋,袁益民.高等学校审核评估的理论与实践[M].北京:高等教育出版社,2013:68.

[32]Magruder,J.,McManis,M.,and Young,C. *The Right Ideas at the Right Time：Development of a Transformational Assessment Culture*[M].Kirksville, Mo：Office of the President,Truman State University,1996:1.

[33]刘振天.回归教学生活:我国新一轮高校本科教学评估制度设计及其范式变革[J].清华大学教育研究,2013(6).

[34][美]罗伯特·M.戴尔蒙德.课程与课程体系的设计和评价实用指南[M].黄小苹译.杭州:浙江大学出版社,2006:107.

[35][美]罗伯特·M.戴尔蒙德.课程与课程体系的设计和评价实用指南[M].黄小苹译.杭州:浙江大学出版社,2006:160.

[36][美]威尔伯特·J.麦肯齐等.麦肯齐大学教学精要——高等院校教师的策略、研究和理论[M].徐辉译.杭州:浙江大学出版社,2005:25.

[37]曲维等.构建高校教学质量保障与监控系统的理论与实践[J].辽宁师范大学学报(社会科学版),2004(6).

第四章　教学质量领导与管理组织系统

第一节　教学质量管理理念

一、人本理念

大学本质上是一个文化教育机构，以文化人，以德立人，以能促人，以绩服人，所有的教育行为目的都是指向人，文、德、能、绩都是围绕促进人的发展的目的而展开的。在这一合理性的过程中，存在着价值理性和工具理性的博弈，出现"走得太远，忘记了当初为何出发"的现象，根源在于没有真正坚持以人为本的教育理念。

为什么这么说？因为工具理性自身所具有的有用性属性，其核心在于追求效率，容易得到社会和周围环境的认可。价值理性是一种以主体为中心的理性，追求行为的合目的性，它并不回避功利目的，肯定功利又超越功利。在实践过程中，价值理性的实现必须借助于工具理性，以工具理性为前提，只有坚持以人为本，才能实现价值理性与工具理性的和谐统一。这种统一有着广泛的实践基础，教育乃至"社会何以还需要不断变革，就因为还希望它对人民更好，更有利于人的发展和幸福。这就是以人为本，以人为根本，以人为出发点；教育学应当以人为根本，从人出发"[1]。

"以人为本"的口号在行动落实中、在发展为一种主流思想的过程中并不是那么顺利，这一过程存在着制约论和超越论两种声音。这种争论看似坚持以人为本的理念，实质是价值理性与工具理性在对人的实然与应然、现实与理想的存在状态的解读上的分歧。现实有某些客观制约，但不能因此而搁置理想，有制约就需要做出适应，有理想就需要对某些现实进行超越，在坚持以人为本的前提下，这是矛盾的统一体，不能将二者对立起来。至于应侧重于哪个方面，取决于大学的自身定位。大学服务社会、经济、政治是一种适应，有学者将大学的适应行为分为维持性适应、动态性适应、改造性适应、前瞻性适应。[2]无论如何区分，适应论的社会本位清楚可见，问题是人才培养需要教学与研究和社会实践相结合，象牙塔式的学术行为必不可少。以人为本固然需要适应社会，但是对理想的坚持、对现实的超越，更需要根植在学生的头脑中，这自然引出了创新理念。

二、创新理念

无论何种类型的大学,创新都是其应有的品质,这是大学价值理性之所在。"教育作为一种培养人的实践活动,它必然具有超越的特性……教育的着眼点不在于使人接受、适应已有的,而在于为改造、超越的目的而善于利用已有的一切。"[3]作为大学,创新不仅仅局限于学术创新和思想理念创新,更重要的是根据学校自身的定位,在常规工作中践行创新理念,不断改进自身工作,凸显定位,铸就办学特色。尤其是作为培养应用型人才的地方本科院校,只有瞄准市场需求,拓展办学空间,突出应用特色,才能走出一条属于自己的路。

1.以就业为导向

这既是对现实的适应,服务社会经济的需求,为学生走向社会提供更适宜的平台,也是学校自我调整的机遇,调整专业结构、凝聚内部力量、谋求转型发展的机遇。以就业为导向,就要把握产业行业的转型升级机遇,根据市场需求动向,优化专业结构,以专业链对接产业链,从学科专业本位向职业岗位转变,从知识本位向能力本位转变。重庆科技学院已连续5年与麦可思数据(北京)有限公司合作,联合调研并发布《重庆科技学院用人单位需求测量与使用评价报告》《重庆科技学院毕业生中期职业发展年度报告》;连续4年每年开设3个面向实际应用的新专业,为石油、冶金传统专业开辟新的生长点,向页岩气、新材料转移。

2.以能力为本位

大学之所以赢得社会的尊重,主要原因之一在于培养学生的能力和提升学生的素质。能力培养重点要解决落脚点问题,课程体系和教材建设承载着能力培养的重任,要解决人才培养的质量与市场需求之间的差距,首先要解决教材老化、教学内容陈旧的问题。课程设计要紧紧围绕产业结构调整的需求,结合专业建设,编写包含新知识、新技术、新工艺的教材,体现岗位特色,提升学生的职业能力。以能力为本位,就应该强化专业内容的脉络体系,为学生习得专业学习范式、培育专业研究潜力奠定基础;整合课程体系,使学生的知识结构建立在宽口径、强基础之上;加强实验室建设,在刚性保证实验开出率的基础上,重点向设计性实验、综合性实验倾斜。三者结合,提升学生的专业学习与探究能力。

3.以技能为中心

以技能为中心,就应该加强实习实训基地建设,行业优势通过工学结合转变为实训优势。重庆科技学院产学研合作的特色使得实训优势凸显,通过自建、合建、整合、委托等形式建设实习实训基地 163 个,平均每个专业拥有 4 个实训基地,校内实训和企业实训相结合,部分专业把课堂开到车间、工地去,使学生在浓厚的职业氛围中提升职业素质,在定岗实习中掌握职业本领。学校开展"万千百十"工程,为学生学、研、用搭建平台,积极组织学生参与各种实践技能大赛,激发学生的创新激情,检验学生的实践创新能力。

4.推进教学方法改革

每个专业教师都需要清楚应培养什么样的人,明白自己需要具备什么样的技能,如何能够发现问题、分析问题、解决问题,怎样站在国家发展和人类进步需求的高度上审视自身专业能力,这是在督导评课中需要提及的问题,不仅关注教师把学生教会了没有、教师的教学技能如何,更关注学生基于专业化思考提出了多少问题。这样促使每位教师都密切关注并主动参与到教学方法改革中来,关注如何引导学生进行专业化思考,关注学生的思维发展。重庆科技学院在尊重教无定法的前提下,推广案例教学法,并在 2009 年启动教学案例库建设。

5.加强"双师型"师资队伍建设

"师傅不明徒弟拙",尤其是在实践类课程中更是如此。重庆科技学院教师招聘坚持新教师"三个经历"入职制度,在岗教师一线全员轮训制度,计划用 3 年时间使 45 岁以下中青年教师全部具备工程实践锻炼经历和教育教学能力培训经历。聘任一批行业、企业专家充实教师队伍,连续 5 年选派优秀教师出国深造,学科带头人不仅要求专业知识深厚,而且对岗位经验、动手能力和职业能力都有明确要求。目前,重庆科技学院专任教师中双师型教师 379 人,具有工程背景的教师 204 人,有行业背景的教师 376 人,另外聘请企业兼职教师 108 人。

三、可持续发展理念

教学质量管理的关键是可持续发展,能够持续改进,昙花一现不符合人才培养的目的。将教学质量悬置研究,有 4 大决定性因素:教师、学生、课程、环境。只有这 4 大因素的有机耦合,才能保证高标准教学质量的生成。而要促进这 4 大因素有效耦合,必须要有一套科学的管理机制,这套机制也就形成了大学的核心竞争力。这套科学的管理机制有 4 大支柱:愿景、制度、专业和文化。

1.愿景

愿景使人直接明了教育教学成就。美好的愿景可以激发人的积极性、自豪感,产生强大的凝聚力。愿景通过学校发展规划得以展现,有人认为,这是形式主义,本本上写写,墙上挂挂而已。这是对发展规划的误读。一份科学合理的发展规划凝聚了学校智囊的心血和才智,展示了领导层的视野和志向。发展规划的制订需要结合宏观教育政策、产业政策、社会发展形势和学校发展的实际趋势。规划出台前需要举行论证会,参与人员要包括政府人员、企业精英、学术专家、师生代表。论证会除了要对目标进行阐述外,更重要的是要解释目标达成所需要的资源支撑和采取的有关措施,针对与会者的质问,要以现有实际和确凿数据进行证明,前瞻性、合理性、可行性以及针对性均要进行论证说明。如此出台的发展规划,对外就是宣言书,对内就是号召令。发展规划还需要在二级学院对师生进行宣讲说明,敢于让广大师生明确,本身就显示了领导层对规划的信心和决心。明确奋斗目标,认识发展差距,清楚发展举措,更容易激发师生的积极性和主动性。

2.制度

制度是保障教学质量持续发展的前提。现代大学制度的建立在我国并非那么顺利。"在宏观上,现代大学制度的核心是要正确处理大学与政府之间的关系,主要是如何保证大学的办学自主权问题;在微观上,要尽快形成大学自我发展、自我约束的机制。"[4]实则宏观、微观方面的管理制度在我国并非缺失,而且还比较全面,关键是制度的落实出现了问题,使得制度形同虚设,制度创新更是缺乏动力。制度执行不力,根源在于利益博弈,解决的办法就是公平公开,加大组织的纪检督导力度,以制度赢得民心。针对校内教学质量管理,激励制度、纪律制度均要公平透明,保障自我发展动力充足,自我约束严格。所有制度均要严格执行,不能因人事产生纠纷,杜绝侥幸、失衡心理。严格考核机关行政人员的服务质量、服务态度、服务水平,保障师生心理平衡。心和而气顺,气顺则功倍,在这种环境中,才有可能对工作、生活中的一些问题积极做出反应,主动提出解决策略,推动制度创新。制度的失败莫过于导致成员的失望、冷漠和麻木。现代大学制度建设的误区在于重视制度设计的构架,忽视了现有制度执行不作为的心理透视,把人心挡在了制度心理融合之外。再好的制度,让人心失望、冷却,又有何用?

3.专业

专业水平是大学核心竞争力的关键。优化专业结构,这是每所大学都在思考的问题,受客观条件限制较大,但在主观上,由于术业有专攻及专业壁垒的客观存在,优化专业结构只能由专业人士来完成。为此,建立专家主导而非行政主导的专业发展决策机制势在必行。如何调整、改造现有专业、新设专业以体现"科类匹配,结构合理,优势互补,特色鲜明",是主导者必须要论证说明的。优势专业依托于教师水平,建立竞争性的学术专业遴选机制不仅要看教师的学历水平、授课水平以及研究成果,更要重视竞选者对专业发展的思考、认识,这对于融入教学研究团队、发掘新的专业生长点极为有利。

4.文化

大学文化乃至学科文化是教学质量持续提高的源泉。韦伯曾有一个著名的社会学假设:任何一项伟大的事业背后都存在着一种支撑并维系这一事业成败的无形的文化精神。大学的文化精神是整个群体成员所体现出来的气质风貌,其内在形成机理以价值观为基础,以价值目标为动力,在长期的实践中积淀起来,在共同的心理和行为中体现出来,具有感染力、号召力和辐射力。文化建设有一个由浅到深、由简约到丰满、由感性到理性直至品性(文化精神)的过程,文化的作用机理是个体对文化因子的感触—过滤—认同—内化。当蕴含民主、公平、公开、合作、创新、诚信等文化因子的行为成为常态化的时候,这些文化因子就容易被成员内化,成为大学文化的内涵;而当体现这些文化因子的行为偶尔化的时候,这些文化因子就容易被成员自动过滤掉。我们做事的选择、我们的管理方式和行为方式都是能够产生"生产力"的文化,文化建设除了进行大学形象设计和建设外,更重要的是做事选择要坚持学术性价值导向,营造富有特色的学科文化;行为方式上要多采用民主协商、公平公开、团结合作、诚信创新。一所大学的价值观念在选择、行动中形成,大学文化也在选择、行动中慢慢积淀。不触及思想、行为的文化建设难以渗透到人的内心,深层的文化没有变化,文化建设就会变成一种姿态、一种形式。

第二节 教学质量领导与管理组织机构

一、决策机构——教学指导委员会

教学指导委员会是教学工作的研究决策机构,是与教学相关工作的指导机构,也是对学校本科教学工作行使研究、审议、监督和指导职能的专家组织。其主要职责是:根据国家和上级领导有关教学工作的批示,结合学校实际,对全校教学工作特别是专业、课程、教材、实验室、实习基地、师资队伍、教风学风等方面的建设进行研究与决策;对学校的教学条件、教学状态和教学效果进行评估与督导。

二、职能机构——教务处

教务处是分管校长领导下负责学校教学计划、组织协调与运行管理、监督、检查以及人才培养规划和专业建设等工作的职能部门。其主要职责是:参与学校教育发展规划的制订,提出专业设置及调整意见,拟订全校教学工作计划;负责制订和修订本科学分制人才培养方案的指导性(原则)意见,组织、协调和指导各专业本科人才培养方案的制订和修订工作,组织审查学院(部)提出的本科人才培养方案的调整方案;负责日常教学运行管理、教学基本建设和学籍与学位管理工作;负责教学研究工作的开展与落实以及各类教学奖励的评选;负责专业教学计划、教学大纲、实验教学规范的落实,对二级学院的教学工作进行监督、检查和指导。

三、基层机构——学院(部)

学院(部)是学校的内部办学实体,是学校教学工作的具体组织实施机构,教学工作是其中心工作,学院(部)教学管理侧重过程管理。在学院(部)管理机构中,学院(部)院长(主任)是学院(部)教学工作的第一责任人,全面负责教学工作;分管教学的副院长(副主任)主持日常教学工作,对学院(部)院长(主任)负责。学院(部)教学指导委员会是负责学院(部)教学工作的研究、咨询、审议、监督和指导的专家组织,定期向所在学院(部)党政联席会议通报教学情况,提出有关建议。学院(部)教学及其管理工作的重大问题由学院(部)党政联席会议讨论决定。学院(部)的教学建设、教务管理、教学档案管理由专人负责,设置相应的机构和岗位,在教学副院长(副主任)领导下,处理日常教学工作并从事教学运行状态、教学质量信息的经常性调查、研究、建议工作。

四、监督机构——教学质量与评估办公室

与隶属于教务处的教学督导团不同,作为一个独立的监督机构,教学质量与评估办公室的设置,是为了保证教学质量管理运行、监督两线开展,相当于在校内的独立第三方行使监控、评估职能。其主要职责是:组织校内的各类教学质量专项评估;组织专业认证与评估;撰写学校质量年度报告;协助教学工作考核、评价工作;采集分析全校教学基本状态数据;组织迎接上级单位对学校的教学评估;开展校内教学质量保障体系建设;负责毕业生质量跟踪调查与社会需求调查。

参考文献:

[1]张楚廷.以人为本与教育学改造[J].高等教育研究,2004(5).

[2]杨昌勇.也论教育之适应与超越——对鲁洁教授"超越论"的商榷[J].教育研究,1997(3).

[3]鲁洁.论教育之适应与超越[J].教育研究,1996(2).

[4]别敦荣,田恩舜.论大学核心竞争力及其提升路径[J].复旦教育论坛,2004(1).

第五章　教学质量目标系统

　　高等学校要实施教学质量保障，首先要有明确的目标。在教学质量保障中，质量目标贯彻和体现着教学质量工作的宗旨和方向，是教学质量保障体系的"龙头"。因此，建立完善的学校教学质量保障体系，首要的是确立学校的教学质量目标，科学实施目标管理。

　　教学质量目标是指学校人才培养工作所追求的质量目的和要求，是学校在一定期间内人才培养工作所要达到的预期效果，也是学校进行质量管理的基本依据。确定科学合理的教学质量目标是学校教学质量管理的首要任务，也是教学质量保障活动的基础。社会是不断变化的，学校应随着社会环境的变化对其教学质量目标的合理性定期进行检查评估，并及时调整目标，使之不断与变化着的环境要求相适应。

　　高校组织是一个有人为目的的人工系统。从这个角度来分析，教学质量目标作为其在一定时期内所要达到的预期效果，应当是一个由多因素组成的体系或系统，它由主体的定性化描述和定量化数据予以确定。社会对人才质量的要求决定了高校教学质量的评价标准。人才培养主要通过教学活动来实现，人才培养质量的高低取决于高校的教学质量。因此，建立和完善学校的教学质量保障体系，首先应当建立和完善自身的教学质量目标系统，优化评价教学质量高低的质量目标系统。

教学质量目标系统主要是指人才培养目标的设计质量,主要包括人才培养目标定位、人才培养模式、人才培养方案、学科专业改造和发展方向等。这里的质量目标,既有学校人才培养的总目标,也有各专业人才培养的具体目标。高校人才培养的总目标主要是依据其办学定位来确定的,各专业人才培养的具体目标是对学校人才培养总目标的具体化。

从当前中国高校特别是地方高校教学质量保障体系的建设情况来看,随着评估工作的不断深入和评估政策的调整完善,各高校都建立起了较为完善的教学质量保障体系。从总体上来讲,当前高校教学质量目标系统的建设还存在以下几点不足:第一,质量目标笼统,层次不清晰,内容不具体,如对不同专业的人才培养目标和规格的描述相差无几;第二,质量目标覆盖面狭小,重终结性目标,轻过程性目标;第三,质量目标的重要性不突出,很多高校构建的教学质量保障体系还未涉及质量目标系统。

第一节　办学定位及确定依据

一、高等学校的办学定位是其构建教学质量目标系统的根本依据

科学合理的办学定位是高校适应社会政治、经济、文化发展的必然,也是高校面向社会行使办学自主权的需要。各类高校只有在发展过程中不断明晰自身的办学定位,才能面向社会找准自己的生存发展空间,并坚持自己的办学理念和办学特色。这既是办好一所高校必然要遇到的普遍性问题,也是高校确定自身人才培养总目标、构建教学质量目标系统的根本依据。

科学合理的办学定位对高校具有统领、引导作用。办学定位不仅从宏观上概括学校的办学指导思想、办学理念、治校理念等,还具体对学校的办学规模、办学层次与形式、办学类型与类别等方面做出方向性选择。因此,科学合理的办学定位是一所高校的方向标,必然统领学校工作的全局,引导学校的改革与发展方向。

高校的办学定位是一个包括诸多项目的系统。它主要包括:总体目标定位、基本职能定位、学校类型定位、办学层次定位、服务面向定位、发展规模定位、人才培养规格定位以及办学特色定位等方面。同时,高校的办学定位又是一个动态发展的系统。除了上述各种定位之外,各高校还可以根据自身的具体情况拟订其他定位项目。这

些定位项目从不同角度对高校的人才培养类型、类别、层次、规模等进行界定。例如，重庆科技学院的办学定位是"行业性、地方性、开放性、应用型"，这个定位既包含了重庆科技学院的办学类型定位，又包括了它的服务面向定位、学科专业定位、办学层次定位和人才培养规格定位。根据这一办学定位，重庆科技学院在大力调整学科专业结构的同时，把人才培养目标定位于培养德优品正、业精致用、拓新笃行的人才。

二、科学确定高等学校的办学定位

1.影响高校办学定位的主要因素

高校要确定自身的办学定位，既要考虑学校的内部因素，也要考虑学校的外部因素。

(1)内部因素

就内部因素而言，主要是认真分析自身的办学实际。一是要认真分析自身的办学历史和办学传统；二是要认真分析现有的学科专业状况；三是要认真分析自身的资源状况，包括人力、物力、财力的状况。

(2)外部因素

影响高校办学定位的外部因素有很多，其中，制度性、时代性和区域性因素是最主要的外部因素。制度性因素主要包括两个方面：一是要坚持社会主义的办学方向；二是要遵循国家高等教育法律法规。时代性因素主要包括三个方面：一是要考虑国际高等教育的发展趋势；二是要考虑国家政治、经济、文化的发展态势对高校办学的新要求，明确学校在国家发展中肩负的责任和应发挥的作用；三是要考虑高等教育系统内部的教育分工与协调，找准自己所处的位置。区域性因素主要考虑高校所在地区的经济、社会、文化的发展对学校办学层次、办学规模、学科专业设置等所带来的影响。

对于地方高校而言，要科学合理地确定自身的办学定位，必须在认真分析和研究制度性、时代性因素的基础上，充分重视区域性因素对办学定位的影响，这也是高等教育本身所具有的区域性特点所决定的。这种区域性是指高等教育要为一定地域的经济和社会发展服务，是教育外部关系、规律的具体表现。区域性因素对高校特别是地方院校办学定位的影响主要体现在三个方面：一是对高校服务面向定位的影响。地方高校必须首先为本地区的社会经济发展服务，并进一步辐射到其他地区。二是区域性经济的发展特征会影响高校的学科和办学特色的定位。我国经济发展水平的不平衡性导致了东、中、西三大地区经济发展具有很大的差异，也导致了这些地区在人才需求总量、科类结构和人才培养规格等方面具有不一致性。处于不同地区的高校,其学科专业建设的侧重点和办学特色的定位,必须要与该地区的产业结构调整相适应,以更好地适应该地区支柱产业发展的需要。三是办学的区域性特征还会影响高校人才培养规模、层次和规格的定位。发达地区在实现产业结构优化升级的同时,知识经济正在发展,高新技术产业相对发达,因此,该类地区需要更多的高精尖技术人才;落后地区往往农业经济占主导地位,第三产业不够发达,这类地区需要更多的中级和初级技术人才。

2.科学确定高校的办学定位

高校要确定科学、合理的办学定位,必须以科学发展观为指导,坚持实事求是和可持续发展的原则,在确保大学充分发挥人才培养、科学研究、社会服务和文化传承等四大基本职能的前提下,根据自己的办学传统、资源条件、特色、优势、当地的社会经济环境及其对学校的期望等,来确定在什么领域、层次、地域范围做出自己的贡献。也就是说,要确定学校发展的总体目标定位、办学层次定位、服务面向定位、办学特色定位等基本办学定位。

(1)传承立新,充分挖掘历史传统资源进行合理定位

一所大学,往往有其较长的发展历史可以追溯。在这个不断积累和不断发展的过程中,通过历史的积淀逐渐形成了自身的办学理念。办学理念作为学校办学工作的基本指导思想,是学校办学的灵魂,包括学校的价值理想、办学目标和管理的基本原则等。大学要科学合理地确定自身的办学定位,首先要对传统办学理念进行继承与重塑,历史传统潜移默化地影响着学校的办学方向和办学理念。挖掘学校历史传统对高校进行定位,能够使高校更加明确自身的目标、价值和追求。

(2)实事求是,全面分析学校资源条件进行合理定位

一所高校,其人力、物力、财力等各种资源条件都是有限的,对自身的未来发展必须进行科学的战略选择和规划。因此,在确定学校办学定位时要正确处理需求与可能、奋斗目标与现实条件的关系,要量力而行,确保办学定位的现实性和可操作性。一是要全面衡量、评估学校的学科专业结构、师资队伍水平、学术科研水平等方面的综合办学实力以及在区域乃至国内、国际具有的优势、特色和地位;二是要分析学校的资源现状和潜力,包括人力、财力和物力等办学基本条件,分清辨明各项条件之间的相互制约和相互影响,注意规模、结构、质量、效益的协调发展,注意各要素之间的协调和平衡,以保证目标能够实现。

(3)服务需求,面向社会和区域经济发展需要进行合理定位

经济发展、产业升级和社会进步,对高校人才培养、科学研究、社会服务的需求都会呈现出新的变化。全面准确地把握社会需求变化的趋势,是科学合理确定高校办学定位的前提和基础。同时,由于我国地域辽阔,各地资源禀赋不同,以及各种历史和现实原因,造成不同区域间经济和文化发展存在极大的不平衡性,这种不平衡性必然带来区域经济发展对高等教育的不同需求。因此,高等学校首先必须知道自身的服务面向,充分认识大学的功能和作用,紧密结合区域经济发展需要和社会需求,认真研究市场的现实需要和发展潜力,合理定位,找到学校发展和市场需要的结合点,创造出学校自身的特色,在人才市场上找准自己的位置。也就是说,高校要根据区域经济特点和地缘特点来确定自身办学的服务范围和服务层次。其中,服务范围是指学校是为行业服务、区域经济服务还是为全国服务,或者几方面兼顾、各有侧重。服务层次是指学校培养何种类型的人才。这就要求高校既要考虑国家的发展需要,为所在区域的经济和社会发展服务,又要考虑自身的实际条件,以高校的服务面向为出发点,找准自己的位置,避免附和与攀比。

(4)凸显个性,结合学校办学优势和特色进行合理定位

办学特色是在长期办学过程中积淀形成的、本校特有的、优于其他学校的独特优质风貌。特色应当对优化人才培养过程、提高教学质量作用较大,效果显著。特色有一定的稳定性并应在社会上有一定的影响力并得到公认。办学特色是一所大学办学水平的标志,特色办学有利于树立学校良好的公众形象,有利于高校在激烈的市场竞争中站稳脚跟,并求得发展。特色与优势相近,但不完全相同,优势是高于同类,特色是有别于同类,在一定条件下,优势和特色可以相互转化和促进。高校应当遵循比较优势的原则,通过自我评价和对比评价,找准自己的位置,在学科专业设置和服务对象上培育自己的特色,这样才能使学校得到合理的、更大的发展。办学定位的特色是学校个性化的体现,因此,不能模仿或抄袭。

(5)紧跟时代,结合国际、国内高等教育发展态势进行合理定位

时代性因素是影响高校办学定位的重要因素之一。高校要科学合理地确定自身的办学定位,必须综合分析和研究其所处的时代背景,特别是当前的国际、国内高等教育发展的整体趋势。一方面,各高校的办学定位要认真研究世界高等教育特别是发达国家高等教育发展演变的历程,总结提炼出它们的发展规律,对比分析我国高等教育发展的各个阶段及其特点,从中找出可以借鉴的经验;另一方面,各高校的办学定位必须服从于当前国家对高等教育发展的整体规划与要求。党的十八届三中全会

通过的《中共中央关于全面深化改革若干重大问题的决定》指出，要"深化教育领域综合改革"，"加快现代职业教育体系建设，深化产教融合、校企合作，培养高素质劳动者和技能型人才"。《国务院关于加快发展现代职业教育的决定》指出，"加快构建现代职业教育体系"，"引导普通本科高等学校转型发展"。党和国家对高等教育发展做出的最新部署，必然会影响相当一部分高校的办学定位，使其对自身的办学类型定位、人才培养规格定位等进行及时的调整和完善。

三、重庆科技学院的办学定位

重庆科技学院结合自身 60 余年依托石油、冶金两大行业办学的历史传统，充分考量石油、冶金行业产业升级发展和重庆地方区域经济发展实际需要，综合分析自身在中国高等教育体系中的地位和作用，提出了"行业性、地方性、开放性、应用型"的办学定位；并结合石油、冶金两大行业和重庆汽车摩托车、装备制造业、天然气石油化工、材料工业、电子信息业、轻纺劳动密集型产业和能源工业等支柱产业发展对人才的需求，调整和优化学科专业结构，确定了以工为主，以石油与化工、冶金与材料、机械与电子、安全与环保为特色，理、工、经、管、文、法、艺多学科协调发展的学科专业布局。

1."行业性、地方性、开放性"是学校的服务面向定位

与学校办学宗旨"为国为民"相一致，与办学指导思想"立足两业两域"相匹配，行业性、地方性定位是学校基于长期办学历史积淀和办学经验形成的历史和现实定位，也是学校必须长期坚持的立足重庆、背靠行业的发展定位，体现了学校立足重庆区域，与石油、冶金等行业和安全等领域共育人才、协同创新的办学特点。开放性定位体现了学校面向世界、服务全国的服务面向，体现了学校合作开放的办学视野，体现了学校国际化的办学定位。

2."行业性、地方性、开放性"是学校的学科专业定位

学校学科专业发展必须围绕行业及地方经济发展的需要，坚持国际化办学视野，打造特色专业、特色学科、特色学科群。行业性、地方性、开放性的学科专业定位决定了学校以工为主，以石油与化工、冶金与材料、机械与电子、安全与环保为特色，适度发展理科、人文社会学科和经济管理学科等，形成理、工、经、管、法、文、艺多学科相互支撑、相互渗透、相互促进、协调发展的学科专业结构。

3."应用型"是学校人才培养的类型定位

应用型指学校发展定位与学术型、研究型大学有别,要在学校发展中大胆探索,形成应用型大学的发展新路。应用型大学定位决定了学校以本科教育为主,适度保持成人教育,积极拓展国际合作教育,积极发展工程应用型专业研究生教育的办学层次定位;以及培养基础知识面宽、工程实践能力强、具有创新精神、面向行业和区域经济社会第一线工作需要的高素质应用型高级专门人才的人才培养定位。

第二节　学校人才培养总目标及确定依据

一、人才培养总目标是高校教学质量保障系统建设的出发点和归宿

人才培养总目标是对人才培养质量的根本要求,是学校教学质量总的目的和预期结果,是全校性的教学质量目标,也是进行教学质量管理、提高教学质量的根本目的。实现人才培养目标是学校教学工作的出发点和归宿。

确定科学合理的人才培养总目标,就是要建立一个能调动校内各方面积极性的全校性教学质量奋斗目标。该目标应为学校每一个成员所认同,并发动全校师生员工为该目标奋斗,树立强烈的教学质量意识,形成良好的质量文化氛围。

二、高等学校人才培养总目标的确立

确定人才培养总目标,要根据学校办学定位的要求,综合考虑人才培养目标和人才培养过程,进行科学合理的分析和论证。

1.依据人才培养规格定位来确定人才培养总目标

高校人才培养总目标是根据学校的办学定位特别是人才培养规格定位来确立的。所谓规格,是对一定的产品质量所做的要求或制订的标准。在高等教育大众化阶段,不同类型、不同规格、不同专业的人才有不同的质量评价标准,如实用型人才、应用型人才、学术型人才。社会对这几种规格人才的知识、能力、素质的要求不同,高校在培养人才时要按照不同的规格来设计人才培养方案,才能保证人才培养质量的提高。人才培养规格的定位是指高校在办学过程中以培养哪种规格的人才为主体,从而制订出相应的培养方案和质量评估标准。高等院校要真正确立人才培养的质量目标,就要重视人才培养规格的定位。有了人才培养规格的定位,也就确定了全校人才培养的总体目标,为推进全校的教学改革提供了依据。

2.依据服务面向定位来确定人才培养总目标

我国经济社会发展和高等教育发展的历史进程,决定了各个高校都有其不同的

服务面向,这也是世界高等教育发展的必然规律。从我国高等教育的发展现状来看,服务面向大体上可以分为三类:一类是综合性大学,其服务面向往往较为宽泛,渗透到各行各业。这类院校的人才培养总目标,往往更加强调综合性、复合型。二类是行业性院校,这类院校大多具有较强的地方性和区域性,其服务面向既针对其所依托的行业,又与地方区域经济发展紧密结合。在制订人才培养总目标时,既要考虑特定的行业产业发展对人才的需求,又要兼顾所处地方区域经济对人才的要求。三类是地方性院校,这类院校大多是由原来的师范院校转型过来的,没有特定的行业背景,其服务面向主要定位于所处的区域。在制订人才培养总目标时,主要考虑所在区域支柱产业发展对人才的需求。

3.充分结合时代特征来确定人才培养总目标

不同的时代特征,对人才的知识、能力、素质的要求是不同的,人才培养总目标的内涵也要发生相应变化。各个高校在不同时期对人才培养总目标的描述,都有明显的时代烙印。例如,随着市场经济的不断发展,市场的"逐利性"在一定程度上削弱了人们的公民责任意识,社会要求高校不仅要提升学生的专业知识,也要培养学生的社会责任感,因此,"具有较强的社会责任感"成为高校人才培养总目标的明确要求。再如,随着信息时代的到来,对信息技术的掌握自然也成为各高校人才培养总目标的必然要求。

三、重庆科技学院的人才培养总目标

重庆科技学院根据自身的办学指导思想和"行业性、地方性、开放性、应用型"的办学定位,提出了学校人才培养总目标:坚持德、智、体、美全面发展,培养"德优品正、业精致用、拓新笃行",能适应社会主义现代化建设需要的、具有较强竞争力和可持续发展能力的应用型高级专门人才。

"德优品正"是对重庆科技学院本科人才的德行人品的目标要求,概括了重庆科技学院本科生以中国特色社会主义核心价值观为价值标准、价值取向、价值追求,以及行业情结、红岩情结、重科情结的情感认同,爱业爱岗、脚踏实地的敬业观念,优秀文化塑人品、身心健康塑人格的人格目标。

"业精致用"是对重庆科技学院本科人才勤勉坚韧的专业素养的目标要求,概括了重庆科技学院本科生知识全面、业务精通的专业素养,学以致用、技能精湛的能力素养。

"拓新笃行"是对重庆科技学院本科生创业创新素养的目标要求,概括了重庆科技学院本科生敢于创新、追求卓越的科学素养,勇于改革、善于开拓的技术潜力。

第三节　专业培养目标及确定依据

一、专业培养目标是高校教学质量保障系统建设的基本依据

专业是依据确定的培养目标设置于高等学校的教育基本单位或教育基本组织形式。也有人认为,专业是课程的一种组织形式。从这个角度来理解,专业培养目标是各专业根据学校人才培养总目标的要求,对本专业人才培养规格所做出的具体化描述,通常包括本专业人才培养对知识结构、能力结构和素质结构的基本要求,是学校优化人才培养方案、设置课程体系的基本依据。

高校要建设和完善自身的教学质量保障系统,必须在学校教学质量保障系统的总体框架内,督促和指导各专业围绕专业培养目标建设和完善自身的教学质量保障系统,这个保障系统必须渗透到本专业的各个培养环节和各门课程中。这样的教学质量保障系统才能真正为提高人才培养质量服务。从这个意义上讲,专业培养目标是各专业教学质量保障系统建设的基本依据和具体目标。

二、专业培养目标的确立

科学合理的专业培养目标,是确保人才培养质量的前提和基础。各专业必须在学校办学定位和人才培养总目标的框架内,结合本专业的实际来确定培养目标。

1.依据人才培养总目标来确定专业培养目标

高校在制订人才培养总目标时,通常对学校所有专业的人才培养在知识、能力、素质等方面都提出了普适性标准和基本要求,这是各个专业在制订培养目标时必须遵守的"底线"和最低要求。只有把握好了学校的人才培养总目标,才能确保各专业所培养人才的基本质量,所培养的毕业生才具有学校的"共性特征"。

人才培养总目标通常会直接反映在学校制订的人才培养方案指导意见中,一般而言,主要包括知识结构、能力结构和素质结构。其中,知识结构主要包括工具性知识、人文社会科学知识、自然科学知识、工程技术知识、经济管理知识、学科基础知识、专业知识等;能力结构主要包括获取知识的能力、应用知识的能力、创新能力等;素质

结构主要包括思想品德素质、文化素质、专业素质、身心素质等。这些知识、能力和素质的具体要求和标准在不同专业又有着不同的内涵,各个专业需要结合自身的实际区别对待,并在专业培养目标中具体化。

2.面向需求,科学制订专业培养目标

专业培养目标在服从于学校人才培养总目标的前提下,必须结合本专业所面向的行业产业的现实需求和未来发展的趋势,充分了解本专业所在学科生存发展的广度和深度,把握本专业在学科中的位置及生存发展空间,根据本专业自身的学术水平、社会影响等,科学制订专业培养目标,特别是专业知识、专业能力和专业素质方面的培养目标。只有把握好了本专业具体服务对象的需求,才能确保各专业所培养的毕业生具有"个性特征"。

三、重庆科技学院的专业培养目标

重庆科技学院本科人才培养目标是培养应用型高级专门人才。根据学校人才培养定位,结合国家和市场需求,按照知识结构、能力结构和素质结构的分类,重庆科技学院制订了各专业培养目标。下面我们将以三个国家"卓越工程师教育培养计划"专业为例,来分析专业培养目标制订的路由。

1.石油工程专业培养目标

(1)石油工程专业培养目标

石油工程专业的培养目标是:培养德、智、体、美全面发展,掌握石油工程理论和专业技能,能适应石油工程学科发展和石油工业国际化市场需求,胜任石油与天然气工程领域的生产运行与管理、工程设计、工程监理、应用技术研发等工作,获得工程师基本训练的应用型高级专门人才。

(2)石油工程专业培养规格

①知识结构

• 掌握马克思列宁主义、毛泽东思想、邓小平理论、"三个代表"重要思想、科学发展观等基本原理。

• 掌握法律知识、军事理论、历史文化等社会科学知识。

• 掌握一定的经济管理、安全环保知识。

• 掌握必要的高等数学、大学物理、大学化学等基础知识。

• 掌握工程力学、工程流体力学、机械设计、机械制图等工程学基础知识。

- 掌握计算机原理、计算机程序设计语言等计算机基础知识。
- 掌握石油地质学、油层物理、油气层渗流力学等专业基础知识。
- 掌握油气井工程、油气开采工程和油气藏工程领域里的基础理论和专业知识。
- 掌握英语,并熟悉一门第二外国语。
- 掌握一定的石油经济学和石油工程项目管理知识。
- 了解国际石油项目招投标及有关政策法规知识。
- 掌握体育运动、卫生保健和心理学等健康基础知识。

②能力结构

- 具有较强的英语听、说、读、写能力,能阅读和翻译本专业英文资料。
- 具有良好的逻辑表达与书写能力。
- 具有较强的文献检索、资料收集和信息获取能力。
- 具有使用计算机解决专业问题的初步能力和使用常用专业软件的能力。
- 具有较强的自学能力,有一定的组织管理和社交能力。
- 具有从事工程设计所必须具备的机械制图、数据处理和工程计算能力。
- 具有从事油气井、油气生产等环节的生产运行、设备维护和技术管理等能力。
- 具有处理本专业领域里的基本工程问题和设备故障的能力。
- 具有一定的处理安全风险的能力。
- 具有参与国际竞争、适应石油工业国际化市场的能力。
- 具有体育锻炼的基本技能,养成锻炼身体的良好习惯。

③素质结构

- 具有爱国主义精神和社会责任感,具有遵纪守法、爱岗敬业、乐于奉献、吃苦耐劳、团结合作的优秀品质和职业道德。
- 具有一定的文学艺术修养和健康的审美情趣,了解中华历史和传统文化。
- 具有严谨求实、积极进取的工作作风,具有较强的工作能力和较高的业务素质。
- 具有适应石油工程专业岗位工作、生活环境和迎接社会竞争所需要的健康的身心素质,达到大学生体质健康合格标准。
- 具有开拓创新、追求卓越的素质。

2.冶金工程专业培养目标

(1)冶金工程专业培养目标

冶金工程专业的培养目标是:培养德、智、体、美全面发展,基础扎实,知识面宽,素质高,工程实践能力强,具有创新精神、社会责任感和竞争能力,面向行业和区域经济社会发展,能适应冶金行业和区域经济社会需求,从事冶金生产一线运行及管理、工艺及设备设计、冶金技术研发的获得工程师基本训练的应用型高级专门人才。

(2)冶金工程专业培养规格

①知识结构

• 掌握马克思列宁主义、毛泽东思想、邓小平理论、"三个代表"重要思想、科学发展观等基本原理。

• 熟练掌握冶金工程专业必需的高等数学、大学化学、大学物理、物理化学等方面的基础理论;掌握必要的机械设计基础、工程制图、电工电子等学科基础知识;掌握冶金原理、冶金传输原理、金属学及热处理等专业基础知识;掌握冶金工程学科的专业基础理论与专门知识。

• 熟练掌握一门外国语和计算机应用的基本知识。

• 了解军事理论和军事训练方面的知识。

• 了解一定的法律知识。

• 了解心理及保健方面的知识。

• 了解企业管理方面的知识。

• 了解文学艺术及美学方面的知识。

②能力结构

• 具有较好的外语听、说、读、写能力及翻译专业外语资料的能力。

• 具有计算机办公应用的基本能力、初步的编程能力。

• 具有综合应用所学知识,初步解决冶金生产、质量控制和技术管理等方面问题的能力。

• 具有正确制订冶金工艺、设备维护并进行工艺优化的能力;具有初步的科学研究、开发新产品的能力。

• 具有企业管理的初步能力。

• 具有较强的中文表达能力和必要的英文表达能力,具有较强的中英文写作能力。

• 具有较强的实验设备操作能力,具备较强的冶金生产操作工程实践能力。

• 具有一定的创新能力。

• 具备较强的自学能力。

③素质结构

• 具备良好的思想道德品质,热爱祖国,遵纪守法,爱岗敬业,团结协作。

• 具备一定的文化艺术修养和较高品位的人文素质。

• 具备严谨的科学态度、务实的工作作风、较强的专业工作能力,具有较高的业务素质。

• 具有开拓创新、追求卓越、爱岗敬业的素质。

3.自动化专业培养目标

(1)自动化专业培养目标

自动化专业的培养目标是:培养德、智、体、美全面发展,自然科学基础扎实,知识面宽,具有创新精神,实践能力强,知识、能力、素质协调统一,控制科学与控制工程领域基础知识扎实,具有对自动化工程技术进行系统设计、开发、应用和技术经济分析与管理的初步能力,适应石化、冶金、机械、能源、仪器仪表等行业科技及生产发展需要,能从事自动化系统设计、开发、集成以及自动化设备的安装、调试、运行维护与管理工作,获得工程师基本训练的应用型高级专门人才。

(2)自动化专业培养规格

①知识结构

• 掌握马克思列宁主义、毛泽东思想、邓小平理论、"三个代表"重要思想、科学发展观等基本原理;熟悉社会学、心理学、经济学、管理学的基本知识;了解国家与本专业相关的发展战略、基本方针、基本政策及其法律法规;懂得基本的美学基础知识。

• 掌握高等数学、线性代数的基础知识;掌握物理学等基本理论知识和基本实验知识;熟悉数理统计方法的基础知识;熟悉复变函数与积分变换的基础知识。

• 掌握本专业领域必需的、较宽的技术基础理论知识,主要包括电路原理、模拟电子技术、数字电子技术、自动控制原理、电力电子技术、计算机控制技术、先进过程控制技术、计算机软硬件等的基本原理与应用。

• 掌握本专业领域必备的专业技术知识,主要包含电气传动控制系统、过程控制与装置、集散控制系统、常用电气控制与 PLC 系统、工业计算机系统、电气设备装调实习、工业系统认识实习、电气传动综合实习、过程控制系统综合实习、冶金性能检测实训等。

• 了解学科与专业的理论前沿和发展动向的基础知识。

• 熟练掌握一门外语;掌握应用文写作知识、科技文献检索知识;了解本专业范围内科学技术的发展现状和发展趋势;了解本学科的典型技术、核心概念和基本工作流程。

②能力结构

• 具有较强的自学能力、语言和文字表达能力、团队合作和社交能力;具有资料查阅、信息获取、知识学习和调查研究的能力;具有计算机信息技术处理能力;具有获取和理解本专业发展前沿的能力。

• 具有一定的电工与电子技术应用能力、控制技术与方法的综合应用能力;具备一定的产品开发技术能力和团队合作能力;具有科学研究、实验、分析解决一般工程问题的能力;具有熟练的计算机综合应用能力。

• 具有职业发展与创新能力,具有电气控制系统、计算机控制系统、在线分析仪器等设备或系统的运行、维护和管理能力,具有系统改造和调试的初步能力,具有一定的系统故障分析能力,具备自动化系统的分析和设计的初步能力,具有一定的控制系统与工程的组织能力。

③素质结构

• 具有较高的思想道德素质,爱国爱党,有强烈的社会责任感,遵守社会公德;具有诚实守信、爱岗敬业、遵纪守法、团结协作的良好职业道德素质。

• 了解一定的人类文明史和科学发展史,具备一定的西方文化修养,具备中国历史和中国传统文化艺术修养,具有现代意识、人际交往意识,具有积极健康的审美观念和艺术品位。

• 具备科学的人生观和世界观,具备对客观事物的认识能力,具备较强的注意力、记忆力、观察力、思维力、想象力等,具备科学的信念、坚韧的毅力、奋发的精神等,具备较强的协作精神。

• 具备良好的个性心理品质和自我调节控制心理的能力;具备健康的体魄和乐于锻炼的行为习惯,达到国家规定的大学生体育合格标准;具备健康的情绪、正确的自我认识、良好的人际关系、健全的人格。

• 具有一定的创新创造能力、就业创业能力。

4.专业培养目标解析

以上三个国家"卓越工程师教育培养计划"专业的培养目标具有典型的代表性,体现了重庆科技学院专业培养目标制订的内在逻辑,其共同点体现在以下几个方面。

(1)专业培养目标制订的逻辑路径

应用型高级专门人才培养目标的内涵表现为三个基本方面:一是德、智、体全面发展,这是任何专业培养目标都首先要遵循的教育方针。二是掌握专业基础理论和专业技能,这内在地包含了知识、能力要求,根据各专业的培养侧重和社会需求不同,对关键知识和核心能力进行分解，内在地将学术逻辑与市场逻辑结合起来。从个人能力方面考量，重视了一线操作技能和工程实践要求以及自身能力提高的要求，将显性实践操作技能与隐性设计、研发能力结合起来，既要具备一线操作技能，又要具备后续发展、开发潜力。三是阐明人才资质，获得工程师基本训练，与行业资质要求结合起来，保障了应用型人才培养的质量输出。

（2）培养规格的价值取向

①知识结构

知识结构的要求体现了宽口径、厚基础、重应用。作为理工科专业，首先将哲学基本知识、人文知识细化，体现理工科重视人文素养的提高；其次指明了基础学科知识和专业学科知识，该部分体现了专业培养目标的特色，详略不同，但专业的知识模块、基本架构和专业知识脉络体现了出来，彰显了专业科学知识和人文知识相结合、专业基础知识和专业技能并重、专业发展与个体发展互融的特点。

②能力结构

能力结构的要求包含了四个基本方面：自我发展能力、专业发展能力、解决问题能力和创新能力。其中，自我发展能力重视学生自学，突出学生的文献资料收集、分析和逻辑表达能力；专业发展能力重视专业工具应用能力、工程实践能力、专业研发能力；解决问题能力包含四个层次，即解决专业问题、解决工程问题、工序排障以及处理安全风险问题的能力；创新能力注重分析－设计－开发，对应实际问题和社会现实，多数专业强调了专业前沿和发展动向，为培养创新能力打开天窗。

③素质结构

素质结构的要求包含了思想品德素质、人文艺术素质、专业素质、身心素质和开拓创新素质，涵盖了个体全面发展所必须具备的素质。

参考文献：

1.刘邦奇.学校教学质量保证体系[M].北京：解放军出版社，2005.

2.潘懋元，王伟廉.高等教育学[M].福州：福建教育出版社，1995.

3.陈文贵.高校内部教学质量保障体系的研究与构建[D].天津大学硕士学位论文，2005.

第六章　教学质量标准系统

　　《国家中长期教育改革和发展规划纲要（2010—2020 年）》明确指出，"提高质量"是我国未来十年教育改革发展的核心任务，"建立以提高教育质量为导向的管理制度和工作机制，把教育资源配置和学校工作重点集中到强化教学环节、提高教育质量上来"。众所周知，提升教育质量的核心要素是提高教学质量。如何判断教学质量的高低呢？拟订合理的质量标准成为提高教学质量的重要环节。由于我国经济、教育发展不均衡，高校在办学传统、办学定位、办学特色等方面各不相同。在遵守国家高等教育法规政策的前提下，制订适合本校实际和学生发展要求的教学质量标准具有重要的现实意义。

第一节　本科教学质量标准的内涵

高校为了实现人才培养目标,通过制订师资队伍建设、教学管理、教学基本建设等方面的质量标准对教学进行管理和规范。在实践操作中,必须首先厘清教学质量标准的概念和内涵,用以指导质量标准系统的构建。

一、什么是教学质量标准

标准是指导人们行为活动和优化社会秩序的规范或准则,它作用于人类生产、生活的各个领域。通常意义上对"标准"的定义为:"为在一定的范围内获得最佳秩序,对活动或其结果规定共同的和重复使用的规则、导则或特性的文件。"现今,"标准"更多地和"质量"紧密联系在一起,提出标准是为了保证活动的效果和质量而对活动目标、活动程序、活动内容等进行文本性的规定。标准具有规范性、共识性、针对性、主体性等特征。规范性是指标准的内容描述、制订程序、指标设定等是规范的;共识性是指适用于某一领域的标准是在广泛范围内由同行协商产生、共同认可并执行的;针对性是指标准都是适用于不同的类型和范围的,针对不同的类型、类别推行不同的标准;主体性是指标准的制订和运作受标准制订者和执行者价值观念和价值标准的影响,不同的价值观念会导致对同一标准的理解出现差别。

教学质量标准是标准的下位概念,具有标准的内在规定性。教学质量标准是为了提高教学质量和实现人才培养目标而针对教和学等方面制订的质量规定,它是教学质量保障体系的核心内容。教学质量标准包括三个方面的内容:一是教学过程质量标准,该部分主要对教学工作环节、学生学习过程提出规范合理的要求;二是教学效果质量标准,该项主要围绕人才培养目标,从知识、能力、素质等方面制订可观测的评估标准,考察课程教学的效果;三是教学基本条件标准,教学活动的开展必须达到一定的硬件条件和软件条件标准,如师资队伍建设情况、教学经费投入情况、实习实训条件等。依据高等教育相关理论,可以通过"三方面满意度"来评价教学是否达到相应的标准:一是学生满意度,即学生对教学内容、教学水平、教学环境和通过教学过程对知识习得、能力培养、素质提升效果的满意程度;二是社会满意度,即用人单位、家长等社会公众对高校毕业生的满意程度;三是其他利益相关者对高校教学工作的满意程度。结合"标准"的定义,我们可以认为,教学质量标准是由相关机构制订并审核,描述教学活动及效果并体现教学质量参数和指标的规范性文件。它真实地负载了学校的教育思想和教育理念,是学校对学生应具有的基本素质的一种合理期望,也是学校的办学方针政策、教育理想和信念在学科教学中的具体体现。

教学质量标准和一般意义上的教学要求是不同的。教学要求通常是对教师的教学活动细节进行规范并提出建议,如怎样组织教学内容、如何选择教学方法、怎么备课等。它从根本上侧重于"教师教学行为是否规范"和"教师教学传递了多少教学信息"的问题,强调的是教师单方面输入的教学质量观。在一定程度上来说,这适用于单纯讲授、内容覆盖的教学方式,却较少和学生的发展联系起来。而教学质量标准注重教学输出的结果,即学生是否在知识、能力、素质方面获得提升。教学质量标准实质上是对学生最终具有的基本素质的一种合理期待和标准要求,它系统地构建了一套衡量学生学习表现的评价指标和评价工具。

二、教学质量标准的性质

教学质量标准的性质主要体现在以下几个方面:

一是层次性。标准通常只适用于某一领域。高等学校由于自身办学定位、拥有的教育资源、人才培养目标、生源质量不同,同一质量标准无法适用于所有类型的高校,因此,不同类型、不同层次的高校应具有符合自身定位和特点的教学质量标准。目前,我国学术界普遍认为,高校分为学术型和应用型两种类型,研究型、教学研究型、教学型三个层次。学术型高校的质量标准以学术为取向,致力于培养从事科学研究和发现客观规律的学术型人才。应用型高校的质量标准以应用能力为取向,致力于培养生产或社会一线需要的善于运用现代技术解决实际问题的高级专门人才。根据高校所处的不同类型和层次分类来制订教学质量标准是保证质量标准合理性的应有之意。

二是多样性。多样性包含两层意思:第一,随着社会经济的发展,社会对人才层次、类型、规格等方面的需求呈现多样化的发展趋势。高校为了顺应这一趋势,对人才培养目标和培养规格进行了不同的定位。多样化的人才培养目标要求质量标准也应多样化。第二,教学过程、教学内容、教学方法、教授学科具有不同的存在形态,客观上要求教学质量标准具有多样性以适应不同的需要。

三是规范性。标准作为一种规范性文本,具有很强的专业性。为了保证标准内容、形态、体例等方面的规范性,标准的制订主体和制订程序都有着严格的要求和规定。教学质量标准的制订主体通常由熟悉教学工作的一线教师、教学管理人员、教育专家、标准化科研人员、行业专家等构成。同时,质量标准要根据教学质量管理的特点和要求,按照严格的程序进行开发和论证,保证标准在程序和内容上的规范性和科学性。

　　四是可操作性。制订教学质量标准的目的是为了对教学活动进行质量的规定,因此,质量标准应是易于观测的。标准在保持相对稳定的同时,应根据人才培养方案、教学过程各环节、教学计划等要素的不同要求和不同层次进行适当的调整,应将教和学两个方面结合起来制订针对教学工作和学生学习过程的质量标准。制订的标准应表述规范、简明扼要,不能烦琐,以利于师生掌握,便于执行。标准的规定性要求应细致具体,不能抽象难懂,以便于师生理解。标准的各项规定应明确清晰,不能模棱两可。

第二节　制订教学质量标准的依据

高等教育大众化时代的到来使高校清醒地认识到,质量是高等教育发展的灵魂和生命线,教学质量是高校发展的根本之义。建立教学质量标准,完善教学质量保障体系已经成为高校生存和发展的必然选择。应用型本科院校建立教学质量标准体系需要解决的首要问题是确立制订质量标准的依据,这是制订质量标准的顶层设计问题,也是构建质量标准体系的上位问题,对促进标准规范化建设和推动本科教学质量评价工作的开展具有重要的导向意义。本文从理论层面、政策层面和实践层面提出了建立应用型本科教学质量标准的依据,以期为应用型本科院校构建校内教学质量标准体系提供参考。

一、理论依据:高等教育质量观

高等教育发展已经进入大众化阶段,呈现出精英教育和大众化教育并存的多层次、多元化发展格局。科学合理的高等教育质量标准必须建立在对大众化时代高等教育质量观清晰认识的前提下。关于高等教育质量的内涵,理论界存在五种观点:高等教育质量是实现标准;高等教育质量是满足期望;高等教育质量是价值实现;高等教育质量是创造例外;高等教育质量是提升学生知识、能力和素质的过程。另外,有学者指出,高等教育质量从内涵上看是高等教育提供的服务满足教育需求的能力的特征集合。从外延上区分,在横向上可以分为人才培养质量、教学管理质量和教学服务质量,在纵向上可以分为教育输入质量、教育过程质量和教育输出质量。

高等教育质量观是用人单位、家长、学校自身和其他利益相关者对教育工作质量和受教育者质量的看法和观点。教育质量是一个动态的、多层面的概念。在高等教育的不同发展阶段对质量观内涵的定义是不同的。纵观高等教育发展的历程,教育界对质量观的认识从精英教育时期的学术性质量观发展到大众化教育时期的多维质量观。在高等教育人才培养质量层面,存在知识质量观、能力质量观和素质发展质量观三个维度。进入高等教育大众化阶段后,人们对高等教育质量观的认识也出现了多元化发展的趋向:一是高等教育质量标准多元化发展。在高等教育处于精英教育阶段,教育质量标准坚持单一的学术标准。随着经济社会的发展,社会对各类型人才的需求量越来越大,高校为顺应这一变化趋势进行了内部改革,对教学方式、专业结构等方面进行了调整,以适应高等教育系统多元化和高等学校内部多样化的发展需要。如果仍然沿用以往的精英教育质量标准,必然导致人才培养质量和社会需求不合拍的现象。因此,不同类型、不同层次的高校适用不同的质量标准。即使同一层次的高校,由于办学特色、办学经验等因素的影响,其教育质量也存在差别。另外,由于我国高等教育地区之间发展不均衡,不同地区的高校教育质量也会有差距,同一套标准不适用所有地区的高校。二是高等教育质量标准的动态性。高等教育质量是动态发展的质量,会随着社会情境和高等教育发展趋势的发展而变化,没有一成不变的质量标准。三是高等教育质量需求的多样性。在高等教育大众化阶段,人才培养摆脱了精英教育阶段高度统一的格局,向多样化方向发展,多样化、个性化、人本化、灵活化成为这一阶段高等教育的显著特点。大众化阶段的高等教育倡导尽量满足受教育者多样化的教育需求,最大限度地促进他们的发展。四是高等教育质量的全局性。随着高等教育职责范围和活动空间的不断扩展,高等教育功能的内涵也不断丰富。在这种情势下,需要跳出单方面的局限,确立全局性的质量观。

高等教育质量评估是一个价值判断过程,教育质量观也被赋予价值判断的意味。在高等教育大众化阶段,需要针对不同类型和层次的高校建立多元化的质量观。鉴于办学定位和办学目标的不同,研究型大学必须坚持以学术为导向的质量观,一般本科院校必须坚持社会需求导向的质量观,而高职院校则应坚持就业导向的质量观。基于这一价值判断,应用型本科院校既应具有一定的学术性,同时也应体现其应用性,坚持服务区域经济发展需要,满足社会需求,提升其社会满意度和学生满意度。该类型的高校必须建立需要满足导向的质量观,并在此基础上构建教学质量标准体系。

二、政策法规依据:本科教学评估指标体系

就政策层面而言,任何法规、规定的制定都应在国家相关法律政策允许的范围内进行。我国本科教学质量标准是我国高等教育政策体系的组成部分,制订教学质量标准必须依据我国相关政策法规且符合国家的发展规律。在构建教学质量标准体系时应参考的相关法规政策文件主要包括《中华人民共和国学位条例》《中华人民共和国学位条例暂行实施办法》《中华人民共和国高等教育法》、国家高等教育方针政策、教育部颁布的本科教学工作指导性文件,这些政策法规构成了制订我国本科教学质量标准的重要依据。

　　本科教学评估方案为我国高等院校开展教学质量评估和监控工作提供了良好的参照。基于对教育部《普通高等学校本科教学工作合格评估指标体系》的解读，教学评估指标体系围绕"三个符合度"展开：一是高校人才培养目标和人才培养质量的符合度；二是高校人才培养目标和高校教学工作状态的符合度；三是高校办学定位和人才培养目标的符合度。"三个符合度"准确地体现了本科教学工作评估指标的价值取向和构建思路，为应用型本科院校建立教学质量标准提供了政策法规依据。

　　通过对评估指标体系的解读和分析，该体系具有如下特点：一是突出"以学生为本"的高等教育理念。通过对相关指标的考察，引导高校为学生提供良好的服务和指导，如就业指导、职业生涯规划指导、心理健康服务、创业教育指导等。二是强调学校应结合区域经济发展需要进行合理定位。在学校办学思路与领导作用、师资队伍、专业与课程建设、教学效果等一级指标中结合高等学校人才培养目标，引导各高校对办学类型和层次进行准确定位，结合自身特色，寻求适合自身办学实际的人才培养模式。三是领导作用这项二级指标受到重视。由于相当一部分新建本科院校存在办学时间不长、管理经验不足等问题，强调对高校领导班子管理能力的考察可以确保教学活动遵循教育教学规律，保障教学工作的中心地位。四是重视对经费投入情况的考察。该项指标既考察高校教学经费的投入情况，又考察地方政府的经费投入情况。五是师资队伍建设更加强调教师的任职经历和职业资格。这项指标除了强调师资队伍的学历水平外，也重视考察教师的实践能力和教学能力，引导应用型本科院校建设一支适应人才培养目标定位的师资队伍。六是重视实践教学。该指标体系中对实践教学的要求较高，如对毕业设计的完成质量、实习实训的时间等都有明确规定。七是强调质量保障在教学管理中的地位和作用。高校应构建完善的教学质量标准体系并建立持续改进的教学质量保障体系以提升教学质量。本科院校在制订本校教学质量标准时应认真领会教育部本科教学评估指标体系的价值取向，参照其新要求进行指标选择和权重设定。

三、现实依据：以校情为基础，以社会需求为导向

　　《国家中长期教育改革和发展规划纲要（2010—2020年）》指出："树立科学的质量观，把促进人的全面发展、适应社会需要作为衡量教育质量的根本标准。"这番论断表明，制订教学质量标准应以促进人的全面发展为基础，以社会需求为导向。高等教育曾经成为脱离社会需要的"象牙塔"，随着高等教育的发展，高校发展和社会经济、文化的联系越来越紧密，社会需求和发展对高校的影响越发深刻，因此，社会需求成为质量标准制订的重要依据。

　　潘懋元教授认为,高校可以分为研究型大学、专业型大学和职业技术型院校三种基本类型。不同类型的大学具有不同的特点。随着我国社会发展产业结构的调整,对应用型人才的需求日益强烈。应用型大学的人才培养目标定位是培养应用型人才,某些学科专业可以培养研究生层次的人才。应用型人才面向生产一线,强调掌握应用性知识,具备实践能力,在知识层面上注重应用性知识的传授,在能力层面上注重实践能力的培养,在素质层面上注重创新创业精神的激发。

　　本科教学质量标准应与高校办学定位具有极大的匹配度,制订教学质量标准必须依据高校的人才培养目标定位和高校的类型定位。应用型大学的办学定位决定了其人才培养目标是为地区经济发展和社会发展培养应用型人才,而人才培养质量标准的确立则应以满足地区经济社会发展的需要为原则。因此,制订教学质量标准不能沿用高等教育精英阶段以学术为导向,而应依据应用型人才的培养规律和教育特征确立新的教学质量标准体系。要灵活借鉴、理性运用管理学领域的相关管理理念和标准并结合应用型大学的办学实际确定具体的指标体系。质量标准体系应蕴含"注重理论知识,了解实践现状,强调综合素质"的人才培养理念,强调应用能力维度的要求,处理好高校和社会、理论和实践、研究和应用、知识和素质等方面的关系。质量标准体系应突出应用型大学的应用性特点,体现高等教育大众化阶段本科教育质量标准价值取向的变化,即从学术导向到多元化发展的转变。重视课程建设,教学是高校的中心工作,进行教学改革的核心是着力进行课程建设,提高应用性课程在整个课程体系中的比重。积极推进产学研合作教育,强化实践实训教学,切实提升学生的应用能力。

第三节　教学质量标准体系的构建

一、教学质量标准的制订主体

教学质量标准体系建设是一项复杂的系统工程,必须由学校内部各职能部门及有关人员分工协作,共同履行这一职责,主要由校党委、校行政、学校本科教学指导委员会、教学质量与评估办公室、教务处、各二级学院(系)、相关职能部门等共同协作。教学质量标准体系建设在校党委、校行政的统一领导下,以学校本科教学指导委员会为宏观指导,以教学质量与评估办公室、教务处、各二级学院(系)和相关职能部门为质量标准建设和实施主体,从总体上保障教学质量标准建设工作的顺利进行。

1.校党委、校行政

明确学校定位及办学思路,牢固确立本科教学的中心地位,组织、建立、调整教学质量标准建设的组织机构。

2.学校本科教学指导委员会

从宏观上把握全校教学质量标准建设工作的方针、政策,对教学质量标准建设提出指导性意见和建议,审定教学质量标准,接收相关信息反馈,从总体上保障教学质量标准建设工作的顺利进行。

3.教学质量与评估办公室

制订相应的教学质量子目标及其质量标准,制订实现教学质量子目标和达到质量标准的计划并组织实施,根据监控系统的反馈意见对标准体系进行分析和改进。

4.教务处

教务处作为教学管理的职能部门,负责制订教学管理工作包括质量管理方面的各种规范性制度、专业和课程建设、实训基地建设、主要教学环节质量标准和工作计划。

5.二级学院(系)

二级学院(系)作为教学业务部门,具体负责本单位的教学质量标准建设工作,制订本单位具有可操作性的具体实施方案和有关规定。

6.相关职能部门

相关职能部门应认真履行本部门工作职责,协助做好教学质量标准建设工作。其涉及部门包括人事处、科研处、总务处、学工部、财务处等。

二、制订教学质量标准的操作程序

教学质量标准的制订工作涉及面广、影响因素众多,因此,高校在具体的制订过程中应建立规范的操作程序和实施步骤。根据教育活动的规律,高校制订教学质量标准可以分为五个阶段:宣传动员—组织策划—研发制订—修改完善—投入使用。

在宣传动员阶段,学校相关部门可以组织全校范围内的关于教学质量标准的大讨论,使师生认识到建立教学质量标准体系的价值和意义;也可以采取邀请相关领域专家到校举办专题讲座的形式,对教学质量标准进行深度解读,明晰相关概念和理论层面的问题。在组织策划阶段,建议学校成立由校长领衔的专门工作小组,对后期工作进行统筹安排和组织策划。研发制订阶段是该项工作的中心环节,具体又可分为三个步骤:一是统一认识。组织工作小组成员集中培训学习,了解标准的研制要求,掌握专业的知识和技术,对研制工作形成统一的理解和认识。二是确立基本框架结构。广泛收集标准方面的文献资料和同类型院校的相关资料,深入研究分析,吸纳其可取之处。将标准理论和学校办学实际相结合,形成教学质量标准的主体框架、逻辑顺序。三是进行内容开发,形成初稿。在高等教育相关理论的支撑下,总结提炼本校教学质量建设和管理的成功经验,结合学校的办学定位、人才培养目标等完成标准的撰写工作。在修改完善阶段,多渠道、多形式广泛征求师生员工、专业人员、不同领域专家的意见,反复进行研究和论证,在此基础上进行修改和完善并形成定稿。在投入使用阶段,学校应将定稿的质量标准文件分发给教师、学生、家长等相关人员共同监督执行。

三、教学质量标准体系的框架构建

教育部普通高校教学审核评估的重点是学校教学质量保障体系,其基本思想是通过学校自己建立的"尺子"量自己的"个头"。本研究结合教育部本科教学合格评估指标体系和《普通高等学校本科教学工作审核评估实施办法》的有关要求,初步建立了本科教学质量标准体系。教学质量标准体系由两部分组成:标准体系分类和标准明细。其中,标准体系分类表明标准体系的子系统构成,而标准明细则是对标准子系统的补充说明。依据标准层次划分法并参照高等教育相关理论,高校教学质量标准体系框架可以分为三个部分,每个部分作为一个子系统,涵盖下一层次的分类和层级,比较全面地展示了教学质量标准体系的全貌。

1.教学条件标准

教学条件是提高人才培养质量的基本保证。教学条件标准注重硬件方面的建设规范,其基本指标包括教学经费、专业实验室、校外实习基地、图书资源。其中很多标准都可以用量化的指标进行考察,以提高标准的可操作性。必须明确的是,教学条件标准是一个开放的、动态的系统,教学条件不是一成不变的,它会因教学条件改善、教学经费投入等外部因素的影响而发生变化,所以,标准应随着时代的发展不断进行更新和改进。

2.教学过程标准

本科教学质量标准应反映人才培养目标分解在人才培养过程中的要求。教学过程质量标准是保证教学质量提升的条件,它试图回答的是如何能更好地保证学生的学习效果,它是对影响人才培养质量的核心要素提出的具体要求。教学过程质量指标注重软件方面的建设规范,以教学过程为切入点,从认知、智慧、技术、能力等方面构建符合人才培养规律的指标体系。

3.教学管理质量标准

教学管理质量是影响教学质量的关键点,也是教学活动的中心环节。教学管理质量标准是针对教育、教学和服务中需要协调统一的工作事项所制订的标准。教学管理质量标准包括管理队伍标准和质量控制标准两大类。管理队伍标准涉及管理人员结构与素质、教学研究与改革、教学规章制度的建立和执行情况。质量控制标准涉及教学质量监控、教学文档、听课、学生评教等。教学管理质量标准作为教职工的行为准则和工作质量依据,涉及岗位职责、工作程序、工作内容与要求、工作质量考核等方面。

构建教学质量标准体系是一项复杂的专业性程度很高的系统工程,需要通过教学实践的检验而不断改进和完善。在制订教学质量标准的过程中,应强化执行力度。只有这样,教学质量标准才能成为教学质量监控体系的重要组成部分,成为提升高等学校人才培养质量的强劲动力。

附件1　重庆科技学院教学条件标准

一级指标	二级指标	等级标准		备注
		A级	C级	
教学条件	教学经费投入	近3年,用于专业建设的教学经费投入充足,利用率高,执行情况好	近3年,用于专业建设的教学经费投入较充足,利用率较高,执行情况一般	
	专业实验室、实习基地、实训基地建设	实验室建设规划科学合理,落实情况好;教学实验室配备完善,设施先进,利用率高,能很好地满足教学要求;校内外实习基地完善、稳定,实习基地数≥5个	有实验室建设规划并得到落实;教学实验室能基本满足教学要求;校内外实习基地较稳定,实习基地数≥3个	
	专业图书资料	专业图书资料数量充足,种类较全,满足专业教学的需要	专业图书资料数量、种类基本满足专业教学的需要	
	合作开放	有稳定的合作企事业单位,合作办学、合作育人措施得力;积极开展国际合作培养,效果明显	有较稳定的合作企事业单位,能开展合作办学、合作育人	

附件2　重庆科技学院实验教学质量评估标准

院系：　　　　　　实验室：　　　　　　　　　　日期：

评估项目	评估内容及等级		分值	评估等级（权重）				得分	检查方式
	A	C		A 1.0	B 0.8	C 0.6	D 0.4		
领导重视	院系主管实验教学工作的领导掌握归口实践教学环节的动态,每学期听实验课4次以上	院系主管实验教学的领导基本了解归口实践教学环节的动态,每学期听实验课2次以下	3						查领导听课记录,听汇报,开座谈会

续表

评估项目	评估内容及等级		分值	评估等级（权重）				得分	检查方式
	A	C		A 1.0	B 0.8	C 0.6	D 0.4		
实验队伍	担任实验教学的人员职称、学历、专业结构合理，形成梯队；教学态度严谨，为人师表，教书育人；担任理论教学的教师与实验技术人员一起指导学生实验，教师熟练掌握实验方法和手段	师资队伍较合理；任课教师不指导学生实验	10						提供教学人员结构表；提供有关材料，查实验任务、实施表或实验日志
院系督导	学院对实验教学有系统的监控措施与办法并能落实	监控措施不健全	5						查监控记录
实验教学计划	有明确的实验教学计划，实验内容完整，层次分明，按计划实施	实验教学实施计划不明确	4						查培养方案、实施计划、实验教学大纲
实验教学教材	有高质量的实验教材或实验指导书，实验教材完整	实验教材质量低、不完整	3						查实验教学教材
分组合理程度	符合重庆科技学院《实验教学管理规范》中"五、2."要求	60％以上符合重庆科技学院《实验教学管理规范》中"五、2."要求	5						根据实验设备套数、实验学生数计算，查实验实施记录

续表

评估项目	评估内容及等级		分值	评估等级（权重）				得分	检查方式
	A	C		A 1.0	B 0.8	C 0.6	D 0.4		
学生实验状况	学生实验态度端正，爱护财物，遵守纪律，能够完成大纲规定的全部实验任务；遵守操作规程，无违纪现象，无抄袭实验报告的现象	无学生考勤制度，有违纪现象发生，有抄袭实验报告的现象	4						查考勤记录、实验原始数据记录和实验报告
实验项目设置	实验项目设置合理，层次分明，形成验证性、综合性、设计性等系列；综合性、设计性实验的课程占实验课程总数的比例≥80%	实验项目设置不够合理，综合性、设计性实验的课程占实验课程总数的比例≥60%	10						提供有关材料
实验报告	实验报告数量齐全，内容完整，字面整洁；教师严格认真批改每一份报告	实验报告杂乱，教师批阅不够认真	4						查实验报告
实验开出率	实验开出率≥95%	实验开出率≥80%	10						根据培养方案计算
理论教学与实践教学内容的融合	实验的设计对加深学生理解所学理论有较大帮助，对学生掌握基本实验技能有较大作用，理论与实际联系紧密	实验与理论融合不好，相互支撑不够	4						查实验项目与相关课程大纲

续表

评估项目	评估内容及等级		分值	评估等级（权重）				得分	检查方式
	A	C		A 1.0	B 0.8	C 0.6	D 0.4		
实验方法和学生的创新能力培养	能够充分发挥学生的主动性、创造性；因材施教；培养学生独立操作、独立观察与思考的能力；学生实践能力强，有一定数量的获奖成果	实验指导方法与培养实践能力的措施一般，无获奖成果	6						提供范例和总结以及获奖证书
实验教学管理制度	实验教学管理的各项文件齐全并严格执行；学生的实验报告给分依据和相关教学文件保存齐全	实验教学管理文件不全，执行不力；给分依据和相关教学文件不齐全	15						查文件和执行情况
基本信息上报	实验教学任务、人员、场地、设备等相关报表及时上报，实行信息化管理	报表上报不及时，没有实行信息化管理	3						提供材料，查阅计算机管理系统
环境与安全	实验室环境整洁，制度上墙，安全措施齐全，各类设施完好；没有发生各类责任事故	实验室环境较差，安全设施不齐全；有安全缺陷	4						现场观察、提问，检查安全记录
实验室开放	实验室开放时间长，开放范围与覆盖面广	实验室开放处于起步阶段	10						查开放制度和记录
小计			100						

附件3　重庆科技学院学生产实习(实训)教学质量评估标准

院系：　　　　　　　　　课程名称：　　　　　　　　　　　日期：

评估要素	评估内容	评估标准		分值	检查方法	得分
		优秀	合格			
实习基地情况	1.实习选点合理性；2.实习基地稳定性；3.实习基地建设情况	1.专业对口,满足大纲要求；2.稳定的实习基地在3年以上,校企双方建立协作关系,共同管理,有稳定的指导教师队伍和外聘兼职指导教师	1.专业基本对口,基本满足大纲要求；2.实习基地相对稳定；3.有实习点,尚未建成基地,实习单位配备了实习指导人员	15	院系提供材料	
教学文件	1.实习大纲；2.实习计划；3.实习指导书	1.大纲符合教学要求；2.实习计划切实可行；3.实习指导书符合实习要求	1.有实习大纲；2.有实习计划；3.有参考的实习指导书	20	院系提供材料	
指导教师情况	1.指导教师职称结构；2.师生比	1.高级职称教师不少于1/3；2.指导教师人数与学生实习人数比＞1/30	1.指导教师中有初级职称而无高级职称教师；2.指导教师人数与学生实习人数比＞1/60	15	院系提供材料	
实施情况	1.实习内容专业性强,重点突出,满足大纲要求；2.实习内容丰富,环节安排紧凑合理；3.动手操作或参与实际工作机会情况	1.理论、知识与技能的扩展以及工程实践能力培养方面均有明确规定；2.安排具体,计划得到落实；3.理论与实践相结合,自己动手实际操作,提高实践能力	1.获取知识与培养能力；2.基本按计划进行；3.实习以参观为主,没有实际操作	25	开座谈会、调查	
实习效果	1.学生对实习工作评价；2.工厂对实习工作评价；3.实习报告	1.学生对实习教学、组织工作、基地情况表示满意；2.工厂对实习工作表示满意,对师生反映很好；3.实习报告质量好	1.学生对实习教学基本满意；2.工厂对实习工作基本满意,对师生反映一般；3.实习报告一般	10	座谈会、书面材料	

续表

评估要素	评估内容	评估标准		分值	检查方法	得分
		优秀	合格			
教学改革	实习教学改革	拟订了实习教学改革方案并能很好执行	指出了实习改革意见,执行情况一般	5		
实习管理	1.院系管理重视程度;2.实习经费管理	1.院系重视实习教学并有专人管理;2.学校下拨实习经费全部用于实习教学,无挪用现象	1.教学实习情况管理一般;2.实习经费有挪用现象,用于实习的经费≥80%	10	院系提供材料	
小计				100		

附件4　重庆科技学院学生课程设计教学质量评估标准

院系：　　　　　　　　　课程设计名称：　　　　　　　　　日期：

评估要素	评估内容	评估标准		分值	检查方法	得分
		优秀	合格			
课程设计的必要性	1.目的要求;2.设计能力培养	1.对综合运用知识与获取新知识的能力培养作用大,并有具体要求;2.课程设计基本训练与设计能力培养作用明显,要求明确,内容具体;3.制订措施切合实际	1.对综合运用知识与获取新知识有作用;2.设计能力培养有要求、有措施	8	查人才培养方案、课程教学大纲	
教学管理	1.教学大纲、指导书、任务书;2.重视设计环节,并有相应的保证措施;3.院系检查状况	1.依据教学计划和教学大纲制订了符合要求的指导书、任务书;2.课程设计资料及同时期教学文件齐全,保证措施科学规范;3.院系定期检查	1.指导书、任务书不够完备;2.资料不全;3.院系有定期检查制度	20	查教学大纲、指导书、任务书、教学管理文件	

续表

评估要素	评估内容	评估标准		分值	检查方法	得分
		优秀	合格			
教学准备	教材与参考资料	教材与参考资料能满足教学要求	教材与参考资料不够完备	6	现场检查	
师资配备	1.师资水平；2.每位教师指导学生人数	1.指导教师具有一定的教学科研水平；2.每位教师指导学生≤20人	1.师资力量一般；2.每位教师指导学生≤40人	10	查统计资料	
选题	1.教学基本要求；2.题目的深广度；3.题目数	1.符合课程设计基本要求，与理论课结合紧密；2.题目的深广度与工作量适当；3.提供了基本题目及可选题目	1.基本符合课程设计基本要求；2.题目的深广度与工作量基本适当；3.提供了基本题目	15	设计任务书、题目统计表	
学生参与情况	1.独立工作情况；2.设计计划与进度	1.90％以上的学生能够独立完成设计任务；2.90％以上的学生能够按计划与进度完成设计任务	1.70％以上的学生能够独立完成设计任务；2.70％以上的学生能够按计划与进度完成设计任务	8	查考核记录	
成绩评定	1.评分标准；2.评阅与答辩	1.制订了评分标准并能严格掌握评分标准；2.认真评阅，认真组织答辩	1.能正确评分；2.评阅与答辩工作一般	5	查评分标准、答辩情况	
课程设计质量	1.设计说明书、图纸；2.基本训练与综合运用；3.创新与实用性	1.设计说明书思路清晰，文字表达能力强；2.达到了基本训练与综合运用的教学要求；3.15％以上的设计具有创新性与实用性	1.符合要求的占60％以上；2.基本达到教学要求；3.少量设计具有创新性与实用性	28	查设计说明书、图纸答辩情况	
合计				100		

附件5　重庆科技学院毕业设计(论文)教学质量评估标准(理工类)

院系：　　　　　　　　　　　　　　　　　　　　　日　期：

一级指标	二级指标	评估内容	评估标准 A级	评估标准 C级	权值(F)	评估等级(N) A 1.0	B 0.8	C 0.6	D 0.4	得分	检查方式	备注
毕业设计(论文)教学基本条件(18分)	师资队伍	导师职称结构	高级职称指导教师比例≥60%	高级职称指导教师比例≤40%	3						统计表	
		每位教师平均指导的学生数	≤9人	≤15人	4							
		科研成果和教学研究成果	70%以上的指导教师有已通过鉴定的科研、教学研究成果或已发表的科研和教学研究论文	50%以上的指导教师有已通过鉴定的科研、教学研究成果或已发表的科研和教学研究论文	3							
	教学文件与硬件配备	有关毕业设计工作的规章制度	有完善的毕业设计工作实施细则、评分标准与评分办法并认真执行,有严格的考勤制度	有评分标准与评分办法,有考勤制度	2						查文字资料、现场考察	
		教学文件	有符合教学基本要求和切实可行的管理文件	有毕业设计管理文件	4							
		参考资料与实验设备	手册和专业文献可满足要求,实验设备,场地和计算机能满足教学要求,并自筹部分毕业设计经费	手册等工具类图书资料可满足基本要求,有基本的实验设计条件	2							

续表

一级指标	二级指标	评估内容	评估标准		权值(F)	评估等级(N)				得分	检查方式	备注
			A级	C级		A	B	C	D			
						1.0	0.8	0.6	0.4			
毕业设计(论文)的实施过程(42分)	选题	题目内容	90%以上的选题符合训练的基本要求(含绘图、实验设计、电算、翻译等)	60%以上的选题符合训练的基本要求(含绘图、实验设计、电算、翻译等)	3						任务书设计(论文)题目、统计表	
		题目类型	工程设计型性题目占80%以上,能用于实践的题目占15%	工程设计型题目占60%以上,能用于实践的题目占5%~10%	4							
		题目难度、工作量及分配情况	题目的工作量和难度适当,学生每人一题,无同一题目连续使用两届以上的情况	题目的工作量和难度基本合适	2							
	指导工作	教学态度	认真负责,治学严谨,按时编写任务书等教学文件,每周对每位学生指导3次以上	按时编写任务书等教学文件,每周对每位学生指导1次以上	3						学生反映、院系意见	
		指导方法	因材施教,注重综合能力的训练	基本能正确引导,注重能力的训练	3							
		教书育人	对学生全面负责,进行综合素质的培养,严格考勤并有记录	基本能执行考勤制度	3							

续表

一级指标	二级指标	评估内容	评估标准		权值(F)	评估等级(N)				得分	检查方式	备注
			A级	C级		A	B	C	D			
						1.0	0.8	0.6	0.4			
毕业设计(论文)的实施过程(42分)	毕业设计(论文)进行情况	独立工作情况	学生能积极主动地完成毕业设计,导师能及时发现并严格控制、处理抄袭和弄虚作假现象	大多数学生能完成任务	4						院系汇报及抽查	
		学习纪律与作风	自觉遵守学校有关规章制度,设计场所整洁	无重大违纪现象	3							
		设计进度	90%以上的学生能按进度要求进行	70%以上的学生能按进度要求进行	3							
	毕业设计(论文)组织管理与答辩	组织领导工作	院系答辩委员会和答辩领导小组组成合理,工作安排有序,进度有检查,任务完成有小结,答辩前有组织地验收	院系答辩委员会和答辩领导小组组成合理,工作安排有序	4						原始记录与抽查	
		毕业设计评阅与答辩	有严格的评阅程序,评阅认真,评语标准;在答辩工作中,组织有序,评分严格、公正,成绩分布合理,论文按要求归档	评阅较认真,答辩工作基本符合学校要求,成绩分布较合理	10							

续表

一级指标	二级指标	评估内容	评估标准		权值(F)	评估等级(N)				得分	检查方式	备注
			A级	C级		A	B	C	D			
						1.0	0.8	0.6	0.4			
毕业设计(论文)的效果和质量(40)分	基本能力培养	综合运用所学知识解决实际问题的能力	90%以上的学生达到培养要求,学生感到收获大	60%以上的学生达到培养要求	6						毕业设计(论文)抽查、询问学生	
		计算与设计能力	90%以上的学生达到培养要求,无明显计算错误,学生收获大	60%以上的学生达到培养要求	6							
		文献检索与外文翻译能力	90%以上的学生能认真查阅10篇以上专业文献,其中外文资料不少于2篇,并翻译2万字符的外文文献	60%以上的学生能认真查阅10篇以上专业文献,其中外文资料不少于2篇,并翻译2万字符的外文文献	6							
	毕业设计(论文)质量	创造性	10%以上的设计有独到见解	个别设计有独到见解	6							
		图纸质量与数量(论文质量)	图纸质量高、数量足,符合国家标准,图面整洁、规范的占90%以上且有计算机绘图(90%的论文方案正确,数据准确、规范,照片清晰)	图纸规范,符合国家标准,图面整洁的占60%以上且有计算机绘图(60%以上的论文方案正确,数据准确、规范,照片清晰)	10							
		设计说明书撰写水平(论文撰写水平)	说明书思路清晰,书写工整,文字通顺,符合技术要求,使用新规范的占80%以上(论文思路清晰,文字简练,书写工整,撰写规范的占80%以上)	说明书思路清晰,书写工整,文字通顺,符合技术要求,使用新规范的占60%以上(论文思路清晰,文字简练,书写工整,撰写规范的占60%以上)	6							
总分					100							

1.总评分 $P＝F*N$。2.N 取 A、B、C、D 的对应值。3.特色项目可在总评分中加 1～5 分。

附件6 重庆科技学院毕业论文教学质量评估标准(经管文法类)

院系：　　　　　　　　　　　　　　　　　　　　　　　　日期：

一级指标	二级指标	评估内容	评估标准 A级	评估标准 C级	权值(F)	评估等级(N) A 1.0	评估等级(N) B 0.8	评估等级(N) C 0.6	评估等级(N) D 0.4	得分	检查方式	备注
毕业论文教学基本条件(18分)	师资队伍	导师职称结构	高级职称指导教师比例≥60%	高级职称指导教师比例≤40%	3						查统计表	
		每位教师平均指导的学生数	≤9人	≤15人	4							
		科研成果和教学研究成果	70%以上的指导教师有已通过鉴定的科研、教学研究成果或已发表的科研、教学研究论文	50%以上的指导教师有已通过鉴定的科研、教学研究成果或已发表的科研、教学研究论文	3							
	教学文件与硬件配备	有关毕业论文工作的规章制度	有完善的毕业论文工作实施细则、评分标准与评分办法并认真执行,有严格的考勤制度	有评分标准与评分办法,有考勤制度	2						查文字资料、现场考察	
		教学文件	有符合教学基本要求和切实可行的毕业论文管理文件	有毕业论文管理文件	4							
		参考资料与实验设备	手册和专业文献可满足要求,实验设备、场地和计算机能满足教学要求,并自筹部分毕业设计经费	手册等工具类图书资料可满足基本教学要求,有基本的实验设计条件	2							

续表

一级指标	二级指标	评估内容	评估标准		权值(F)	评估等级(N)				得分	检查方式	备注
			A级	C级		A	B	C	D			
						1.0	0.8	0.6	0.4			
毕业论文的实施过程(42分)	选题	题目内容	90%以上的选题符合训练的基本要求(含绘图、实验设计、电算、翻译等)	60%以上的选题符合训练的基本要求(含绘图、实验设计、电算、翻译等)	3						任务表、统计表	
		题目类型	与社会经济发展有关的题目占80%以上,能用于实践的题目占15%	与社会经济发展有关的题目占60%~70%以上,能用于实践的题目占5%~10%	4							
		题目难度、工作量及分配情况	题目的工作量和难度适当,学生每人一题,无同一题连续使用两届以上的情况	题目的工作量和难度基本合适	2							
	指导工作	教学态度	认真负责,治学严谨,按时编写任务书等教学文件,每周对每位学生指导3次以上	按时编写任务书等教学文件,每周对每位学生指导1次以上	3						学生反映、院系意见	
		指导方法	因材施教,注重综合能力的训练	基本能正确引导,注重能力的训练	3							
		教书育人	对学生全面负责,进行综合素质的培养,严格考勤并有记录	基本能执行考勤制度	3							

续表

一级指标	二级指标	评估内容	评估标准		权值(F)	评估等级(N)				得分	检查方式	备注
			A级	C级		A	B	C	D			
						1.0	0.8	0.6	0.4			
毕业论文的实施过程(42分)	毕业论文进行情况	独立工作情况	学生能积极主动地完成毕业设计,导师能及时发现并严格控制、处理抄袭和弄虚作假现象	大多数学生能完成任务	4						院系汇报及抽查	
		学习纪律与作风	自觉遵守学校有关规章制度,设计场所整洁	无重大违纪现象	3							
		设计进度	90%以上的学生能按进度要求进行	70%以上的学生能按进度要求进行	3							
	毕业论文组织管理与答辩	组织领导工作	学院答辩委员会和答辩领导小组组成合理,工作安排有序,进度有检查,任务完成有小结,答辩前有组织地验收	学院答辩委员会和答辩领导小组组成合理,工作安排有序	4						查有关原始记录,抽查论文	
		毕业设计评阅与答辩	有严格的评阅程序,评阅认真,评语标准;答辩工作中,组织有序,评分严格、公正,成绩分布合理,论文按要求归档	评阅较认真,答辩工作基本符合学校要求,成绩分布较合理	10							

续表

一级指标	二级指标	评估内容	评估标准		权值(F)	评估等级(N)				得分	检查方式	备注
			A级	C级		A	B	C	D			
						1.0	0.8	0.6	0.4			
毕业设计的效果和质量(40分)	基本能力培养	综合运用所学知识解决实际问题的能力	90%以上的学生达到培养要求,学生感到收获大	60%以上的学生达到培养要求	6						查毕业论文,询问学生,查论文评阅	
		计算机运用、设计和表达能力	90%以上的学生达到培养要求,学生感到收获大	60%以上的学生达到培养要求	6							
		文献检索与外文翻译能力	90%以上的学生能认真查阅12篇以上专业文献,其中外文资料不少于2篇,并翻译一篇2万字符的外文文献	70%以上的学生能认真查阅12篇以上专业文献,其中外文资料不少于2篇,并翻译一篇2万字符的外文文献	6							
	毕业论文质量	创造性	10%以上的论文有独到见解	个别论文有独到见解	6							
		论文质量	80%的论文论据充分,论点正确,数据准确,照片清晰	60%的论文论点正确,数据准确,照片清晰	10							
		论文撰写水平	论文思路清晰,文字简练,书写工整,撰写规范的占80%以上	论文思路清晰,文字简练,书写工整,撰写规范的占60%以上	6							
总分					100							

1.总评分 P＝F＊N。2.N取 A、B、C、D的对应值。3.特色项目可在总评分中加1～5分。

第七章 教学资源建设与管理系统

　　高等教育质量依赖于物质资源与办学条件。在教学过程中，学校所占有与能有效利用的教学资源是学校教学所必需的条件。没有必需的教学资源，是不可能培养出高质量的人才的，特别是作为一所以工科为主的应用型地方高等学校，师资队伍、经费、实验室、实习基地、教学科研仪器设备、图书资料等教学资源的建设与管理，更是影响教学质量的重要因素。

　　本科教学合格评估以后，重庆科技学院进入第二发展战略期。学校坚持中国特色社会主义理论体系的指导，深入贯彻落实科学发展观，坚持"育人为本、内涵建设、改革创新、特色发展"的工作原则和"314"发展的总体思路，深入实施"三大战略"，发扬"三创精神"，以改革创新为动力，以产学研合作为途径，以提高质量为核心，通过"强本、建硕、造就名师"，全面提升综合办学实力、核心竞争力和现代化水平，为创建特色科技大学奠定坚实的基础。

　　《重庆科技学院"十二五"改革和发展规划(2011—2015年)》提出，到2015年，形成"德优品正、业精致用、拓新笃行"品牌本科生人才培养模式和机制，开展硕士研究生教育，力争在培养高级应用型人才方面在全国范围内具有示范性；高质量建成"五个校园"，信息化水平位居重庆市高校前列；学校综合办学实力和办学水平明显提升，位居西部同类高校的前列，力争进入重庆市特色高校建设行列，基本达到特色科技大学的条件和水平。

第一节　教学资源建设与管理系统的构成

教学资源建设与管理系统是教学质量保障体系运行的基础,由组织人事部、教务处、财务处、科研处、总务处、基建处、招标办、信息化中心、图书馆等组成,其职能是为提高教学质量提供人、财、物、基本建设等条件保障。

一、控制要素

教学资源建设与管理系统通过相关制度和规定,确保本科教学的投入,促进教学资源尤其是投入的有效利用。通过对贯穿整个办学过程的质量保障体系的分析,我们认为,教学资源建设与管理系统应包括以下控制要素:师资队伍建设与管理、教学经费投入与管理、教学设施建设与管理、教学基本建设、教学改革与研究、政产学研用平台与机制建设。

1.师资队伍建设与管理

据调查,师资队伍在影响高等教育质量的众多因素中,排在第一位。地方本科院校在实施质量管理的过程中,要建立及完善相应的规章制度,加强本科教师学历、学位、职称、年龄、培训、考核、激励、高层次人才引进与培养等方面的建设,以此来建设一支高素质、高质量的本科教学师资队伍。

其主要内容有:师资队伍的引进、培养;教师的考核和激励。

其建设要求为:师资队伍建设有规划、有措施、有成效;师资队伍数量与结构合理,师德师风优良,满足人才培养需要;建立完善的教师聘任、考核和奖惩等机制。

其责任人是分管人事工作的校领导。组织人事部负责制订教师队伍建设规划,负责教师职称晋升、定编定岗工作,提出教学工作质和量的要求,制订并组织实施教师的引进、培训、进修计划。教务处负责制订并实施主讲教师资格认定、教授为本科生授课及本科教学奖惩制度,组织教学技能比赛,培养并选拔教学名师。二级学院(系)负责落实组织人事部、教务处关于师资建设和管理方面的规定,做好本学院(系)师资队伍建设工作。教学质量与评估办公室会同教务处和二级学院(系)做好师资队伍是否满足本科教学及师德师风的评价。

2.教学经费投入与管理

地方本科院校在教学经费投入与管理方面应建立和完善学校财务制度,确保学校落实教学经费投入,切实保障教育部规定的"四项经费"(本科业务费、教学差旅费、体育维持费、教学仪器设备维修费)不低于学费收入的 30％,并保证逐年递增。

其主要内容是:"四项经费"占学费收入的比例;生均"四项经费"的使用情况。

其建设要求为:确保教学经费投入达到教育部要求,满足教学的需要;做到教学经费投入和使用合法、合理、公开、透明。

其责任人是分管财务工作的校领导。财务处负责教学经费预算管理及制度制订,检查、审核相关职能部门和二级学院(系)教学经费的使用情况。教务处协助做好教学"四项经费"的二次分配方案。教务处和二级学院(系)负责做好本单位教学经费的合法合理使用工作。

3.教学设施建设与管理

地方本科院校在教学设施建设与管理方面应建立和完善教学基本设施投入保障机制,确保各项教学基本条件达标,保障教学运行。

其主要内容是:校舍、实验室、实习场所、图书资料、校园网、运动场所及设施等的建设与管理。

其建设要求为:生均教学行政用房面积、生均教学科研仪器设备值及新增教学科研仪器设备所占比例、生均藏书量和生均年进书量达到国家办学条件要求;教室、实验室、实习场所和附属用房面积以及其他相关校舍、实验室、实习场所的配置、图书资料(含电子类图书)、运动场及体育设施满足教学基本要求和人才培养的需要;重视校园网及网络资源建设。

其责任人是分管基建和校产的校领导。基建处负责制订并实施教室、实验室、宿舍等用房及用地规划。总务处负责校舍等教学设施的日常管理与维护。教务处负责制订教学设施的使用计划,牵头制订教学仪器设备的采购计划;分析教室、实验室、实训室、计算机房以及运动场馆和体育设施等的使用现状及存在的问题。招标办负责教学仪器设备的采购。信息处负责制订信息化建设计划并组织实施,负责网络检修与维护。图书馆负责制订并实施数字资源数据库建设和图书订阅、更新计划。

4.教学基本建设

教学基本建设是保障教学质量最重要的基础性建设,应以学校发展目标和总体规划为依据,统筹安排,精心组织,创造稳定、良好的教学环境。

其主要内容是：专业建设、课程建设、教材建设、实验室与实习基地建设及管理。

其建设要求为：有明确的专业设置条件和合理的建设规划，专业结构总体合理，有计划地培育特色专业；人才培养方案科学，各专业设置的必修课程达到合格标准，主干课程达到优秀标准，有一定数量的校级、市级和国家级精品课程；有规范的教材编写、选用制度，有一定数量的高质量的自编特色教材和校企合作教材；实验室建设有规划、有措施，管理规范，利用率高，满足教学需要，有一定数量的市级以上实验教学示范中心。

其责任人是分管教学工作的校领导。教务处负责制订学校专业建设、课程建设、教材建设、实验室建设规划及相应制度，组织实施新专业申报及专业结构调整，指导并检查二级学院（系）的教学建设。二级学院（系）负责制订并实施本学院（系）的相关建设规划。教学质量与评估办公室会同教务处和二级学院（系），评价建设的效果及满足教学的情况。

5.教学改革与研究

教学改革是高等学校前进和发展的动力，因此一直是备受人们关注的主题。教师教学观念的更新、教学方式的转变和学校教学管理制度的完善与重建都是教学改革在实施过程中的标志性体现。

其主要内容是：教学内容、教学方法与手段、考试方法等的改革与研究。

其建设要求为：立项评审规范，经费到位；教学改革与研究成果对教学形成良好的引领和支撑作用。

其责任人是分管教学工作的校领导。教务处负责制订教学改革与研究规划、管理办法，负责教学改革项目的立项、申报、评审和成果管理工作。二级学院（系）负责具体开展教研教改，组织教师积极申报教研教改课题，有效利用教改成果、学术资源促进教学质量提升。教学质量与评估办公室参与教研教改项目的中期检查与结题验收，评价应用效果。

6.政产学研用平台与机制建设

政产学研用模式是在产学研和政产学模式的基础上，随着社会经济的不断发展和各行业联系的不断紧密，为实现资源优化配置，实现效益最大化，达到互利共赢而发展起来的一种协同集成式的管理思维。政产学研用分别代表了政府机构、企业集团、高等院校、研究机构和目标用户五个方面。通过集合政府、企业、高校、研究所等各方的资源和优势，同时围绕市场需求，在各个不同行为主体间有效互动，相互磨合，各尽所能，各得其所，可以逐步建立起以政府为基础，以企业为主体，以高校为促进，以研究所为核心，以市场为导向的协同创新体系（如图 7-1 所示）。

其主要内容是：学校与地方、企业、科研院所及其他高校联合办学，共建实验室或实训基地，共同实施人才培养计划等。

其建设要求为：有合作规划，措施有力；有深度合作模式及有效的运行机制；有一定数量的纵向、横向课题；科研工作、科研平台和产学研合作对教学改革及教学质量起到促进作用。

其责任人是分管科研工作的校领导。科研处负责制订合作规划、措施，建立合作共赢机制，指导、协助二级学院（系）开展合作交流。二级学院（系）负责实施政产学研具体事宜，开展科研与技术服务，保障科研成果和科研平台促进教学工作。

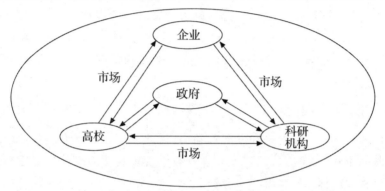

图 7-1 "政产学研用"合作系统结构图

二、执行流程与分工

教学资源建设与管理系统的执行流程与分工如表 7-1 所示。

表 7-1 教学资源建设与管理系统的执行流程与分工表

控制要素	质量监控点	主要流程	执行单位
师资队伍建设与管理	师资队伍数量和结构；主讲教师队伍；实验教师队伍	制订师资队伍建设规划	组织人事部
		教师职称晋升、定编定岗工作	组织人事部
		组织实施教师的引进、培训、进修计划	组织人事部
		制订并实施主讲教师资格认定	教务处
		制订教授为本科生授课、本科教学奖惩制度	教务处
		组织教学技能比赛，培养并选拔教学名师	教务处
		落实关于师资建设和管理方面的规定，做好本学院（系）师资队伍建设工作	二级学院（系）
		开展教师教学质量评估工作	教学质量与评估办公室

续表

控制要素	质量监控点	主要流程	执行单位
教学经费投入与管理	教学经费使用情况；生均教学经费增长情况	负责教学经费预算管理及制度制订	财务处
		检查、审核各单位教学经费的使用情况	财务处
		做好本单位教学经费的合法合理使用工作	教务处和二级学院（系）
教学设施建设与管理	校舍、教学设施，实验室及实习实训基地设施，图书馆、运动场馆、宿舍等设施，科研教学仪器设备，图书、文献信息资源建设与使用；信息化资源建设及使用	负责制订并实施教室、实验室、宿舍等用房及用地规划	基建处
		负责校舍等教学设施的日常管理与维护	总务处
		负责制订教学设施的使用计划，牵头制订教学仪器设备的采购计划；分析教室、实验室、实训室、计算机房以及运动场馆和体育设施等的使用现状及存在的问题	教务处
		负责教学仪器设备的采购	招标办
		负责制订信息化建设计划并组织实施，负责网络检修与维护	信息化处
		负责制订并实施数字资源数据库建设和图书订阅、更新计划	图书馆
教学基本建设	专业建设；课程建设；教材建设；实验室、实习基地建设与管理	负责制订学校专业建设、课程建设、教材建设、实验室建设规划及相应制度，组织实施新专业申报及专业结构调整，指导并检查二级学院（系）的教学建设	教务处
		负责制订并实施本学院（系）的相关建设规划	二级学院（系）
		评价建设的效果及满足教学的情况	教学质量与评估办公室、教务处、二级学院（系）

续表

控制要素	质量监控点	主要流程	执行单位
教学改革与研究	教学内容、手段、方法的改革与研究；教学改革与研究项目的管理和成果应用	负责制订教学研究与改革规划、管理办法,负责教学改革项目的立项、申报、评审和成果管理工作	教务处
		负责具体开展教研教改,组织教师积极申报教研教改课题,有效利用教改成果、学术资源促进教学质量提升	二级学院(系)
		参与教研教改项目的中期检查与结题验收,评价应用效果	教学质量与评估办公室
政产学研用平台与机制建设	政产学研用平台与机制建设及管理；成果应用及推广	负责制订合作规划、措施,建立合作共赢机制,指导、协助二级学院(系)开展合作交流	科研处
		负责实施政产学研具体事宜,开展科研与技术服务,保障科研成果和科研平台促进教学工作	二级学院(系)

第二节　教学资源建设与管理系统构建策略

一、地方本科院校教学资源建设与管理现状

截至 2012 年,全国共有普通高等学校 2442 所,其中,中央部属院校 113 所,本科院校 1145 所,高职(专科)院校 1297 所。普通本科院校全日制在校生平均规模 13999 人,普通高等学校教职工 225.44 万人,专任教师 144.03 万人,平均生师比为 17.52：1,其中本科院校生师比为 17.65：1。[1]

近年来,地方本科院校在教学资源建设与管理方面积极探索,加大投入,制订政策,规范管理,使得办学条件明显改善,对教学的"支撑度"不断增强。但地方本科院校的教学资源建设与管理现状还很不理想,具体表现为以下几个方面。

1.师资水平参差不齐,数量不足,结构不合理

在师资队伍建设方面,地方本科院校普遍存在以下问题。

(1)专任教师数量不足

我国在推进高等教育大众化以来,18～22 岁学龄人口规模一直在快速增长,从 2000 年的 9837.36 万增长到 2008 年的 12539.65 万,社会对于高等教育规模的扩张需求压力非常大。[2]地方本科院校持续大规模扩招导致学校师资力量不足,专任教师数量增长跟不上,教师队伍缺编、生师比超标现象严重,特别是一些新专业教师短缺,教师教学任务繁重,疲于应付,反思教学的时间、精力不足。考察美国一流大学的生师比,我们可以看出我国大学过高的生师比现状(见表 7-2、7-3)。

表 7-2　我国排名榜中不同类型院校的平均生师比

院校类型	院校数量	平均生师比
全国性大学	128	15.1
文理学院	84	10.0
合计	212	12.6

表 7-3　美国排名前 10 位的不同类项院校生师比一览表

排名	全国性大学		文理学院	
	院校名称	生师比	院校名称	生师比
1	普林斯顿大学	5	威廉姆斯学院	7
2	哈佛大学	7	安姆斯特学院	8
3	耶鲁大学	6	斯沃斯莫尔学院	7
4	斯坦福大学	5	卫尔斯利学院	7
5	加州理工学院	6	明德学院	9
6	麻省理工学院	8	波莫纳学院	7
7	宾夕法尼亚大学	15	鲍登学院	8
8	哥伦比亚大学	6	卡尔顿学院	9
9	芝加哥大学	11	戴维森学院	10
10	杜克大学	10	哈弗福德学院	8
平均生师比		7.9	平均生师比	8.0

资料来源:2010 年《美国新闻与世界报道》"最好的大学"排名榜[EB/OL].[2016-02-13]. http://nces.ed.gov/collegenavigator/.

(2)师资队伍质量参差不齐,结构不合理

地方本科院校青年教师普遍比例大,高职称、高学历教师比例低(见表 7-4),高层次领军学科带头人相对较少,从而影响了教学质量和学科研究的深度和广度。

表 7-4　专任教师数量、结构情况表(普通高等学校)

	总数	年龄情况				职称情况				学历情况			
		35 岁以下	35~45 岁	45~60 岁	60 岁以上	正高级	副高级	中级	初级及未定职级	博士	硕士	本科	专科及以下
	1440292	634503	441611	342098	22088	169423	412692	576013	282164	254399	513793	651623	20477
比例		44%	31%	24%	1%	12%	29%	40%	19%	18%	36%	45%	1%

资料来源:中国教育统计年鉴(2012).

(3)师资队伍管理理念落后,在人才引进和培养方面存在诸多条框

大多数地方本科院校为了尽快改善教师队伍状况,在人才引进上过于偏重高学历和高职称,这一方面导致引进的高级人才被"束之高阁",难以为我所用;另一方面在制度层面又不能有效引导教师进行必需的企业实践,教师的工程实践能力得不到提高。同时,具有丰富实践经验的企业高级工程技术人员、高技术技能人才又受到制度的制约而不能进入学校。

(4)缺乏有效的激励机制

地方本科院校学生数量快速增长,专任教师总量结构性短缺,教师超负荷工作。虽然学校采取了一些激励措施以期吸引和稳定优秀教师,激发其积极性和创造性,然而在遴选学术带头人、职称评定、岗位聘任中,对教师教学科研、工程实践能力、教书育人等综合实力重视不够,现行的激励机制没有真正做到以人为本,情感激励、惩戒激励力度不够,特别是缺乏有效的竞争机制,这些都影响着教师队伍的建设。

2.本科教学条件还处于基本保障教学阶段,资源配置对人才培养的支撑不足

地方本科院校缺少积累,建设任务艰巨,一部分学校教学空间场所严重不足,生均教学行政用房面积、生均占地面积不够,实验实训场所不够,设施陈旧,管理不善。教育部教学基本状态数据显示,43 所学校生均教学行政用房面积平均数为 $13.3m^2$,未能达到生均 $14m^2$ 的合格标准;达到国家合格标准的有 18 所,合格率仅为 41.86%。生均占地面积不达标的学校有 14 所,不合格率为 32.56%。[3]另一部分学校虽然加大了投入,花大力气改善学校办学条件,但不注意加强研究,不能合理配置、利用教学资源,造成浪费。比如,有的学校存在实验室缺乏科学建设规划,实验室设置论证不够充分、布局不够合理,实验室建设存在一定的盲目性,实验室管理不够规范,实验设备利用不充分等问题。

3.缺乏足够的教育经费保障,资金来源渠道不畅通

地方本科院校普遍基础差、底子薄,经费来源渠道单一。其建设和发展经费主要有四个来源:政府拨款、学费收入、银行信贷、社会捐赠。国家财政支持少,地方政府受财力限制,支持地方本科院校的资金总量不足、力度不大,学校自身吸纳社会资金的能力弱,直接影响着学校发展和人才培养质量。经费来源渠道的单一使得新建地方本科院校教育办学条件改善缓慢,尤其是难以留住或吸引高层次的人才,办学质量的提高受到严重的制约,阻碍学校发展。

4.产学研合作教育不深入,企业参与合作育人缺乏必要保障

产学研合作流于形式,体制机制不健全,学生受益面小。现行高校管理体制客观上使地方本科院校没有或失去了行业背景。同时,学校科研的整体实力相对薄弱,应用性科研力量不强,为地方政府、区域行业企业提供的科研成果较少,服务社会的能力不强,社会效能低,得不到企业的信任和投入。而地方政府缺乏校企合作培养高层次技术技能型人才的国家制度与鼓励政策,地方教育行政部门在高校和行业企业之间的桥梁纽带作用缺失,企业参与高等学校办学的积极性缺乏多方面基础,产学研合作教育没有广泛切实实施,直接影响着人才培养的质量。

5."双肩挑"带来的负面效应

从实证研究的角度来看,国外有学者的调研发现,教授参与管理学术事务的程度越高,学校的业绩就越好;而教授参与管理行政事务的程度越高,学校的业绩就越糟糕。一些地方本科院校由于人才短缺等原因,校领导往往喜欢选拔一些优秀的骨干教师到行政管理部门从事管理工作,并保留他们的教师编制,让他们同时承担教学科研任务。但人的精力毕竟有限,"双肩挑"直接导致行政管理事务学术化,而学术管理在许多层面上又被行政管理所代替,这种现象在地方本科院校尤为突出。[4]

二、教学资源建设与管理系统构建策略

中国正在加快转变经济发展方式,这是经济社会领域的一场深刻变革。随着科学技术的发展,产业结构不断优化调整、转型升级,劳动密集型产业减少,技术密集型产业增加;低技术产业减少,高新技术产业增加;低附加值产业减少,高附加值产业增加。产业结构调整和生产方式的变革使社会职业岗位发生了很大变化,加大了对技术应用、开发创新人才的需求。中国已经进入高等教育大众化阶段,这意味着高等教育从利益集团走向民众,从服务政府走向服务民生,从教育的单一化走向教育的多样化。

《国家中长期教育改革和发展规划纲要(2010-2020年)》用了专门的一章"建设现代学校制度",系统阐述了现代学校制度建设,这在党中央和国务院发布的文件中还是第一次。综观国内外教育法律及法规的基本框架,所谓现代学校制度,一是学校举办的制度;二是政府管理学校的体制;三是学校内部管理(治理)结构。[5]前面我们探讨的地方本科院校教学资源建设与管理方面的现状和问题,就属于学校内部管理(治理)结构的范畴。地方本科院校要适应经济社会的发展,如果按照传统思维方式和办学模式,将与社会经济发展渐行渐远,应当打破传统思维方式和办学模式,以全

新视角看待当今的高等教育,面向转型发展的国家需求进行根本性的变革,立足服务地方社会经济发展目标,承担社会赋予高校的社会责任和历史任务。教学资源建设与管理系统涉及学校顶层设计至教学运行的末梢神经,各环节在高等教育质量保障中的行为模式应做出相应的调整。

1.高校:从规模扩张到内涵式发展

"一所大学在不同的阶段应该有不同的管理模式。"澳门大学校长赵伟如是说。在经济全球化背景下,高等教育规模持续性扩张已经成为一种趋势。从 1999 年开始,我国高等教育规模持续扩大,2012 年,中国高等教育毛入学率达到 30%,各类高等教育学校(机构)有 3265 所(含民办的其他高等教育机构),高等教育总规模达到 3325 万人。[6]地方本科院校扩招依赖外延式发展,而对于学校的内涵式发展并没有重视。这跟外延式发展易于直观的衡量标准有着很大的关系,社会通常会把教育资源作为衡量一所学校教育发展的标准,如学校教育资源的增长、学校办学规模的扩大、学校对于基础设施投入的增长等。人们过去重点关心学校外在形式的发展,关心学校有多少栋教学楼,关心学校的面积是否扩大,关心学校是否新增加了一些实验设备等。但是,研究表明,学校教育经费的支出增长、学校教育设施的增多以及学校规模的扩大跟学生发展之间没有非常相关的联系,这些外延式发展只是学校教育发展的表层。这说明了虽然学校教育外延式发展能够为学生提供一定的物质基础,但是人的发展却不是其所能够直接决定的。学校教育内涵式发展在关注物质发展的同时,更加重视人的发展,关注以师生身心发展为基础的教育质量的全面提高。从教学资源建设与管理层面来说,内涵式发展就是强调学校教育的内在因素,不断对其内在因素进行优化,整合教育资源,提高执行力,提升教学力。所以,对于教学资源建设与管理来讲,内涵式发展才真正地体现了其本质的发展。

教育内涵式发展是满足教育均衡发展的需求,地方本科院校要建立、健全教学资源建设与管理制度和约束机制,使教学质量保证主体的合法地位以及职能部门的权责关系得到明确,使它们之间能够相互协调,彼此发挥各自的功能,共同为保障人才培养质量服务。比如,在优化资源配置、提高利用效益方面,地方本科院校要进一步研究学科发展趋势,整合学科资源,抑制学科建设中的低水平重复和资源的低效率配置现象;多种形式地开放使用各种精密贵重仪器设备,提高大型精密仪器设备的投资效益,提高大型仪器设备的资源共享程度和使用率,加强对外开放和服务,强化管理,促进专管共用、开放运行,实现资源共享。

2.职能部门：变行政管理为服务

《国家中长期教育改革和发展规划纲要（2010－2020 年）》明确提出学校要"克服行政化倾向，取消实际存在的行政级别和行政化管理模式"，为高校"去行政化"指出了明确的方向。高校管理行政化是指高校不顾教育规律和学术规律，完全依靠行政权力，按照行政手段、行政方式、行政运行机制管理教育和学术。高校管理行政化表现在外部和内部两个方面。构建教学资源建设与管理系统，我们重点关注其内部表现。

高校内部按行政机构设置管理部门，高校内部的机构、干部也有等级之分，大学成了行政机关，等级森严，官气很重。地方本科院校职能部门要大力倡导和弘扬"服务为先"的工作理念，弘扬"优质、高效、廉洁"的工作作风，切实提升职能部门工作人员的理论素养、道德品质、业务水平，引导职能部门工作人员爱岗敬业，更新思想观念，改进工作方式，树立为教学科研服务的理念，构建高校管理服务工作新格局。

3.二级学院：从他律到自律

担任过十多年斯坦福大学校长职务的肯尼迪曾经引用美国公众领袖的一句话说："自由与责任、权利与义务是一种约定，缺一不可。"

高校内部管理，就其本质而言，体现为权力与责任在高校内部管理的各个层面和各个不同利益群体之间的分配，体现为它们相互间的权力作用关系以及责任分担关系。这种分配模式和作用关系，构成了高校内部的权力结构和管理体系。缘于从高等教育可持续发展的角度审视大学内部管理、发展动力和深层积极性的发挥，很多地方高校推行校院两级管理。校院两级管理是指高校按照一定的目标和原则，整合、优化学校教学资源，形成学校和学院两个管理层级，通过学校分权和管理重心下移，转变学校部门的管理职能，明确学校和学院的职责和权限，形成学校宏观决策、部门协调配合、学院实体运行的管理模式。校院两级管理体制改革是对高校组织、结构、功能、规模变化的不断调适，是在原有内部管理体制改革基础上的深化发展。

推行校院两级管理，核心是在明确两级管理的基础上，降低管理重心，下放管理权力，调整管理幅度，规范管理行为，建立起学校宏观调控、学院自主办学的高效运行机制，促进学科的整合和发展，激发各级组织的办学活力，切实提高办学效益和水平。校院两级管理体制改革的主要内容是在明晰学院主体性地位的基础上，以权责的划分为核心，围绕人事、财务、资源、事务等主要方面进行分配的改革。

在校院两级管理模式下，学校资源配置可以按照两个层面进行。在校级资源配置的层面上，应以加强校内公共资源的建设为重点，强调学校层次的放权，防止出现人力、物力与财力资源过度集中于校级建设的现象重演，强化校院两级资源的合理配置。在院级资源配置的层面上，必须强调学院层次的相对"集权"，建立学院资源统一规划、合理配置、院内共享、对外服务的管理制度。推行校院两级管理，意味着学校从"集权"走向"放权"，也意味着学院必须从他律走向自律。高校校院两级管理体制的改革制度设计，不仅要对人、财、事权进行两级划分，更重要的是对校级权力和院级权力各自的管理激励目标有清醒的认识，并且还要对放权后所存在的风险有事先的防范措施和控制手段。

第三节　教学资源建设与管理系统实施成效

重庆科技学院秉持共享共发展的理念,大力加强老校区环境改造,加快信息化建设水平,优化财务服务环境,规范招标管理流程,完善资产运行管理,加强学生服务支撑体系建设,完善各类文体设施,持续改善师生工作、学习、生活条件。学校已经建成优美如画的校园、桃李芬芳的乐园、温馨幸福的家园。

合校升本 10 年来,学校实现了管理运行机制的重大调整,实现了办学条件的根本改善。本科专业从 8 个增长到 46 个,增长了近 5 倍;在校本科生人数从 781 人增长到 19627 人,增长了 24 倍多;教师中博士人数从 7 人增长到 231 人,增长了 32 倍;年科研经费从不足 500 万元增长到 1 亿元,增长了 19 倍;图书资料从 45 万余册增长为 226 万册,增长了 4 倍多;净资产总额从 3.9 亿元增长为 25.6 亿元,增长了近 6 倍。

一、实施"人才强校"战略,师资队伍建设成效显著

师资队伍建设之于地方本科院校发展的意义是重大的。重庆科技学院学校始终把人才队伍建设置于学校发展的战略顶层,深入实施人才强校战略,为建成高水平特色科技大学奠定坚实的基础。学校以建设适应高水平特色应用科技大学的人才队伍的目标为主线,以"调结构,强能力,打造领军人物"为核心,通过近 10 年的不懈努力,学校师资队伍建设成效明显。学校坚持不懈地实施"人才强校"战略,坚持三位一体办学总布局,强力推进名师造就工程,走出了一条具有重科特色的强师之路,为"三性一型"(行业性、地方性、开放性、应用型)、"四高一好"(办学高层次、学生高素质、科研高质量、师资高水平、社会好评价)大学的建设提供了强有力的人才队伍保障。

1.主要举措

发展方略明确了师资队伍建设的目标,发展环境为师资队伍建设提供了保障,发展机制指引下的具体举措为师资队伍建设提供了制度前提。体制机制创新是做好人才工作的根本动力,重庆科技学院以"一高两特三形式、一德两化三能力"为载体,大力实施"五大工程",创新机制,用活政策,提高教师整体素质。

（1）全面实施人才队伍素质提升工程

以国际化战略为引领，实施"骨干教师出国深造计划"，全面推进《关于公派中青年骨干教师出国深造的实施意见》，全面提升师资队伍的国际化水平。鼓励教师积极参加国家精品课程等进修，同时依托"国家精品课程高级研修班""重庆市优秀中青年人才国内培训""优秀中青年人才出国培训""西部人才资助项目""西部之光国内访问学者""高等学校青年骨干教师国内访问学者"等加大教师培养力度。

以博士化工程为载体，实施了中青年教师"学历提升计划"和"培养提高计划"，通过实施《重庆科技学院教职工在职攻读博士学位管理规定（试行）》为广大教师提供条件保障。实行青年教师导师制和青年教师助教制度，扎实推进青年教师"三种经历"培训工作。通过校内培训、校外学习、社会实践、出国培训等多种途径，提高教师教学和科研能力。

以加强教师教学和科研能力建设为核心，着力提升教师业务水平。推动建立学校教师教学发展中心，有计划地开展教师培训、教学咨询等，提升中青年教师的专业水平和教学能力。完善系、教研室、教学团队、课程组等基层教学组织，坚持集体备课，深化教学重点难点问题研究。健全老中青教师传帮带机制，实行新开课、开新课试讲制度。完善助教制度，加强助教、助研、助管工作。

以工程实践能力提升为重点，强化青年教师的"三种经历"，进一步落实《重庆科技学院关于进一步提升中青年教师工程实践能力实施意见》。积极拓展聘用具有实践经验的专业技术人员担任专兼职教师工作，支持教师获得校外工作或研究经历。

加强中青年教师职业生涯发展支持。根据各学科不同阶段的发展需求和教师自身的发展需要，建立校院两级教师职业生涯支持体系，构建学位教育、技能培训、高层次研究等多位一体的培训制度。对中青年教师职业生涯的不同阶段予以早规划、早指导，结合个人科学素养、创新素质和学术交流能力等，建立有针对性的职业规划方案和个性化事业发展支持计划，实现聘期内的过程跟踪，进一步完善培养机制。

（2）大力实施高层次人才聚集工程

把加快、加强对高层次拔尖人才的引进和培养作为教师队伍建设的重中之重。重庆科技学院坚持以省部级以上高级专家为重点，以特色学科、特色专业为依托，以直接引进、柔性引进、兼职特聘为形式，全力提升人才队伍档次。学校成功引进中国科学院都有为院士、中国工程院苏义脑院士，引进巴渝学者和企业高工32人。钱煦、钟正明、周守为在内的多位国内外知名院士、长江学者近200人被聘为学校的客座或特聘教授，高层次人才的聚集效应初步显现。

深入推进卓越学者计划，引进拔尖人才。制订专门政策，在学校特色专业、重点学科、重点建设实验室设立特聘岗位,面向国内外公开招揽学术造诣深、发展潜力大、具有领导本学科赶超国内先进水平的特聘教授和特聘专家,初步形成了国家级、市级、校级的高层次拔尖人才梯队。

大力实施特聘教授计划,集聚高端人才。进一步解放思想,更新观念,灵活用人机制,明确岗位聘任目标,为每一个本科专业设立一个特聘教授岗,以智力引进为主要模式,吸引有较高学术造诣和影响力的教授,领衔或加盟学校的学科专业建设。

持续实施"团队培育计划",围绕国家与地方重大专项、重点实验室、重点学科建设,实施"省部级科技创新团队建设计划""校内基金资助计划""教学团队建设计划",提升团队整体教学水平和科技创新能力。

(3)大力实施环境完善工程,服务教师队伍

人才的成长离不开环境,既离不开工作设施设备等硬件环境,也离不开浓厚的学术氛围、温馨的生活居住条件等文化软环境。重庆科技学院坚持"同心同奉献,共享共发展"的理念,把广大教师的需要作为第一选择,把广大教师的满意作为第一标准,千方百计实施惠及广大教师的民生工程,努力营造敬业爱生、立业修能、兴业求精的浓厚氛围,服务广大教师。

营造重才敬才的校园文化环境,正确看待人才,尊重各类人才。学校坚持人尽其用的理念,根据不同教师的特点帮助其进行职业规划,形成了才尽其用的良好局面。学校在营造识才用才的工作环境中力推人才的成长,始终将关心人才的发展作为人才工作的出发点和落脚点,鼓励创新,使人才创业有机会、干事有舞台、发展有空间。10年来,在人才队伍建设方面的专项经费投入近亿元。在营造优才留才的生活环境中,想方设法帮助人才解决住房、就医、子女教育、配偶就业等民生问题,使优秀人才引得来、留得下、用得好,让各类人才更加体面,更加舒心。

(4)大力实施师德教育工程,信念引领教师队伍

重庆科技学院坚持以社会主义核心价值观为统领,以理想信念引导优良师德师风,认真落实《关于加强和改进青年教师思想政治工作的实施意见》,大力加强师德师风建设。

强化思想教育引导。大力实施"青年教师马克思主义素养提升计划",引导青年教师忠诚党的教育事业。定期组织理论学习,坚持每周三下午进行政治理论学习制度。不定期开展形势报告,结合重大节日、重大事件,通过书记、校长对话师生的制度落实,就师生关心的热点问题开展宣传引导,及时化解他们思想上的困惑。

大力推进师德建设。积极完善师德建设制度,贯彻落实《高等学校教师职业道德规范》《关于加强和改进高校青年教师思想政治工作的若干意见》,出台、实施学校相

应制度,把师德情况作为青年教师选聘、考核的首要条件。不断丰富师德建设活动,扩大师德典型效应,通过发掘、选树和推广先进典型,组织"全国道德模范进校园"和"重庆市教书育人楷模进校园"活动,引导教师知先进、学先进、争先进,以模范为榜样,以典型来引导。

2014 年,学校召开了第一次人才工作大会,确定了"调结构,强能力,打造领军人物"的人才队伍建设思路。按照此要求,学校大力推进中青年教师能力提升计划的"11121"名师造就工程,即每个学科力争有 1 名省部级以上领军人才,每年选派 100 名教师参加工程实践锻炼、100 名教师参加国内外短期深造、200 名教师参加综合能力提升培训和 100 名教师参加英语应用能力培训。

2.取得成效

(1)师资总量明显增加,结构明显改善

截至 2014 年底,学校各类人才总量达到 1538 人,是 2004 年合校初期的近 3 倍。师资职称结构明显改善,学校现有高级专业技术职务的教师 612 人,其中正高职称 165 人,分别比合校初期提高 4.4 倍和 8.2 倍。学历层次明显提升,具有硕士研究生以上学历的专任教师达到 87.2%,具有博士学位的教师比例达到 22.6%,具有海外研修经历的教师比例为 16%。

师资年龄结构趋于合理,35 岁以下教师占 31.73%,35～45 岁教师占 37.91%,46～55 岁教师占 23.54%,55 岁以上教师占 6.82%,专任教师平均年龄为 38 岁。学缘结构更加多元,合校后新引进人才来自全国 60 多所大学,其中 64%来自"985 工程""211 工程"大学,从市外高校毕业的教师占比从合校初期的 23%上升到 44%。教师的能力逐步优化,专任教师中具有工程实践背景的占比达到 43%。

(2)高层次人才聚集效应初显,创新团队建设取得进展

近年来,学校始终坚持把加强高层次人才队伍和学科带头人队伍建设放到人才队伍建设的重中之重去谋划。学校成功培育出 9 个市级教学科研团队,培育出重庆市学术带头人及后备人选 6 人,重庆市中青年骨干教师 15 人,省部级教学名师 1 人,全国优秀教师 1 人,国家本科教学指导委员会委员 4 名。2013 年以来,以都有为院士签约引进为标志,我校高层次人才引进取得重大突破。随后,包括苏义脑、钱煦、钟正明、周守为在内的多位国内外知名院士、长江学者签约我校,为学科专业建设把脉导航,高层次人才的聚集效应初步显现。

二、保障教学投入，教学条件得到明显改善

1.始终坚持教学的中心地位，确保教学经费的投入

学校不断加大对本科教学经费的投入，并加强管理，坚持统筹安排、突出重点，将全部经费纳入财务统一管理，并发挥财务的监督职能，确保教育经费的有效使用。2013年，学校教学日常运行支出4483.48万元，教学专项经费4957.41万元，生均本科教学日常运行费2048元，生均本科实习经费和实验经费1415元。办学条件满足人才培养需要，多数指标超过教育部的合格要求（如表7-5）。

表 7-5　重庆科技学院基本办学条件指标

基本监测指标	本校指标	教育部监测办学条件指标
生均教学行政用房面积（m²）	11.9	16（合格）9（限招）
生均实验室面积（m²）	3.2	—
生均教学科研仪器设备值（元）	11989	5000
当年新增教学科研仪器设备值（万元）	1690	—
生均教学日常运行支出（元）	2048	1200
生均图书（册）	54.5	80（合格）40（限招）
电子图书（种）	955781	—
电子期刊（种）	5806	—
生均占地面积（m²）	62.2	59
生均宿舍面积（m²）	8.7	6.5

2.强化特色，打造综合实践教学共享平台

一是提高经费投入。截至2013年底，学校教学科研仪器设备总值达到2.6亿元，教学平台对教学工作的保障作用显著增强。二是打造特色平台。学校集中优势资源，打造了三大具有特色的实践教学资源共享平台：石油天然气钻采集输技术与装备综合实践教学平台、冶金技术与装备综合实践教学平台、化工过程与装备综合实践教学平台。其中，前两个平台已于2010年底投入使用，年使用人数达到1.5万，第三个平台2012年建成。三是加强实验室建设和开放。学校全面清理、修订实验指导书，不断丰富实验与实践教学内容，对每个新建实验室进行绩效验收与检查。加大实验室开放力度，2011年全校有20％的实验室实现开放式组织实践教学，2012年将达到60％。

三、内涵发展，创新驱动，推进本科教学基本建设

从 2004 年开始，重庆科技学院以合校升本为契机，进一步转变教育思想观念，立足为地方培养高水平应用型人才，主动适应"两业两域*"科技与经济发展需要，科学布局和调整学科结构，建成涵盖 20 个一级学科的学科门类 7 个，形成石油与化工、冶金与材料、机械与电子、安全与环保等特色学科群。学校现拥有国家级特色专业建设点 2 个，教育部"卓越工程师教育培养计划"试点专业 5 个，国家级实验教学示范中心 1 个，国家级精品课程、视频课程、双语课程 3 门，重庆市特色专业 4 个，重庆市专业综合改革试点 2 个，重庆市教学团队 8 个，重庆市人才培养模式创新实验区 4 个，重庆市精品课程、双语示范课程、精品视频公开课程和精品资源共享课程 21 门。

1.主要举措

（1）坚持内涵发展，适时调整专业结构

本科合格评估以后，面临新的形势和机遇，重庆科技学院明确提出，坚持内涵发展与特色发展，提高专业建设质量和竞争力。学校在保持本科办学规模基本稳定的前提下，合理调整和优化专业结构，适度放缓新专业增设速度，把主要精力放在加强内涵建设上。充分利用国家支持行业应用型本科院校的相关政策和重庆市"特色学校、特色学科和特色专业"建设计划，突出学校应用型人才培养特色，着力服务"两业两域"。进一步深化与"两业两域"产业链的对接，注重学科专业建设对产业结构调整升级的价值贡献，提升学科专业与地方产业的符合度、依存度、共享度，培育学科专业新的增长点，营造学科专业的制高点，逐渐形成优势学科和特色专业群。

（2）坚持特色办学，着力打造本科品牌

学校围绕"德优品正、业精致用、拓新笃行"的要求，深入开展教育教学观念大讨论，丰富品牌本科教育内涵，确立品牌本科教育的质量标准，创新品牌本科教育的培养模式和保障机制，全面构建完善的本科教学工作体系，培养扎根一线、勤勉坚韧、团结协作、乐于奉献的本科生，培养基础扎实、业务过硬、工程能力强的本科生，培养敢于创新、勇于实践、坚持不懈的本科生。

（3）发挥背靠"两业两域"的优势，创新人才培养模式

学校充分发挥行业背景深厚的优势，主动与行业企业共同创新办学模式，深化校企合作，推进产教融合，促进国际交流；坚持能力本位，突出应用导向，重构课程体系，

---

* 两业两域："两业"是指石油和冶金两行业；"两域"是指重庆区域和安全领域。

强化场景模拟;注重建立健全全面实施、全程覆盖、全员参与的人才培养过程调控体系,建立自我分析、他方评估、多方监测的教育质量评估体系。校企合作后,学校对人才培养方案进行了全面修订,不断完善"五结合五重点"的本科人才培养模式,实现由学校单一主体向校企双主体或多主体转变,由以教师教导为主向以学生学做为主转变,由考核学生知识为主向考核知识与技能并重转变。学校积极探索职业教育与高等教育的"立交桥",2014 年录取本科生 5180 人,其中中职生 60 名、高职毕业生430 名。

(4)强化实践育人,提高学生创新能力

学校结合专业特点和人才培养要求,分类制订实践教学标准,加强实践教学管理,提高实验、实习、实训、社会实践和毕业设计(论文)的质量,着力解决学生参与实践的时间不足、渠道不多、保障不力等问题,提升实践教学水平。坚持"以学生为本,注重学生知识、能力和素质的协调发展,突出工程实践能力和创新意识培养"的实验教学理念。继续实施"万千百十"工程,把创新创业教育贯穿于人才培养全过程。深化创新创业教育,探索制订创新创业教育教学基本要求,开发创新创业类课程并纳入学分管理,大力开展创新创业师资培养培训。坚持"校企协同"和"流程主线"的思路,构建大工程、全流程及服务行业的实验教学平台和实验教学体系。

2.取得成效

(1)围绕"两业两域",合理布局专业发展

学校围绕"两业两域"——石油和冶金行业、重庆区域和安全领域,对接重庆市支柱产业与战略新兴产业,按照产业链发展专业链,构建了特色突显、支撑良好的学科专业生态体系。学校现有本科专业 43 个,涵盖理、工、经、管、法、文、艺 7 个学科门类,以工为主,工学专业 24 个,占比 55.8%。

学校实现了与地方经济产业的有效对接。专业设置对重庆市重点产业的覆盖率达到 100%;24 个本科专业直接服务于重庆市战略新兴产业和支柱产业的转型升级,占全校本科专业数的 56%;17 个本科专业服务于重庆地方经济社会发展需要,占全校本科专业数的 40%。

(2)强化管理,加强研究,质量工程成果丰硕

学校以精品课程建设为龙头,以专业主干课程建设为主体,引进优质资源,强化管理,全面提高课程建设质量。列出专项资金,实行课程组及课程负责人制度,开展课程建设立项检查,到 2014 年,将所有专业主干课程建成优质课程。《液压传动技术》为国家级精品课程,《数据结构与算法》为国家级双语教学示范课程,《打开石油的

天窗》为国家级精品视频公开课。学校还建有市级教学团队 9 个,市级精品课程9 门,市级双语教学示范课程 3 门,市级精品视频公开课程 9 门,市级精品资源共享课程6 门。自 2010 年以来,学校获批立项省部级、国家级各类质量工程项目 68 项。

(3)实践教学改革成效凸显

近年来,学校以国家和市级实验教学示范中心建设为契机,采取切实有效措施,不断加大和提升实验室建设力度和管理水平,不断提高大学生实践创新能力,在扎实推进实验教学示范中心建设改革与创新过程中,取得显著成效,有力促进了全校实验室建设,推动了教学科研实验工作的不断发展。目前,我校共有实验中心 28 个,仪器设备总值达到 2.42 亿,其中,石油与天然气工程实验教学中心为国家级实验教学示范中心,冶金虚拟仿真实验教学中心为市级虚拟仿真实验教学中心。

四、加强交流合作,建立互利共赢的联合育人机制

重庆科技学院紧密结合地方和行业企业的需求,坚持产学研合作,搭建多层次的校企合作办学平台、应用技术研发平台,建立互利共赢的联合育人机制,实现了学校与行业企业和地方经济社会发展的不断融合。学校面向"两业两域"主战场,以产学研合作为主要途径,加强应用研发和集成,加大科研成果的转化力度,突出应用研究优势,实现国家级奖项突破,科研的量与质全面提升。合校之初,学校的科研经费不到 500 万,2005 年突破 1000 万,2010 年突破 5000 万,2012 年首次突破亿元,同时实现市级重点实验室的突破。2006 年,学校实现了国家自然科学、社会科学基金项目的突破;2013 年,国家自然科学、社会科学基金项目立项 17 项,资助经费 869 万元,是2010 年的 5.29 倍,居重庆市高校前列。2008 年以来,全校共主持国家级课题 32 项、省部级课题 363 项,获省部级科技进步奖 13 项,建立了重庆市工程技术中心 2 个。重庆市人民政府与三大石油公司签署了共建重庆科技学院的协议;我校与武汉钢铁(集团)公司、重庆钢铁(集团)有限责任公司、西南铝业(集团)有限责任公司签署了战略合作协议,与中冶赛迪工程技术股份有限公司、中国银行重庆分行、中国航天科工集团零六一基地等企业签订了产学研合作协议。

1.瞄准关键技术攻关

学校各研究中心(院)瞄准行业企业发展的重大关键性技术问题,校企协同,共同攻关,取得突破性成绩。我校复杂油气田勘探开发中心参与完成了海洋深水表层钻井关键技术及装备研究项目,发明并研制了海洋深水表层钻井泥浆密度动态控制系统成套设备,开发并形成了完全自主知识产权的一套海洋深水表层钻井工艺技术及

配套装备技术集成,填补了这一领域的空白,为我国海洋石油战略走向深水奠定了良好的基础。该技术及装备在我国第一艘海洋深水 981 钻井平台上实钻应用,各项技术指标、工艺方法均优于国外公司,达到国际先进水平。重庆垃圾焚烧发电技术研究院与美国卡万塔能源公司合作,累计利用外资 500 万美元建成国内首家日处理 6 吨垃圾的垃圾焚烧中试生产线和日处理 10 吨垃圾的垃圾气化燃烧及燃气资源化利用中试生产线。学校突破国外技术壁垒,研制出具备自主知识产权的系列化垃圾焚烧发电炉排系统、液压系统、雾化器等关键装备,应用于国内 17 个垃圾焚烧发电厂,并出口美国、德国以及印度的垃圾焚烧发电厂。学校承担(参与)科技部"十一五"国家科技支撑计划子课题、"863"项目子课题、火炬计划、国际合作项目以及国家自然科学基金项目的研究,获得国家授权发明专利 17 项、实用新型专利授权 45 项,制订国家标准 1 部、行业标准 3 部,获得省部级科技奖励 4 项,其中一等奖 1 项。学校与中冶赛迪工程技术股份有限公司合作共建的国家钢铁冶炼技术装备系统集成工程技术研究中心——冶金实验室 1 个。中冶赛迪工程技术股份有限公司投入 1200 万元建设,在炼钢双联脱磷、控轧控冷等方面与我校开展联合攻关,研发了铁矿石熔滴、软熔性能检测系统、吊丝法旋转黏度测定系统、高温黏度测定系统等技术和装备。目前,已开发成熟产品 75 个,实现了高温冶金过程在线监测的精确再现,技术和性能指标完全超过国外、国内同类产品。同时获得了国家发明专利授权 6 项,实用新型专利授权 6 项,省部级科技奖励 3 项。

2.助推产业转型升级

学校与中国石油天然气集团公司、中国石油化工集团公司合作,参与重庆天然气和页岩气开发;与重庆钢铁(集团)有限责任公司、重庆市科学技术委员会合作,服务于重庆钢铁(集团)有限责任公司产业转型升级,联合研发的高炉节能降耗技术已在重庆钢铁(集团)有限责任公司成功应用,联合研发的具有自主知识产权的垃圾焚烧发电技术已经产业化,对重庆市环保装备产业转型升级形成了重要支撑,垃圾焚烧发电设备已外销美国、印度等国家;与中国航天科技集团中国运载火箭技术研究院共建的航空航天功能材料与元件研究中心,已成为航空航天用功能磁性材料研究开发与生产基地,服务于重庆功能材料产业,学校研制的航空航天用高热稳定性磁性材料及元件已成功应用于"嫦娥二号""天宫一号""神舟八号"和"神舟九号"飞船上;与惠普公司、重庆西永微电子产业园区等企业合作,服务于重庆市信息产业;与重庆天泰铝业有限公司等企业开展穿孔阳极铝电解技术,整体技术达到国际领先水平,对重庆市乃至整个中国电解铝行业节能降耗产生了重大影响。

我校作为参与单位完成的海洋深水钻井平台 981 成果获得 2014 年度国家科技进步特等奖,机械炉排垃圾焚烧发电技术及产业化获得重庆市科技进步一等奖;我校牵头与企业合作研发的成果获得省部级科技奖励及行业学会科技奖励 53 项。学校年科研经费连续 3 年保持在亿元以上,其中,80％来自产学研合作单位。2013 年,学校首次获得中国产学研合作创新与促进奖 2 项,其中,施金良教授获得 2013 年中国产学研合作促进奖,重庆垃圾焚烧发电技术研究院的"机械炉排式生活垃圾焚烧发电关键技术及应用"获得 2013 年中国产学研合作促进会创新成果奖。近 3 年来,学校共获得发明专利 21 项、实用新型专利 54 项、软件著作权 2 项,出版专著 21 部;获得国家自然科学基金项目 24 项,国家社会科学基金 5 项;获得国家科技进步特等奖 1 项,省部级科技进步一等奖 1 项、二等奖 5 项、三等奖 16 项。

3.校企合作共建教学资源

(1)共建实践教学平台

学校立足行业实际需求,围绕应用型人才工程实践能力培养需要,采取共建共享模式,与中国石油西南油气田公司重庆气矿、重庆钢铁(集团)有限责任公司、美国卡万塔能源公司等企业联合共建了源于现场而又不拘于现场的石油天然气钻采集输技术与装备、冶金工程技术与装备、化工过程及装备、垃圾焚烧发电技术与装备等校内综合实践教学平台,真实再现了现场生产过程,并通过模拟和仿真等方式再现现场生产过程中可能出现的安全事故或故障,与现场实习互为补充,既提高了学生参与工程实践的效果,也为企业工程技术人员的再培训搭建了平台。学校与中国石油天然气集团公司、重庆钢铁(集团)有限责任公司、中冶赛迪工程技术股份有限公司、重庆市安全生产监督管理局等多家单位共同投资 6000 多万元在校内共建了石油天然气钻采集输技术与装备教学科研综合平台、冶金技术与装备教学科研综合平台、国家工程中心冶金设备重点实验室、化工技术及装备教学科研综合平台、安全工程教学科研综合平台。目前,学校教学科研仪器设备总值 3.8 亿元,生均值达到 19000 元。在校外,学校与中国石油西南油气田公司重庆气矿、重庆钢铁(集团)有限责任公司等共建了 3 个国家级工程实践教育中心。另外,学校与中国石油天然气集团公司、中国石油化工集团公司、中国海洋石油总公司、武汉钢铁(集团)公司、西南铝业(集团)有限责任公司、重庆钢铁(集团)有限责任公司、美国卡万塔能源公司、国际钻井承包商协会(IADC)等百余家国内外知名企业签订了实习基地及产学研合作协议共 147 个,建立了稳定的校外实习实训基地,平均每个本科专业有 3.7 个校外实习实训基地。

(2)共建教学科研实体

学校与中国石油天然气集团公司联合共建了石油工程技术研究与培训中心;与

重庆市科学技术委员会、重庆钢铁(集团)有限责任公司、美国卡万塔能源公司联合成立了重庆垃圾焚烧发电技术研究院,开发培育出垃圾发电专业方向;与重庆市安全生产监督管理局联合举办了重庆安全工程学院,重点培养高端应用型安全工程人才。学校每年为石油、冶金行业培训8000人次,为安全行业培训12000人次,为地方技术及管理培训22000人次。

4.搭建产学研国际合作平台

学校牢牢把握自身特色优势这个战略重心,有针对性地通过各种形式与国外相关机构进行教学、科研合作,深化特色领域的合作。学校围绕"两业两域",紧扣机械、电子、化工等优势学科,先后与美国卡万塔能源公司等合作建立了重庆市生活垃圾资源化处理工程技术研究中心、重庆高校垃圾焚烧发电技术工程研究中心等2个市级中外合作国际科研平台;与美国加州大学圣地亚哥分校的钱煦教授合作成立了钱煦生物医学工程研究院,与美国哥伦比亚大学合作成立了美国哥伦比亚大学地球工程中心中国分中心,与美国卡万塔能源公司合作建立了城市生活垃圾清洁焚烧与检测技术研究中心,与美国加州大学尔湾分校共同建设了LED工程技术研究所,与墨西哥维拉克鲁斯大学共同建设了墨西哥及拉丁美洲研究中心等多个中外合作国际科研平台。近年来,学校开展各类合作项目累积获得科研经费2000余万元。其中,对外科研合作项目"大型机械炉排式生活垃圾焚烧发电集成技术及产业化"获得2013年重庆市政府科技进步奖一等奖。

参考文献:

[1]中国高等教育2012年数据[EB/OL].[2015-03-16].http://www.gov.cn/guoqing/2013-10/29/content_2584130.htm.

[2]叶欣茹.中国高等教育社会投入需求预测[D].华中科技大学博士学位论文,2005.

[3]教育部.全国新建本科院校合格评估报告(2012年度)[R].

[4]张力,马陆亭.中国特色现代大学制度建设理论与实践[M].上海:华东师范大学出版社,2013:383.

[5]余小波.大众化背景下的高等教育质量与保障研究[M].长沙:湖南大学出版社,2013:2.

[6]中华人民共和国教育部发展规划司.中国教育统计年鉴(2012)[M].北京:人民教育出版社,2013.

第八章　教学过程管理系统

第一节　人才培养方案的制订

本科专业人才培养方案是学校办学定位、专业人才培养顶层设计的直接体现,是各专业人才培养规格与目标的系统、整体设计,是行业企业需求和校内教学要求的桥梁与纽带,是师资与实验条件等教学资源配置和教学组织实施的重要依据。人才培养方案决定了专业课程的教学标准、教学内容、教学组织形式、质量评价等方面。编制好专业人才培养方案,既是全面贯彻落实我校党委和行政总结 10 年本科教学工作提出的"坚定不移走应用型之路,建设高水平特色科技大学"的要求,也是抓好、抓实全校课程建设的工作基础。编制好人才培养方案是整体提高本科教育教学质量的前提。

一、编制人才培养方案的基本思路

1.着力避免现存问题

经过梳理,我校人才培养方案以及实施工作在现阶段还存在一些问题和不足,主要体现在:一是学年学分制培养模式不利于学生的个性发展;二是学分构成不尽合理,总学分偏高,选修课学分比例偏低,人才个性成长空间有限;三是学生创新能力培养不足,实践教学学分偏低;四是教学重形式、轻效果,考核方式机械;五是课程体系不合理,部分课程的作用和定位模糊;六是相对于国家新的专业目录,核心课程设置不规范。

同时,还应注意存在的主要矛盾与困难,主要有:2012 级及其以前方案课程较高学分与压缩教学工作总量的矛盾;学分制改革要求给学生提供更大的自主学习空间与相关课程学分难以压缩的矛盾;高等教育改革及人才市场呼唤个性化人才与人才培养同质化的矛盾;教学组织形式单一与教学资源相对紧缺的矛盾;教学运行管理系统的功能与新方案需求的矛盾;较大的自主选课空间给学生选课带来的茫然性。

2.认真贯彻文件精神

教育部、重庆市和学校党政对人才培养提出了新的要求,这些要求来自若干文件。这些文件是制订 2013 级本科人才培养方案的主要依据:一是《教育部关于全面提高高等教育质量的若干意见》（教高〔2012〕4 号）；二是教育部颁发的《普通高等学校本科专业设置管理规定》（教高〔2012〕9 号）；三是教育部等七部门联合下发的《关于进一步加强高校实践育人工作的若干意见》（教思政〔2012〕1 号）；四是重庆市教育委员会颁发的《关于高等学校实施学分制的若干意见》（渝教高〔2007〕22 号）；五是《重庆科技学院关于全面提高本科教学质量的实施意见》（重科院〔2012〕100 号）。

3.探索人才培养特色

按照学校人才培养的总体定位和目标，我校的人才培养特色主要体现为：一是力求体现素质教育理念，突出工科特色，注重文理学科交融；二是重视培养和发挥学生的学习主动性，尊重学生的个性发展；三是强调培养方案与课程设置的规范性、先进性；四是考虑学分制建设的长期性和培养方案的相对延续性，注意到了培养方案的开放性、可行性，为课程体系的进一步完善和课程内容的更新留出空间；五是根据各学科的发展特点，对课程分类、知识结构进行了调整；六是按照高层次复合型创新技术技能人才培养的目标，突出能力培养与职业资格要求的衔接。

二、人才培养方案编制的基本原则

1.基础性原则

坚持课程设置与课程内容的基础性，培养学生的核心知识、核心能力、核心素养，坚持知识、能力、素质协调发展，为学生的发展打下良好的基础。

2.个性化原则

加强学分设置的弹性，提高课程修读的选择性，满足学生自主组合课程、形成个性化学习方案的要求。

3.实践性原则

进一步加强实践教学模式、实践教学环节改革，提高实践教学的学分比例，加强学生实践能力、创新能力的培养。

4.特色化原则

要以服务学生、终身学习为理念，面向"两业两域"发展，满足学生职业发展要求，培养特色人才。

5.实效性原则

课程设置要服务于人才定位，提高学生课程修读的针对性与满意度。

三、精心开展准备工作

1. 学习文件，统一思想

一是教务处自 2012 年 10 月开始组织学习教育部和重庆市教委以及学校的相关文件；二是领会学分制改革和品牌本科生培养的内涵要求。

2. 外部调研，借鉴先进

一是教务处和相关学院走访了全国近 30 所高校，查找我校人才培养方案存在的主要问题和不足；二是缩小总学分的差距，相对于我校 190～195 的总学分，大多数学校的总学分在 160～180 之间，最少的低于 150；三是基础课程设置的灵活性，多数学校的思想政治理论、大学英语等课程设置了实践环节和提升课程；四是给学生更大的选课空间，让学生享有学分制下的选择权。

3. 内部调研，查找问题

一是结合我校学分制改革试点存在的问题，教务处工作人员到各院部调研；二是针对集中的问题，干勤副校长带队先后到体育部、外国语学院、工商管理学院、法政与经贸学院等院（部）进行调研、沟通；三是分析现有人才培养方案存在的问题，讨论各类课程的结构，探索教学方式方法的改革，宣传以学生为本的教学理念。

4. 需求调查，明确标准

一是教务处开展了各专业链与产业链对接的资源调查；二是要求新的人才培养方案与对应的职业（执业）资格相衔接。

5. 征求意见，广纳智慧

一是教务处前后三次将《重庆科技学院关于制订 2013 级本科专业人才培养方案的指导意见（讨论稿）》发放到各学院，征求书面意见；二是多次反复沟通，对基础课等的改革达成共识；三是校领导、机关职能部门、相关学院多次就思想政治理论课程改革进行交流，形成了将思想政治理论课的实践环节纳入素质教育的改革方案；四是教务处组织对文件进行反复修改，形成文件审议稿。

四、明确标准定位，把握培养规格

1.明确课程分类，把握结构比例

(1)课程分类

学校进一步推进学分制建设，逐步建立符合学分制教学运行管理模式的课程分类及结构。2013级本科专业人才培养方案的课程结构由通识教育课程、文理基础课程、专业教育课程和素质教育课程4大板块组成。

①通识教育课程

按照素质教育的理念，强调德、智、体、美相互渗透，注重课程之间的综合、交叉与渗透。全校学生通过通识课程的学习，获得必要的价值观念、探究方式与能力的训练，形成合理的思维方式、准确的观察判断能力以及清晰的沟通表达能力。学分结构力求体现选修与必修、统一培养与个性发展、教学要求和学习兴趣的结合，以提高学生能力为目的，调动学生学习的积极性。通识教育课程由通识教育核心课程、通识专项课程和通识选修课程组成。

②文理基础课程

文理基础课程的建设目标是为了实施通识教育基础上的宽口径教育，并逐步向文理大类实施全校性基础教育过渡。文理基础课程按照基础性、公共性和学术性原则设置，具有完整规范的知识体系，能够使学生获得严格的学科基础训练。全校文理基础课程由人文社会科学、自然科学、经济管理、地球与生命科学等4部分组成。

③专业教育课程

专业教育课程由专业必修课程和专业选修课程两部分组成。专业必修课程传授专业核心知识和技能，以规范严谨、精练优质为建设目标。专业选修课程侧重知识的交叉跨度，强调专业的前沿信息。

④素质教育课程

素质教育课程以第二课堂为主，由思想政治类课程独立实践环节、科学与人文教育和职业素质教育3部分组成。

(2)课程结构与学分要求

各类课程结构及学分要求具体见表8-1。

表 8-1　重庆科技学院课程结构及学分要求

课程类别		课程性质	学分要求 （单位：学分）	设置说明
通识教育课程	通识核心	思想政治系列课程、大学英语	≥21	理工类专业：≥总学分的40%；经管类专业：≥总学分的38%；文法艺类专业：≥总学分的32%
	通识专项	共设大学体育、大学外语、计算机信息基础、军事理论与军政训练等4大类专项课程	理工经管：≥15 文法：≥12 艺术类专业：≥8	
	通识选修	经管类、理工类、人文类、行业背景类、艺术类	10	
文理基础课程	文理基础必修	共设人文社会科学、自然科学、经济管理、地球与生命科学等4项	理工类专业：21左右 经管类专业：18左右 文法艺类专业：14左右	
	任意选修	不限通识、文理基础、专业教育课程等，可跨学院修读	6	
专业教育课程	专业教育必修	学科专业基础课程和专业核心课	工科类专业：≤82 理科类专业：≤79 经管类专业：≤82.5 文法类专业：≤93.5 艺术类专业：≤97	
	专业教育选修	侧重知识交叉，强调专业前沿，体现学校学科专业特色	20左右	
素质教育课程		以第二课堂为主，各专业按9学分设置，其中思想政治类课程独立实践3学分，科学与人文教育4学分，职业素质教育2学分		约占总学分的5%

　　总学分要求：工科与艺术类专业为180～185学分，其他专业为175～180学分。

　　实践课学分要求：工科类专业占总学分的30%左右（其中，实验类课程不少于5学分），其他专业占总学分的25%左右。

　　通识选修课要求10学分：理工类学生须选修人文、经管类课程不少于6学分，其他专业学生须选修理工、科技类课程不少于6学分；所有学生（艺术类专业除外）须选修艺术类课程至少2学分；除石油与天然气工程学院和冶金与材料工程学院所属专业学生外，其他专业学生须任修一门2学分的行业背景课程《石油工程概论》或《冶金工程概论》。

2.明确标准定位,把握培养规格

(1)课程体系设置

我校课程体系设置为:通识教育课程＋文理基础课程＋多个专业功能模块组合的专业教育课程＋素质教育课程。每个专业功能模块由专业必修课程和专业选修课程组成,以实现某一特定方面的专业培养标准。专业功能模块的设置要尽可能发挥学校的优势,有利于凝练特色,通过专业核心标准实现矩阵,以优化和更新教学内容。我校课程体系设置方式如图 8-1 所示。

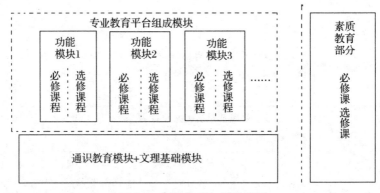

图 8-1　课程体系与课程设置

(2)课程体系设置要求

各专业应根据专业人才培养规格的具体要求,结合专业认证设置课程体系。此外,各专业还应积极考虑学生走向社会后职业生涯的可持续发展,将相关课程的设置与国内外有关行业执业要求有效衔接。

3.明确课程性质,把握学分标准

(1)理论课程学分

课程学分要体现不同性质课程的设置要求。理论课程教学按 16 学时/1 学分折算(含课带实验和上机学时);军事理论、体育课教学和理论课程中的课外学时按 32 学时/1 学分折算。每门课程的学时数原则上是 8 的倍数。

(2)实践课程学分

独立设置的实验课程按 16 学时/1 学分折算。集中专周进行的实验教学课程、生产实习、课程设计、毕业设计(论文)等按每周 1 学分计算,军政训练课程按每 2 周 1 学分计算。课内实验≥16 学时,或性质相近的一组课程其课内实验累计≥16 学时,应独立设课。

4.传承专业文化,注重实践创新

(1)学科或专业导论课程

各专业要在第一学期开设 1 学分的学科或专业导论课程,由校内外专家以专题讲座的形式组织教学。

(2)研究性课程/自主学习课程

各专业要在专业必修课程中设置 1~2 门研究性课程或自主学习课程。这类课程要以研讨或研究的方式开展教学活动。

(3)学年论文课程/综合实验课程/综合设计性课程

经、管、文、法、艺类专业均应设置一门不低于 2 学分的在课外实施的专业学年论文课程;理工类专业应结合专业教学实际,开设跨专业或跨课程的专业综合实验、综合设计性课程或学年论文课程。

(4)工程认知实习课程

经、管、文、法、艺类专业均应设置 1 学分的工程认知实习课程,内容包含石油、冶金、机械、电气、化工等工程见习、实习,以培养经、管、文、法、艺类学生的工程素养。

5.明确毕业标准,促进全面发展

(1)素质教育部分

素质教育课程以在第二课堂实施为主,在人才培养中起着开阔视野、强化能力、提高素质,进而提升人才内在品格的重要作用。

(2)毕业最低学分要求

毕业最低学分是要求学生毕业时应取得的最少学分数,低于此数不得毕业。毕业最低学分是学生修完人才培养方案中规定的通识教育课程、文理基础课程、专业教育课程和素质教育课程最低学分要求之和。

五、扎实做好人才培养方案编制

1.认真开展市场调查

各专业广泛开展了市场调研和毕业生质量跟踪调查工作,及时把握各专业相关产业技术发展及其对人才的需求,以及市场对我校毕业生质量的意见和建议。

2.建立与行业协会的联系

各专业通过与相关专业行业协会建立联系,及时了解和把握各专业职业(执业)资格要求,及其对本科人才的要求。

3.研究分析兄弟高校人才培养状况

通过对国内及市内各高校同类专业的目标定位、培养规格、课程体系等的研究分析,结合学校的办学定位、学科特色优势等,特别是结合学校开展应用技术大学战略研究和试点的实际,紧紧围绕培养技术技能人才的要求,确定各专业的目标定位、培养规格和课程体系。

4.全员参与,广纳智慧

本次人才培养方案的制订,是在总结过去近10年来本科办学经验和教训的基础上,结合应用技术大学改革和学分制改革的要求,充分发挥每位教师以及企业专家的主观能动性,凝聚全体教师智慧的工作过程;同时,也是统一认识、改革动员再出发的过程。

5.随机抽签答辩,确保方案深入人心

答辩工作是为了在专家质询和指导的基础上形成完善的人才培养方案,也是为了执行好专业人才培养方案做好思想准备、组织准备和管理准备。

专业建设水平取决于所需要的所在学院的资源分配以及指导力度、管理效率。参加答辩的人员由院长、分管教学副院长、系主任、专业负责人、教授组成。答辩前通过抽签确定主答辩人,目的是促使以上相关人员都要成为本科人才培养的明白人。

答辩重点:一是本科专业的人才培养定位与学校办学定位、专业培养目标与行业人才需求、课程设置与能力培养的符合度;二是合并、减少、新增的课程与学分变化情况;三是对执行方案所需的教学组织形式、实验教学条件等方面的新要求;四是方案执行到位的难点与重点。

最后形成的本科人才培养方案,通过课程的整合与合并,较好地体现了教学内容与职业标准的对接、教学过程与生产过程的对接,体现了关于学生知识、能力与素质协调发展的思想。

六、强化服务,编制学生学习指南

为了帮助2014级学生了解、掌握人才培养方案,科学规划个人本科学习进度,制订个性化的个人学习计划,顺利完成大学学业;为了帮助本科导师对学生开展有效的学习和生涯规划指导;为了帮助学院、系(教研室)及教务管理人员较好地把握人才培养方案改革要求,为机关职能部门资源配置提供科学的参考依据,学校从2013年开始组织编制了《2013级本科学习指南》和《2014级本科学习指南》,免费提供给全校新生、机关处室、各学院、系(教研室)和全体本科生导师。

第二节　课堂教学

一、完善制度,规范课堂教学

重庆科技学院先后制订了《教师工作条例》《理论课程教学工作规范》《关于教师新开课和开新课的有关规定》等制度,对课堂教学从任课教师资格审查、开课前准备、课堂教学环节、课后辅导答疑、命题考试、阅卷评分等所有教学环节,做出了明确规定和要求,使课堂教学管理有章可循。

学校要求新开课、开新课的教师必须全面、深入掌握拟开课程的教学内容和有关知识,教材及有关教学文件必须齐备。新开课教师必须完成一轮教学辅助工作,有 3 个月以上的与专业相关的实践锻炼经历,在开课前应在教研室内试讲 3 次以上,教学效果达到要求才可以开课。相关课堂教学管理制度包括《重庆科技学院制订教学大纲的有关规定》《重庆科技学院关于教案编写的原则意见》《重庆科技学院关于教师新开课和开新课的有关规定》《重庆科技学院听课管理办法》《重庆科技学院优秀教学管理奖评选办法》《重庆科技学院教学名师评选暂行办法》《重庆科技学院青年教师教学技能比赛暂行办法》《重庆科技学院课程安排及课程调度管理办法》。

二、信息公开,接受学生监督

1.建立信息公开制度

学校对课堂教学信息公开提出了明确、具体的要求。任何课程,在课堂教学时间内,任课教师是第一责任人,负责课堂教学的组织、秩序等管理以及教学质量。各门课程的任课教师在第一次课中必须向学生公开以下信息。

一是教师联系方式,包括主讲教师、辅导教师、实验指导教师的联系方式,提出课程学习要求,指导学习方法,明确课程辅导时间、地点、方式。

二是课程考核方式,包括课程结业考核成绩构成、考核形式、考核时间(段)、平时成绩依据以及作业、实验(实践)、期中考核要求等。

三是校企合作课程。属于校企合作共同开设的课程,相关学院(部)应提前与合作单位研讨教学内容、教学方式、教学地点、考核方式等,提前向学生告知相关准备等信息。根据教学目标与要求,需要调整教学地点或教学组织方式的,应提前办理相关手续,做到教学工作整体有序,教学组织方式灵活多样。

四是教学大纲。向学生介绍所授课程的教学大纲以及该课程在相应专业人才培养中的地位、作用,以及与先修、后续课程的关系。

五是所选教材以及该课程的参考书目。任课教师应明确要求并督促学生使用正版教材,尊重知识;各学院应组织学生领用教材,通过多种形式引导学生看书学习。

六是向学生提供课程发展的新内容、新技术、新标准等。

2.建立全方位的信息反馈制度

学校通过督导、学生教学信息员、教学信息联络员等制度,建立全方位的教学信息反馈渠道,及时、有效、准确地反馈教学相关信息,推动教学质量管理形成闭环。

一是学校成立教学督导团,学院成立教学督导组,对教学各环节进行监督检查。首先,组织开展期初、期中教学秩序检查,组织专项听课,组织开展实验教学和实习检查,定期发布检查信息;其次,校领导召开教学督导工作恳谈会,组织教学督导与青年教师座谈,这对我校强化质量意识、深化教学改革、加强教学研究、改进教学方法、促进督导团自身建设等起到推动作用;再次,督导团成员坚持到中青年教师的课堂上去听课,对中青年教师的教学质量进行监督和指导,这对提升这部分教师的课堂教学质量有很大的帮助。

二是建立了教学信息联络员制度。教务处所有工作人员组成 6 个联系小组,每两周至少一次到学院不同层面调研情况和了解意见,每月发布联络员信息反馈表,及时有效地收集、反馈教学信息,促使日常教学中各类问题的解决以及机关各部门更好地为教学服务。

三是完善了学生教学信息员制度。学校发布了《重庆科技学院学生教学信息员管理实施办法》,以建立学生教学信息中心为抓手,扎实推进学生教学信息员制度改革。学生教学信息中心的建立将拓宽教学信息的反馈渠道,确保教学信息反馈的全面性、及时性、准确性,进一步完善教学质量保障和监控体系,全面提高教学质量。

三、改善条件,保障教学要求

1.制订了教学信息化三年行动计划

(1)做好学校教学信息化规划

为满足学校发展尤其是学分制改革对教学信息化的需求,学校对教学信息化建设进行了顶层设计,出台了《重庆科技学院教学信息化建设三年行动计划(2013-2015 年)》《重科院〔2013〕64 号），确立了"学习无处不在，信息触手可及"的建设理念，明确了学校未来 3 年教学信息化建设的指导思想、目标任务、实施计划和保障措施，确保教学信息化建设工作思路清晰、目标明确、整体规划、分步实施、注重实效。

（2）应用系统建设有序推进

2013 年，教务处开展了学分学费查询系统、实验室及实践教学综合管理系统、精品资源共享课网站建设平台、新教务管理系统 4 个教学信息化应用系统建设。学生学分学费查询系统实现了选课与学分学费的实时对接和查询，极大方便了学生；实验室及实践教学综合管理系统基本实现了实验室基础数据的信息化管理、实时统计和分析，可及时了解实验资源和实验教学状态，实现实验教学的信息化管理和运行，包括下达实验任务、排课、申请实验用房、调停课等操作均可在网上完成。

2.不断完善教学条件

学校不断加大教学投入，所有教室都安装了多媒体投影仪，配备了高质量的无线扩音设备，互联网到达所有教室，所有教室和实验室都安装了空调，为课堂教学提供了良好的保障。

四、改革教学组织形式，引进优质课程资源

学校积极推进教学组织形式改革，营造有利于各类型人才培养的良好环境。一是将思想政治课的实践环节纳入素质教育实施方案，将理论与实践、第一课堂与第二课堂有机结合，促进学生的成长成才；二是实行水平证书免修制度，认可社会考试成绩，对外语、计算机等基础课程，按差别化原则实施分类分级教学，并结合学生兴趣开设提高课程，促进学生个性发展；三是拓展选修课的范围，要求各学院开设 20～30 学分的选修课，鼓励学院开新课，为学生提供选择的空间。

同时，学校引进校外优质课程资源，实行网络自主学习，推动课程教学模式改革。学校制订了视频选修课程管理办法，对视频选修课程建设和使用进行规范化管理。目前，学校已引进了 20 门尔雅通识课程，学生选课人数达 3500 余人。另外，学校将从东西部高校课程共享联盟中引进优质课程，一方面为学生提供优质的课程资源，另一方面通过对该类课程的引进，提升我校教师的教学水平，树立课程开发的理念。

五、重视评教结果，加强事故处理

学校每学期都会对教师的课堂教学质量实行专家评价、同行评价和学生评价。从备课情况、内容熟悉程度、授课精神面貌、授课内容、课时利用率、讲授思路、理论联

系实际、教学方法、语言表达、教学手段运用、仪表仪容及教态等方面评价教师的教学综合水平。教师教学质量评价的结果直接影响教师的职称评定和各种评优评先。

学校及时、严格地认定、处理教学事故，以保障教学秩序。凡是发现影响教学秩序的事件，学校都会启动调查程序，并及时召开教学事故认定委员会专题会议，通过当事人陈述、会议质询、委员投票等环节，对教学事故按照学校管理办法规定的程序严肃处理。一旦认定为教学事故，将以学校的文件下发通告并要求责任人承担相应的责任。

第三节　实践教学

一、实践教学的形式和特点

实践教学是培养大学生实践能力和创新能力的主要途径，与理论教学具有同等重要的地位，是人才培养体系中贯穿始终、不可或缺的重要环节。在工科院校的教学管理中，实践教学一般包括实验、实习（认识实习、生产实习、毕业实习等）、实训、课程设计、毕业设计（论文）、生产劳动、社会实践、科技活动等诸多实践教学环节。其形式多样，内容复杂，主要有如下特点。

第一，实践教学在时间、场地和内容等方面相对于理论教学有其特殊性。与理论教学相比，实践教学的组织实施需要投入更多的人力、物力，不仅要受到实验场所、仪器设备等条件的限制，还要得到社会、企业的支持，教学运行有更大的难度。

第二，传统的实践教学各环节大多围绕理论教学进行设置，各环节之间缺乏有效的衔接与整合，教学内容并未成为独立体系，教学过程随意性大，有待在实践中不断完善。

第三，大多数实践教学环节的考核主要是依据实验、实习（实训）、课程设计报告等成果性材料，而对实践教学过程及分析问题、解决问题的能力等过程性环节的考核注重得较少，对学生综合性、设计性、研究性实践的重视程度不高。

二、实验教学的质量保障

1.实验教学大纲定期更新

实验教学大纲是开展实验教学的基本教学文件。凡是人才培养方案中设置的实验课程，我校都制订了相应的实验教学大纲。实验课程内容与项目若有更新和增减，其实验教学大纲应及时进行修订，使其始终保持与实验内容及项目的一致性。实验教学大纲原则上每两年修订一次。

2.实验项目动态管理

实验项目是支撑实验课程的核心，实验项目的设置情况反映了该实验课程的水平与质量,凡实验类课程都必须按实验项目的方式进行管理和教学。要定期更新、清理实验项目库和完善实验项目信息,建立实验项目的建设和更新淘汰机制,规范实验教学过程的组织和管理。

实验项目的开发、建设与选用是实验教学的支柱,是实验室建设和实验设备采购的依据,是提高实验教学效果的源头。新增实验项目要以"学生需求导向、能力培养导向"为原则,强调实验项目与生产过程的对接,强化综合性、设计性实验项目的认定论证。实验项目的基本要素包括实验项目编号、实验项目名称、实验类别、实验类型、实验学时、实验对象。

实验项目类型分为演示性实验、验证性实验、综合性实验、设计性实验和研究性实验等。根据专业的特点,减少演示性实验和验证性实验,增加综合性实验和设计性实验。基础课、专业基础课多安排基本的训练和必要的理论验证性实验,专业课则应尽量多安排综合性和设计性的实验项目。

3.实验教学过程管理信息化

(1)教学任务来源

实验教学任务从教务系统对接到实验室与实验教学管理系统,任课教师登录管理系统查看实验教学任务。

(2)实验排课

实验排课在管理系统完成。排课可按实验项目、实验场地和选课三种方式进行,任课教师要根据教学任务选择排课方式,提出实验课程需要开出的实验项目、实验学时、实验场地和分批分组等信息,由实验中心主任审核实验任务,安排时间。排课遵循如下原则:一是每批次每个指导教师指导的学生人数不能超过 30 个;涉及操作复杂、有一定危险性的实验,各学院适当增配指导教师;计算机上机类课程每批次不超过 40 人。二是要求 1 人完成的实验项目,应做到实验设备 1 人一组;对需要多人完成的实验,应以能满足实验最低要求的人数分组进行实验;实验设备数量较少的,可分批次安排实验。三是跨学院实验任务,任课教师提交实验项目、实验学时后,先由本单位分管教学副院长同意,再由承担任务单位教学副院长审核同意,承担任务单位实验中心主任排课。

实验任务排完后,如若在执行过程中有时间等的变动,任课教师只需在管理系统调停课栏目里申请调课或停课,由本学院教学副院长同意,实验中心主任安排执行。

4.实验课程考核注重能力

学校开展实验教学课程考核改革,通过考核倒逼学生学习方式改变和教师教学改革。独立设置的实验课,必须单独考试,并以期末实际操作考核成绩和平时成绩相结合计分,考查学生学习的全过程。平时成绩可以包括实验预习、实验能力、实验报告、遵守纪律等情况。理论课内实验则必须有实验成绩,实验成绩单独记入总分。实验课不及格者应重修,不能补考。

5.实验教学督导常态化

教务处负责实验教学质量的宏观监控;各学院负责实验教学的实施,并负责实验教学的日常运行和质量监控。实验教学的督导方式有以下几种:一是随机抽查,主要针对教师教学的准备工作以及实验教学管理工作;二是随机听课,根据管理系统实验教学课表,检查实验教学执行符合度,听课人员填写实验课听课记录;三是召开座谈会,听取教师和学生的意见和建议。

6.教师实验教学技能提升

每两年举行一次实验课讲课比赛,交流实验课的教学方法,提高实验教学质量。按各学院选拔、学校初赛和决赛等环节,从实验准备、实验教学讲课、实验操作技能、实验报告编写和实验教学组织等方面对参赛教师进行综合考核,组织青年教师对决赛进行观摩、学习和交流,提高教师的实验教学能力和水平。

7.建立实验教学研究专门机构

学校建立了实验教学研究平台,专门成立了实验教学研究院,开展实验教学体系建设,进行实验教学育人模式、方法、途径及实验教学绩效评价研究,并指导学校实验教学内涵建设和改革。

三、实习质量保障

实习(含实训、课程设计等)是人才培养中十分重要的教学环节,是构成学生完整知识能力结构、培养学生理论联系实际能力的重要组成部分。

1.实习过程管理规范

(1)各专业建立稳定的校内外实习基地

按照应用型大学人才培养的要求,依托石油和冶金行业,与中国石油西南油气田分公司、重庆钢铁(集团)有限责任公司等单位建立了产学研合作关系,建立了4个国家级、2个市级大学生校外实践教育基地,与100多家企事业单位签订了长期的校外实习协议,极大地满足了我校各专业的校外实习教学需求。

(2)培养计划中列出的实习环节排入课表运行

各学院在学期末填报次学期的"重庆科技学院实习（实训）计划安排表"，报教务处备案。指导教师在开课前1周按照教学大纲的要求填写"实习（实训）实施计划表"，报系主任审批，学院办公室汇总后交教务处备案。填写的主要内容包括实习准备情况（含题目数量、任务书编制、学生分组等）、地点、时间安排、考核方式等。各学院提前协调落实实习地点。

(3)导师遴选有制度

学院安排教学经验丰富，熟悉企事业单位经营管理、生产过程与环节等方面的知识，工作责任心强，有一定组织能力的中级以上职称人员担任负责教师。艺术类及高风险实习按1：15～1：20的师生比例配备指导教师，其他专业按1：30～1：40的师生比例配备指导教师。

2.实习监控实行专项检查

实习结束后，负责教师应征求实习单位对该次实习的意见，组织全体实习指导教师对学生进行全面考核，要考查学生在整个实习期间的工作、学习、生活、纪律等情况，并根据实习目的要求考核学生通过实习达到的应知、应会情况，审阅实习日记、实习报告，组织答辩考察，做出书面评语，给出实习成绩。指导教师要在实习结束后2周内认真总结并填写"实习教学情况总结报告表"，总结材料中应包括实习教学实施计划的执行情况、质量分析、经验体会、劳动态度、组织纪律、任务完成情况、实习报告等。

学校在每学期初和学期末组织校院两级实习教学专项检查评估，内容包括实习的组织和管理、实习教学大纲和计划的执行情况、实习教学的质量、安全管理及其他。实习教学专项检查评估采用学院总结与现场抽查相结合的方式，组织专家深入实习基地对学生的实习情况进行抽查。

四、毕业设计（论文）质量保障

毕业设计（论文）对学生实践能力、创新精神的培养具有重要作用。毕业设计（论文）作为一个学习、实践、探索和创新相结合的综合性教学环节，是对本科生在校期间所学知识深度和广度的全面检验，也是对学生运用所学知识分析和解决本专业实际问题能力的考核。毕业设计（论文）的质量也是衡量学校教学质量、学生知识水平的重要依据。为保证本科毕业设计（论文）的质量，必须要有具体的措施，加强管理，认真抓好每一个环节。鉴于此，我校在毕业设计（论文）教学管理工作中不断探索与实践，逐步建立并形成了规范的、较有成效的毕业设计（论文）质量保障体制。

1.打破传统教学安排,提前开展选题工作

学生在校的第七学期初即开始毕业设计(论文)的动员、选题工作,明确要求,学生因此可以提前一学期进入毕业设计(论文)教学环节。这为学生能做出高水平的毕业设计(论文)提供了更加灵活的空间,又在一定程度上缓解了学生择业等对教学的冲击,增加了学生在学习时间和进度上的自主性,符合学生在此阶段的学习特征和需求。

保证毕业设计(论文)题目质量,毕业设计(论文)题目来源必须与学校资助的大学生学科竞赛和赛课计划相结合;有横向、纵向科研课题立项的教师必须将科研课题和毕业设计(论文)题目相结合;凡是属于重庆市战略性新兴产业和"6+1"支柱产业的专业,毕业设计(论文)题目来源于工程实际的比例不得少于 50%;鼓励有条件、有价值的题目,进行科技查新;鼓励外聘企业工程技术人员带题目参与毕业设计等。

严格毕业设计(论文)准入制度,清理毕业前一学期课程补考结束后所有未修完课程学分(不含人才培养方案中毕业学期应开设课程学分)累计达 15 学分及以上者,此类学生不能参与毕业设计(论文)环节。补考合格后,经指导教师和学院同意,学生向所在学院办理继续毕业设计(论文)申请,完善相关手续后方可继续进行毕业设计(论文),所在学院和专业系对其进行重点监控。

2.强化过程管理,严保设计质量

毕业设计(论文)是教师指导、学生自主进行的教学环节,学生在时间、场地等方面的自由度较大。此阶段,学生因调研、实习、择业等,不可避免地要受到外界各种因素的干扰与影响。为了切实加强毕业设计(论文)教学过程管理,保证师生对毕业设计(论文)的投入,维持良好的教学秩序,我校建立了院(系)、学校二级质量监控机制和毕业设计(论文)重复率检测制度。

(1)强化院(系)教学管理的主体地位

各院(系)处在毕业设计(论文)教学工作第一线,毕业设计(论文)各项工作要做到高质量有序进行,最终取决于各院(系)的直接有效管理。为了充分发挥各院(系)的管理职能,学校在《本科毕业设计(论文)教学与管理工作规范》中明确规定了学院、教研室、指导教师的责任与分工,严格制订了定期检查制度,完善了教学检查档案制度,并从上至下层层落实,为全面强化毕业设计(论文)教学的过程管理、确保教学质量奠定了基础。

(2)充分发挥校、院督导组的作用

为了充分、及时掌握毕业设计(论文)工作的进展情况,了解教师、学生在教学过程中的困难与问题,学校建立了校、院督导组检查指导及教学检查机制。从毕业设计

(论文)工作开始就深入到教学一线,及时了解教学进展情况,反馈有关教学信息,并及时提出指导性建议。校、院督导组分别在毕业设计(论文)的初期、中期和后期进行阶段性检查,了解毕业设计(论文)的组织管理情况、教师指导情况、学生任务完成进度和质量情况等,及时发现问题,解决问题。督导组不仅对毕业设计(论文)教学工作起到了督促、检查与监控的作用,更主要的是较好地起到了管理部门与教学单位之间进行交流、沟通的桥梁作用,并能够及时对如何改进和完善各项工作提出专业性、建设性的指导意见。

(3)通过查重,保证毕业设计(论文)的学术严谨性

学校采用中国知网"人学生论文抄袭检测系统"对本科生毕业设计(论文)进行抽检,连续2次检测未过的学生取消本次毕业设计(论文)答辩资格。"大学生论文抄袭检测系统"的运用,对进一步加强学生诚信教育、提高毕业设计(论文)质量、规范管理以及建设优良教风学风起到了积极的推动作用。同时,我校还制订了《重庆科技学院毕业设计(论文)学术不端行为检测及处理办法(试行)》。

3.建立长期有效的教学质量评价与激励机制

教学质量评价对毕业设计(论文)工作起着引导、调节、激励作用,为此,学校建立了多层面、比较完善的毕业设计(论文)教学质量评价机制。

(1)制订明确、可量化的毕业设计(论文)教学质量标准

学校针对理工科与文科毕业设计(论文)的不同特点,制订了详细而不同的毕业设计(论文)质量评估标准,为教学单位、教师和学生开展毕业设计(论文)提供了明确的工作目标和方向,成为校、院督导组和学校管理部门进行教学检查和效果评价的主要标准。

(2)毕业设计(论文)教学效果检查机制

为了加强毕业设计(论文)的过程管理,在毕业设计(论文)工作结束后,组织校督导组对各学院毕业设计(论文)资料的存档、规范化和完成质量、教师评阅准确性、学生成绩评定等方面进行随机抽检,并抽取部分毕业设计(论文)资料进行外审,及时就有关问题进行反馈与通报。

(3)建立行之有效的激励机制

为调动和激励师生在毕业设计(论文)工作中的积极性,学校每年在毕业设计(论文)工作完成后定期组织开展毕业设计(论文)评优活动,包括优秀指导教师评选、优秀毕业设计(论文)评选等。对于获得优秀的师生,由学校发文进行表彰,颁发证书,并记入师生个人档案。制度促使师生提高了责任心和上进心,提高了毕业设计(论文)的质量。

第四节　教学改革

教学改革是探索和把握高等教育发展趋势、不断提升人才培养质量的重要途径。重庆科技学院积极开展教学改革探索与实践，同时鼓励教师开展不同类型的教学改革探索与实践，取得了较好的效果。

一、人才培养模式的改革

为了深入推进学分制条件下的人才培养模式改革，不断优化课程体系，更新教学内容与改革教学方法，打造富有创新精神和实践能力的品牌本科生，我校对 2013 级人才培养方案进行了全面改革。在 2013 级人才培养方案的基础上，提出了工科类专业要符合《工程教育认证标准》相关规定的要求，培养规格要细化落实到具体课程和实践教学活动等 4 项编制要求中，强调教学计划、课程体系与人才培养目标、规格的符合度，注重人才培养特色，着力做好课程结构优化、课程设置调整、实践能力培养等方面的重点工作。2014 级人才培养方案将原先的学年学分制改革为较完善的学分制，符合学校应用技术大学的发展方向。

二、课程的改革

学校启动了基础课程的改革。首先启动了大学英语课程的教学改革，在 2013 级人才培养方案中，大学英语课程变为 8＋4＋X，给学生更多的自主权和更大的灵活度；其次启动了思想政治课程的教学改革，将思想政治课分为理论部分和实践部分，使该课程的理论与实践紧密结合，提高了思想政治课的实效。

学校鼓励行业企业专家全程参与课程设置，对各专业课程设置进行论证，根据专业人才培养规格的具体要求，结合专业认证设置课程，同时积极考虑学生走向社会后职业生涯的可持续发展，将相关课程的设置与国内外有关行业的执业要求有效衔接。

学校强调学生职业能力的培养。通过校企合作开设课程及行业企业专家参与教学活动，对课程体系进行优化整合，使学生的知识、能力、素质间的对应关系更加清晰，课程教学内容与职业标准、生产过程对接更加紧密。

改革教材预定方式,全面启用新教务系统教材在线预定功能,实现了教师网上选用教材,学生网上预定教材,极大地提高了教材信息处理的速度和准确性,学生使用正版教材的比例提高了60％,为教学质量的提高提供了保障。

三、加强考风建设,改革考核方式

学校制订了《重庆科技学院考场规则》《重庆科技学院考试(考查)违纪、作弊认定办法》以及《重庆科技学院学籍管理办法》等与考试相关的管理文件,对学生加强诚信教育和考试纪律教育,继续引导考风持续好转。

加强考风建设,一是召开考风建设专题会议,成立联合考务办公室,校领导巡考,全校纪委委员全程参与对考试的巡视。二是围绕学校的"抓考风、促学风"活动,改变了考试运行模式,围绕考试采取了一系列措施,包括教考分离、校外命题、集中排考、交叉监考、设立无人监考考场、纪检巡考等,狠抓考风建设,以考风促学风,成效显著。三是加强各类国家考试的组织管理,制订四、六级等级考试工作方案,围绕考前保密和培训,考中环境维持和考场服务、巡考的全流程,考后总结,明确各部门职责,达到考场环境好、学生心理疏导好、学生违纪作弊少的效果;针对计算机等级考试中携带手机入场等突出问题,制订专门要求、相应措施和检查制度。

改革考核方式,在学期初就制订考试方案,坚持在期中和期末集中考试。对量大面广的基础课实行统考方式,实行统一地点、统一时间、试卷密封、集体评阅、流水作业、全面复核的试卷评阅制度,且补考试卷的评阅要坚持与课程结业考试阅卷一视同仁的原则,使考风得到根本好转。

四、教学研究项目的改革

学校新修订了《重庆科技学院本科教育教学改革研究项目管理办法》,从立项范围、资助金额、结题验收、成果应用等10个方面推出了教改项目管理的新措施。经过两年的实施,教改项目的质量有了很大的提高。

近3年共批准108项校级教改项目立项,获批36项重庆市教改项目立项,其中人才培养目标与人才培养模式改革类项目共18项,占全部项目的12.5％;专业、课程建设与改革类项目共35项,占全部项目的24.3％;教学方法与手段改革类项目共34项,占全部项目的23.6％;实践教学改革与大学生创新能力培养类项目43项,占全部项目的29.9％。在此基础上形成了10个国家级教学质量与教学改革工程项目、57个重庆市教学质量与教学改革工程项目,《实施"万千百十"工程,培养行业紧缺应用型专门人才》获得国家教育教学成果二等奖,《校企协同构建基于真实工程环境实践教学体系的研究与实践》《依托行业、突出应用、建设冶金工程国家特色专业的研究与实践》获得重庆市教学成果一等奖,促进了学校教学质量与人才培养质量的提升。

五、本科教学指导委员会的改革

学校修订了《重庆科技学院本科教学指导委员会章程》,规范学校本科教学指导委员会相关工作的管理,发挥专家在本科教学工作中的作用,推进本科教育教学质量不断提升,适应人员变动后的新情况和发展的新要求。一是明确了组织性质,本科教学指导委员会是对学校本科教学工作进行研究、咨询、审议、监督和指导的专家组织;二是明确了组织形式,即建立学校本科教学指导委员会和学院(部)本科教学指导委员会,规定了各种类型人员的组成和比例以及校外专家的聘任;三是根据学科专业设置情况和实际需要,设立专门委员会;四是明确了工作职责,即对学校的教学建设、教学改革、教学管理、教学研究与质量控制等方面提出建议和意见,并提交校长办公会讨论、决策;五是完善了本科教学指导委员会的工作运行和要求等,建立了退出机制。

第九章　教学质量监控系统

　　它山之石，可以攻玉。在质量监控理论的支撑下，借鉴国外高校开展教学质量监控的成功范例，参考重庆科技学院教学质量监控体系运行的实践经验，结合地方本科院校的办学定位和办学实际，就地方本科院校内部教学质量监控系统的内涵、指导思想、基本框架和运行机制提出一些思路和建议。

第一节　教学质量监控系统的内涵

监控是行为主体为实现目的,运用相应的方法、手段促使系统朝着既定的目标发展。监控活动的主要因素包括监控目标、监控内容、监控方法。

教学质量监控是指制订严密的操作程序,通过学校全体成员的参与,收集教学条件、教学过程、教学结果等教学信息,对教学活动进行监督和控制,保证教学质量达到预期标准,直至实现教学质量稳步提升的循环过程。

教学质量监控系统是指高校以保证和提高教学质量为目的而构建的对教学过程各环节进行监督和控制的工作体系和运行机制。该系统通过收集信息—反馈信息—处理信息等程序,及时发现教学活动中存在的问题和不足,通过发挥组织系统的作用,促使各部门有效沟通、分工协作,并持续改进以不断提升教学质量。

从管理学的视角来看,建立并有效运行教学质量监控系统对高校教学工作具有积极的促进作用,它可以使教学工作过程和工作状态得到及时的评价和反馈,并灵活运用多种评价手段激励教与学中人的积极性。它还可以实现教学质量管理的科学化和合理化,使高校教学质量步入持续提升的良性循环轨道。在当前高等教育改革和发展的形势下,教学质量已经成为关系高校生存和发展的根本,建立教学质量监控系统具有相当重要的现实意义。

第二节 构建地方本科院校内部教学
质量监控系统的思路

一、两个主体：学校与企业监控并行

学校作为监控主体，关键要做到"两化"：常态化和专业化。常态化，要求对培养过程监控制度化，执行到位，持之以恒，防止时有时无，以免淡化教师的责任意识；专业化，主要指从专业目标、标准的角度监控、评估培养效果。企业作为监控主体，关键是做到准职业化，从培养方案的制订到实习实训过程与效果的监控，按国家职业资格标准进行相应评价。两个监控主体应体现"岗位能力形成以'实践'为主，理论学习以'够用'为度"的人才标准定位。

二、两条主线：理论教学与实践教学监控并重

理论教学监控有较为成熟的经验和做法，但课程建设应注重与实践的对接，质量监控标准应有体现基础技术知识、核心技术知识的课程模块的表征；实践教学监控应注重时间、场所、设备、设施的保障，注重对实践过程的技术指导与技能评价以及对毕业设计所体现的技术创新能力和学术素养的评价。

这两条主线旨在保证将理论与实践有机结合，实践教学必须贯穿教学的全过程，应根据不同的专业合理确定实践教学在整个教学计划中所占的比重；在整个教学计划中，理论教学与实践教学应穿插进行，在不同的学习阶段，对实践提出不同的要求；在每一个教学环节中，随时随地将理论与实践结合起来，使学生在做中学，在学中做，边学边做，教、学、做合一。

三、两个结合：校内评价与校外评价结合

校内，教师评价教学管理和学生学习，学生评价教学和教学管理，组织同行专家评教；校外，企业对实习实训和毕业生质量进行评价，社会中介组织对学校人才培养效果进行评价，毕业生对学校培养效果进行评价，政府组织对学校教学水平进行评估。

　　总之,构建高校内部教学质量监控系统应遵循以人为本的管理理念,实现学校发展目标和师生个体发展的有机结合,通过实现学生和教师的发展促进高校可持续发展目标的达成。在教学质量监控过程中,要充分尊重学生和教师的发展需求,积极引导学生和教师参与教学质量监控和管理,真正实现教学质量监控系统的诊断和改进功能。

第三节　构建地方本科院校内部教学质量
监控系统的基本原则

影响高等学校教学质量的因素众多,必须运用系统论的观点深入、全面地对各要素进行分析,才能科学合理地构建质量监控系统,保证监控体系有效运行并实现监控目标。运用教学质量保障的相关理论并结合实践经验可以总结出如下基本原则。

一、目的性原则

构建教学质量监控系统的首要问题是必须明确其目的是什么,需要实现怎样的效果。可以说,目的是一切活动的出发点和归宿。教学质量监控体系不是为了监控而监控,从监控系统框架的设计到监控系统运行机制的运作都必须明确目的,教学质量监控系统围绕实现这一目的而展开。对地方高校而言,建立教学质量监控系统的根本目的不是为了奖惩、控制,而是为了充分发挥其诊断功能,从而规范高校的教学工作和教学管理行为,促使和激励教师改进教学和提高管理水平,逐步提升教学质量。教学质量监控系统的目的性特征,要求地方本科院校注重发挥监控体系的诊断功能,淡化其评价、检查、论证等功能,采取有效的激励措施,调动教师和学生的积极性,激发其内在的教、学动力,使教、学成为师生的主动需求,实现由外在强制性向内在自我控制性的转变。

二、个性化原则

教学质量监控系统不具有普适性,不同类型、不同层次的高校应根据自身办学实际建立符合校情的监控系统,因此,院校内部的教学质量监控系统具有一定的个性化色彩。地方本科院校的办学定位一般是教学型大学或者教学研究型大学,服务面向定位通常是为高校所在地区的经济社会发展服务,人才培养目标定位一般是培养高素质应用型人才。地方高校的上述定位与研究型大学是截然不同的,所以,教学质量监控系统不能千校一面,制订教学质量标准、确定教学质量监控目标等必须和学校的教育理念、办学定位、人才培养目标等要素相适应。质量监控系统只有和学校的办学条件、管理现状相契合,才能保证最大限度发挥其功能。

三、全面性原则

从系统论的角度来看,地方高校内部教学质量监控应实现全程管理。教学质量监控系统的各个要素都是其重要的组成部分,它们相互联系、相互作用,实现各要素功能的最优化,从而共同构成一个达到系统最佳功能的有机整体。因此,构建教学质量监控系统应系统梳理影响教学各环节质量的因素,全面梳理体系内部各要素之间的关系,对监控全程实施有效控制。

从质量管理的角度来看,地方高校内部教学质量监控应实现全员参与。教学质量包括学生的学习质量、教师的教学质量、教学管理人员的服务质量三个方面。教学质量监控涉及学生、教师、教学管理者等诸多方面,学生、教师和教学管理者具有双重身份,他们既是教学质量监控体系运行的主动推进者,也是教学质量监控系统的被监控对象。高校应注重引导全校师生正确认识其角色和作用,积极参与教学质量监控,形成教学质量监控全员参与的良好机制。

四、前瞻性原则

育人是高校最重要的功能,地方高校的主要功能是为地方经济社会发展培养所需要的人才。如果人才培养质量得不到社会认可,不仅会造成教育资源的巨大浪费,还会对学校的声誉、社会认可度、招生就业等造成不良的影响。人才培养质量高低需要社会实践检验,因此,地方高校内部教学质量监控必须遵循前瞻性原则,采取预防为主的主动管理模式,事前积极作为。借助教学质量监控体系的各个系统对教学过程进行全程监控,查找其中可能存在的质量问题并及时处理,最大限度地规避教学质量中的不利因素,确保学生达到事先确定的人才培养目标。

第四节　地方本科院校内部教学质量
监控系统的运行机制

教学质量监控是通过相关的组织机构,依照一定的程序,采取恰当的方法、手段对影响教学质量的各个要素和环节进行协调、控制,保证其规范有序运行,不断提升教学质量的闭环过程。这一闭环过程构成了教学质量监控的完整体系,并在多个子系统的相互作用、协同运行下发挥其质量保障功效。

基于对教学质量监控理论知识的研究,在借鉴重庆科技学院和其他同类型高校教学质量监控工作实践经验的基础上,建议地方院校内部教学质量监控系统应涵盖如下子系统:目标系统、组织系统、制度系统、标准系统、信息收集系统、评价系统、调控系统。各个子系统通过相互作用、相互影响,共同构成完整有效的监控体系。

一、目标系统

目标系统旨在明确建立教学质量监控系统的目标是什么。教学质量监控目标一般应根据学校办学定位、人才培养目标、人才培养方案进行拟定。高校的教学质量监控总体目标应遵循高等教育人才培养规律,结合学校办学定位和专业人才培养目标,致力于不断提升人才培养质量。各专业教学质量监控目标是落实专业人才培养方案中预定的各项培养目标。

二、组织系统

组织系统应明确实施教学监控的主体及主体的职责和管理方式。一般来说,主要涵盖专家组织(学术委员会、教学委员会)、行政组织(教学管理部门、教学单位、教研室)和监控组织(从事督察、监控、评估或评价的组织)。督导团指导学校、二级学院两级教学督导机构开展工作,监控组织行使学校教学质量监控职责,教务处等相关职能部门和二级学院行使教学质量管理职责。通过各部门分工合作,形成了以学校相关职能部门、二级学院和学生教学信息员为主体的全员参与的教学质量保障(管理和监控)体系。

三、制度系统

科学完善的制度是进行教学质量监控的依据。通过制订和完善相关制度规定，明确教学质量监控主体的职责，规范教学质量监控工作，改进人才培养工作。制订科学合理的教育制度必须遵循以下要求：符合高等教育人才培养规律，符合国家相关政策法规，符合高校办学实际，符合学习认知规律和大学生生活规律。从教学质量监控角度出发，一是必须建立完善的教学管理制度，这是保障教学质量的基础，同时教学管理制度的实现情况和教学管理水平是质量监控的重要内容；二是必须建立教学质量监控制度，明确规定监控主体、监控方法、监控程序等内容，保证质量监控体系有序运转。

四、标准系统

标准系统是评价高校教学管理和教学质量的依据。标准是质量监控进行价值判断的准则，也是教学与教学管理主体开展工作的行动指南和参照体系。不同的高校在办学定位层次、人才培养目标等方面存在差异，质量标准也应分类制订。地方本科院校的教学质量标准必须符合其办学水平和办学特点，用于指导开展教学、教学管理、教风学风等方面的检查工作。

五、信息收集系统

占有大量真实、有效的信息是开展质量监控的基础，也是保证质量监控高效运行的前提条件。信息收集系统主要通过教学检查、听课、信息员制度等方式开展工作。信息采集要注重多元化评价主体，必须沿着质量监控体系的环节展开。教学检查通常是学校通过日常教学检查、各种专项教学检查和集中教学检查等方式获取有效的教学质量信息和反馈，及时发现并解决教学过程中存在的问题。听课主要是领导干部和管理人员深入教学一线，了解教学工作实际状况，开展教学检查、指导和服务工作。信息员制度主要是通过学生信息员积极收集教师课堂教学、实践教学、考试等方面的教学信息，在固定时间间隔内通过反馈系统向相关职能部门进行反馈。

六、评价系统

评价系统应根据制订的教学质量标准，对学校的教学和教学管理活动进行价值判断和分析。学校主要通过开展常态性的教学工作检查（期初、期中及期末教学检查）和专项评价（课程教学质量评价、实验室建设专项调研、学风调研）等方式对教学过程的主要环节和关键要素进行评价与监控。评价工作要注重发挥教师和学生的主体作用，鼓励教师和学生在教学过程中进行真实有效的评价，发现教学中存在的问题。教学质量与评估办公室在充分收集各方意见的基础上对教学、学风状况等进行评价和分析。

七、调控系统

调控系统应及时地对教学和教学管理中所发现的问题进行调整直至改进，从而提升人才培养质量。学校应建立教学质量信息反馈机制，相关部门应将收集到的有效质量信息及时反馈到二级学院和相关职能部门，整理分析存在的问题，提出整改建议并及时反馈。二级学院根据相关建议，有针对性地解决问题，改进教学和教学管理工作。

第五节　地方本科院校内部教学质量监控系统的探索

教学质量监控系统是形成教学质量保障机制、体现学校质量保障运行特点的重要部分,它很普遍、接地气,描述又是很琐碎的。但是,这种平凡、常态的运行机制决定了一个学校是否真正使教学质量保障落地生根、开花结果。本节将对重庆科技学院的教学质量监控工作实践经验进行介绍。

一、健全监控组织

1.成立教学质量与评估办公室

为了更好地实现对教学的监控,根据管理需要灵活开展各项教学质量专项评估,学校新成立了教学质量与评估办公室,以"校内第三方"定位,实施监控、评价职能,实现管评分离,专职对教学环节和人才培养效果进行监控与评价。其主要职能是:开展校内教学质量保障体系建设;组织校内的各类教学质量专项评估;采集分析全校教学基本状态数据;组织专业认证与评估;撰写学校质量年度报告;协助教学考核、评价工作。

2.健全教学指导委员会

首先,调整教学指导委员会人员结构,实行"三三三"制,校、院领导占1/3,教授、骨干教师占1/3,行业企业专家占1/3。其次,调整教学指导委员会职能,培养方案中实践教学体系设计、实验室建设、实习实训基地的选择与共建方案以及实施措施由行业企业专家主导制订,其他成员审议其可行性和合理性,提出修改意见。借助行业专家之智力支持是充分体现依托行业办学的行为之一。

3.健全产学合作委员会

为了借助行业企业实践平台,深化校企合作,促进技术技能型人才培养,学校产学合作委员会调整职能,在实习实训监控方面加大力度,负责组织校内各教学单位与实习实训基地、企事业单位、政府有关部门的实习实训联络和工作协调,负责与合作企业共建实习实训基地,负责反馈实习实训基地对实习学生和学院建设的意见和建议。同时,负责建立行业企业专家数据库,按行业领域分类管理,服务学校人才选聘。

委员会实行年会制,对学生实习实训情况进行审议为年会首要议题。

二、增加监控内容

1.重视实践教学环节监控

通过产学合作机制,发挥自身优势,主导负责监控实习实训环节的同时,企业还参与学校人才培养方案的制订、实施实践教学、制订实践环节的质量评价标准。开展实验实习教学专项检查,针对实践教学监控薄弱的问题,教务处提出了"实践教学课的主要工作岗位应该在实验室和实习实训基地",实现了对实践教学过程的常态化监控;特别是校内实训课,不定期邀请行业企业专家进课堂、进实验室,对教学内容及教学方法进行"把脉",有助于实现课程教学与就业岗位的无缝对接,提升学生的职业能力。开展实验室评估调研,针对实验室建设、运行和绩效三方面进行调研,总结成绩与经验,发现问题,并提出整改建议,促进学校实验室建设及运行管理。

2.重视学生学习过程监控

开展自习检查,学工部每周一次对早晚自习纪律、人数进行检查通报,自习室安装监控系统,随时掌握自习动态。监控课堂学习情况,学校教学督导人员、校院领导听评课增加对学生学习纪律、参与程度、学习效果的评价。开展学风调研,教学质量与评估办公室每年组织一次学风调研,有关学生学风情况的内容包括学习动力、学习态度、学习纪律、学习兴趣、学习效果、学习困难、自我拓展、实习实训满意度等,掌握学风动态,提出有针对性的建议。

3.重视教育教学效果监控

通过调研,对教学管理服务、专业学习、实习实训、用人单位进行满意度测评;横、纵向比较毕业率、就业率、英语过级率、计算机二级通过率、考研率的变动情况,及时发现问题;实习结束后由企业指导教师考核并填写鉴定报告;进行毕业生质量跟踪调查和用人单位满意度测评,将意见及时反馈给各职能部门和教学单位。

三、创新监控方式

除了传统的学生信息员、教学督导、教学监控形式外,学校还加强信息化建设,创新监控方式。例如,学校目前正在进行教学信息系统与教学评价系统升级,建立学生信息工作站,在教室安装监控系统。为获取全面的数据,深入教学一线和学生中开展调研,进行教学专项评估。在教学信息采集与反馈中,力求保证及时性、针对性、有效性。

四、建立自我评估机制

由教学质量与评估办公室牵头,组建校内外专家组,围绕人才培养过程、教学建设和人才培养效果三个方面开展自我评估,初步建立了自我评估机制。

关于人才培养过程评估,学校每年组织开展课程教学质量评估和学风教风评估,内容覆盖教学、学习、管理、服务全过程。教学建设评估包括教学状态数据常态监测、专业竞争力评估和实验室绩效调研评估等。关于人才培养效果评估,主要委托第三方开展毕业生质量跟踪调查和用人单位需求及满意度测评;同时,学校每年撰写年度质量报告,全面分析当年人才培养的效果、经验与不足。

五、引入第三方评价

社会评价是教学质量监控不可或缺的部分,学校除了引导企业参与人才培养的监控和评价外,还积极引导、参与由其他社会中介组织对学校人才培养质量的评价。如参加重庆市教育评估院组织的专业竞争力评估,委托麦可思数据(北京)有限公司进行毕业生质量跟踪调查、用人单位满意度测评和社会需求调研,收集毕业生与用人单位对学校人才培养的意见和建议。

经过几年的探索与实践,重庆科技学院基本建立起符合高素质技术技能型人才培养目标定位的,适应人才培养模式改革和教学改革需要的,学校、企业、社会共同参与的"自我分析,他方评估,多方参与,全面监测"的质量监控体系,有力地促进了学校的改革、建设与发展,取得了突出成效。

六、构建教学质量监控体系的思考

1.建立科学的教学质量评价标准是监控的前提

教学质量评价标准是有效进行教学质量监控的基础。学校在不同发展阶段对教学质量的要求不同,评价标准也会不断发生变化。在实际监控过程中,有的教师质疑标准的科学性和客观性,对标准中"清晰、合理、满意、显著、效果好"等描述根据主观理解进行赋分表示质疑。教育学中对"教学既是一门科学,又是一门艺术"的定性,必然使得教学质量评价标准具有很大的弹性,标准和权重的确定具有相当大的主观性和模糊性。在无法控制评价主体理解弹性的情况下,只有控制标准的权威性,这样在管理学意义上才具有可行性。所以,教学质量评价标准的制订,应该由学校教学指导委员会吸收教师代表与行业企业专家共同参与。

2.实践教学环节是教学质量监控的重心

培养技术技能型人才,充分的职业能力训练是最基本的途径,也是学生职业能力提升的关键。在人才培养过程中,对实践教学环节的监控因受条件、实际工程环境等因素的限制而成为一个薄弱环节,因此,质量监控的重心应放在对实践教学环节的监控上。

3.教学评估是教学质量监控的重要举措

教学质量监控因面广、量大、点杂,具体的监控行为只能局限在某个区域。而教学评估因为使用了现场参与、查阅资料、访谈、考查等多种手段,保障了监控效果的真实性、全面性,所以,进行教学评估是质量监控的重要举措。

4.职业资格制度和准入制度是教学质量监控的动力

职业资格是从事某种职业所应具有的最低程度的知识、技能和相关素质等要求。因为企业行业是制订职业资格标准的主体,其用人标准可以直接通过资格标准传递到高校,因此,职业资格制度和准入制度可以促进企业与高校的紧密结合。

5.强化企业在教学质量监控中的责任意识是亟须破解的难题

学生在企业的实习实训是培养实践能力非常重要的环节,但学校对此的监控难度却很大。如何确保实习实训的质量?强化企业对质量监控的责任意识就显得极为重要。不难发现,企业"订单式"人才培养的监控要求比较严格,除此之外,学校很难对企业监控的责任意识产生影响。寻找共同利益点,通过利益进行制衡是强化企业监控责任意识的重要方法。在学校与企业利益无法产生交集的情况下,通过政府途径的政策优惠和利益让渡,引导企业主动参与到人才培养的过程中,这在德国应用型科技大学中已有成功的做法。

第十章　教学质量评估系统

　　在我国高等教育逐渐迈向大众化的今天，如何稳定和提高本科教学质量，实现高等教育的可持续发展，已成为备受社会关注和亟待研究的课题。通过评估，敦促高校提高水平，达到保证教育质量的目的，是各国的共同做法。经验证明，评估是保障高等教育质量的有效措施。[1]

第一节 本科教学质量评估体系

教学质量评估是以一定的质量标准对教学行为、教学条件及其属性进行质量判断的活动。它是现代教育管理的重要职能。教学评估对教学改革发展及人才培养质量具有甄别、导向、激励和调控作用。高等教育教学评估本质上既是政府或社会对高校实施宏观控制的一种重要手段，也是高校审视自身办学质量的重要方式。尽管各国的评估主体、评估机构、评估方法各不相同，但主旨都是一致的，即引导各高校领导重视本科教学工作，改善教学条件，加强教学管理，深化教学改革，努力办出特色，提高教学质量，使之适应并超前于经济的发展，并提供更多的高质量人才，更好地为国家建设服务。

一、本科教学评估的意义

教学评估是评价、监督、保障和提高教学质量的重要举措，是我国高等教育质量保障体系的重要组成部分。通过评估，推进高校教学改革，提高人才培养质量，增强本科教学主动服务经济社会发展需要和人的全面发展需求的能力，促进政府对高校的宏观管理和分类指导，引导高校合理定位、办出水平、办出特色，促进社会参与高校人才培养和评价、监督高校本科教学质量。[2]

本科教学评估的目的是全面提高教学质量和办学效益，促进学校发展。教育部在关于本科教学评估的文件中指出："通过水平评估进一步加强国家对高等学校教学工作的宏观管理和指导，促进各级教育主管部门重视和支持高等学校的教学工作，促进学校自觉地按照教育规律不断地明确办学指导思想，改善办学条件，加强教学基本建设，强化教学管理，深化教学改革，全面提高教学质量和办学效益。"因此，为了切实提高教学质量，促进学校发展，我们必须提高认识，重视评估。

2011 年启动的新一轮本科教学评估是在我国高等教育步入大众化阶段背景下展开的，对于保证高等教育质量、探索具有中国特色的高等教育质量保障体系具有历史性意义，主要体现在以下几个方面。[3]

1.推进学校转变办学指导思想，确立本科教育基础地位

在高等教育大众化、国际化、信息化的背景下，高等学校教育教学管理面临着很多新情况、新问题，致使高校本科教学的基础地位动摇。通过教学评估，可以推进学

校转变教育思想观念,明确办学指导思想,确立本科教育基础地位,增加教学经费投入,促进教师重视教学,营造全员关心教学、关心学生的良好氛围。

2.推进学校总结过去,规划未来特色发展

通过评估,可以推动参评高校总结过去,规划未来。总结办学历程、理顺办学思路的过程实际上是一个检验、凝练办学思想的过程,是一个逐步统一思想认识的过程。依据本轮评估指标的要求,逐步形成具有时代特征和自身特色的办学定位,推动学校自身的发展。

3.推进学校改善教学基本条件,提供良好的育人环境

高校大规模扩招以后,基本教学条件、教学资源建设跟不上扩招的速度,无法满足教学需要,严重制约和影响着教育教学质量。评估方案提出的各项要求,促进参评高校以评促建,千方百计加强建设,教学条件得到明显改善。

评估指标对教学条件有明确要求,高校要一一对照,努力去达到要求,所以,评估有助于增加经费投入,改善办学条件。一方面,督促学校自己调节经费使用的方向,增加教学方面的投入;另一方面,推动政府增加投入。

4.推进学校加强师资队伍建设,从源头上保障教育教学质量

我国高校招生规模的不断扩大,导致教师数量与质量达不到基本要求;同时,大批学生涌进高校,青年教师数量增长迅速,又带来了学风、教风问题。面对这些问题,参评学校通过增加教师数量、改善教师结构、提高教师素质、加强师德建设等措施,力求从源头上保障教育教学质量。

5.推进学校加强制度建设,建立符合校情的教学管理规范

各高校根据本校实际情况,依据国家标准,积极建构高校内部质量保障体系,形成高校内部质量保障的长效机制。通过评估,可以有力地促进高校内部质量保障体系的建立。

二、我国本科教学评估的历史与现状

我国有组织的高校教学评估活动,兴起于 1985 年颁布《中共中央关于教育体制改革的决定》之后,已走过 20 多年的历程,其间开展了富有成效的工作和研究,并取得了令人瞩目的成果。1985 年 11 月,我国启动高校办学水平、专业、课程的评估试点;1994 年,教育部对改革开放后设立的本科院校教学工作进行了合格评估;1996年,对进入"211 工程"建设的高校本科教学工作开展了优秀评估;1999 年,对办学历史较长的本科院校教学工作进行了随机性水平评估;2002 年,原三种评估自行废止,统一为普通高等学校本科教学工作水平评估。[4]

国家第二期《2003—2007 年教育振兴行动计划》将高校教学评估作为一项制度加以确立,明确提出建立周期性评估制度,开展五年一轮次的高校教学评估。2003—2008 年期间,共有 589 所普通高校接受了教育部组织的高校本科教学工作水平评估。

在对首轮高校教学评估经验和教训进行系统全面的梳理与总结、对国际高等学校评估经验进行借鉴的基础上,2011 年,教育部正式发布了《关于普通高等学校本科教学评估工作的意见》(教高〔2011〕9 号),对新一轮高校教学评估工作做出了全面规定。

新一轮高校教学评估提出"建立健全以学校自我评估为基础,以院校评估、专业认证及评估、国际评估和教学基本状态数据常态监测为主要内容,政府、学校、专门机构和社会多元评价相结合,与中国特色现代高等教育体系相适应的教学评估制度"的基本框架。同时,强化高等学校质量保障的主体意识,完善校内自我评估制度,建立健全校内质量保障体系;国家对高等学校实行分类的院校评估,促进高等学校办出特色;鼓励开展行业用人部门深度参与的专业认证及评估,增强人才培养与社会需求的适应性;充分利用信息技术,建设高等学校教学基本状态数据库,实现本科教学质量常态化监控;借鉴国际评估的先进理念和经验,加强国际合作与交流,鼓励在相关领域开展国际评估,提高本科人才培养质量和评估工作水平;按照中央和省级政府两级分工负责以及"管办评分离"的原则,形成科学合理、运行有效的评估工作组织体系。[5]

我国高等教育质量监测和保障体系正在逐步形成。从实践情况看,本科教学工作水平评估取得了很大的成绩,但同时不可忽视评估中存在的问题。从总体来说,评估如何着眼于提高教学质量;软指标如何"硬化",体现区分度;对不同层次的学校如何实行分类指导等,都是值得研究的问题。就学校而言,如何正确认识评估和把握评估的总体目标;如何根据本校情况确定整改重点;在迎评过程中,如何坚持实事求是,处理好创新与规范的关系,鼓励教师大胆进行教学改革等,亦是需要探讨的问题。[6]

三、本科教学评估的主要内容与基本形式

关于本科教学评估的主要内容和基本形式,新一轮评估意见中提出了以下五个方面。[7]

1.院校评估

院校评估包括合格评估和审核评估。合格评估的对象是 2000 年以来未参加过院校评估的新建本科学校;审核评估的对象是参加过院校评估并获得通过的普通本科学校。

合格评估的重点是考察学校的基本办学条件、基本教学管理和基本教学质量,学

校服务地方经济社会发展的能力和应用型人才培养的能力,学校教学改革和内部质量保障体系建设和运行的情况。评估结论分为"通过""暂缓通过"和"不通过"三种。"通过"的学校5年后进入审核评估。

审核评估重点考察学校的办学条件、本科教学质量与办学定位、人才培养目标的符合程度,学校内部质量保障体系的建设及运行状况,学校深化本科教学改革的措施及成效。审核评估形成写实性报告,不分等级,周期为5年。

2.学校自我评估

高等学校应建立本科教学自我评估制度,根据学校确定的人才培养目标,围绕教学条件、教学过程、教学效果进行评估,包括院系评估、学科专业评估、课程评估等多项内容。高等学校应特别注重教师和学生对教学工作的评价,注重学生学习效果和教学资源使用效率的评价,注重用人单位对人才培养质量的评价;要建立有效的校内教学质量监测和调控机制,建立健全学校本科教学质量保障体系。学校在自我评估的基础上形成本科教学年度质量报告,在适当范围内发布并报相关教育行政(主管)部门。学校年度质量报告作为国家和有关专门机构开展院校评估和专业评估的重要参考。

3.教学基本状态数据常态监测

高等学校要充分利用信息技术,采集反映教学状态的基本数据,建立高等学校本科教学基本状态数据库。高等学校对数据库数据要及时更新,及时分析本科教学状况,建立本科教学工作及其质量常态监控机制,对社会关注的核心教学数据须在一定范围内向社会发布。国家建立全国高等学校本科教学基本状态数据库,充分发挥状态数据在政府监控高等教育质量、社会监督高等学校人才培养和本科教学评估工作中的重要作用。

4.专业认证及评估

在工程、医学等领域,高等学校应积极推进与国际标准实质等效的专业认证,要与行业共同制订认证标准,共同实施认证过程,体现行业需求,强化实践教学环节,并取得业界认可。同时,我们也鼓励专门机构和社会中介机构对高等学校进行专业评估。

5.国际评估

我们鼓励有条件的高等学校聘请相应学科专业领域的国际高水平专家学者开展本校学科专业的国际评估,努力探索与国际高水平教育评估机构合作的模式,积极进行评估工作的国际交流,提高评估工作水平。

第二节　合格评估

合格评估是国家对 2000 年以来未参加过教学工作评估的各类新建普通本科学校(包括经国家正式批准独立设置的民办普通本科学校)开展的一种本科教学评估形式。所有新建普通本科学校(以下简称"新建本科学校")在规定期限内必须参加。这些学校通过合格评估后将进入审核评估的范围。

2000 年以来组建的本科学校已成为全国普通本科院校的一支重要力量,但这些学校开办本科教育的时间较短,办学条件相对较薄弱,管理水平有待提高,这些因素直接影响了教育质量的提高。所以,对这批学校开展本科教学工作评估非常必要。开展合格评估可以起到鉴定和诊断的作用,通过专家把脉,能够帮助学校发现教学工作中存在的问题并有针对性地给予改进建议。开展合格评估还可以起到引导作用。新的评估方案中有很多引导性指标,如领导作用、产学合作教育、教学方法与学习评价、学生指导与服务等,通过这些评估指标的导向作用,引导学校更新教育观念,明确发展方向和目标,深化教学改革。合格评估还具有激励和督促作用,能够促进学校不断改善办学条件,加强教学管理,建立自我评估制度,完善内部质量保障体系,形成教学质量的自我约束和监控机制。另外,对新建本科学校教学工作开展合格评估,体现了国家对高等教育进行分类指导的方针。教育规划纲要明确指出:"发挥政策指导和资源配置的作用,引导高校合理定位,克服同质化倾向,形成各自的办学理念和风格,在不同层次、不同领域办出特色,争创一流。"[8]

重庆科技学院是全国首批采用分散进校方式开展合格评估方案调研工作的新建本科院校之一。2010 年 5 月 5 日至 6 月 5 日,教育部高等教育教学评估中心在重庆科技学院进行了为期 1 个月的"本科教学工作'调研性'合格评估",在全国首批试点采用评估专家"分散式"进校的评估方式。5 位专家根据分散进校调研的特点,在认真研读和分析学校的自评报告及本科教学状态数据库的基础之上,制订了进校调研的工作计划和重点,带着问题到学校开展了独立的调研考察工作。专家在学校分散式评估调研时间累计 20 天,在学校集中总结和意见反馈时间为 1 天。

专家组在分散进校评估调研期间,通过听、看、访、谈、查、审等方式对学校本科教学工作进行了全面系统的考察,触及学校工作的方方面面。5 位专家以不同的方式对 5 位校领导进行了 15 次访谈和交流；走访了教务处、学生处、人事处等 11 个部门，专题访谈部门负责人 9 人次；走访了石油、冶金、电子等 11 个院系，访谈院系领导和教研室主任 25 人次，并对 9 位专业带头人进行了重点访谈；召开了各种座谈会 6 次，参会师生与校友 106 人次；实地考察了 22 个实验室和 5 个产学研合作办学基地，并对图书馆、体育运动场地、学生宿舍、学生食堂的条件、管理和运行情况进行了全面调研；随机抽听了 17 门课程并与授课教师进行交流；随机抽查了 16 门课程的 1363 份试卷和 446 份毕业设计（论文）；认真查阅了学校的相关支撑材料；考察了学生上自习、课外体育文化活动情况。6 月 5 日，5 位专家集中与学校中层正职以上干部交换了意见，为学校的建设发展提出了许多真知灼见。

一、合格评估工作体会

1.评建过程是基础

常态是过程的反映，没有过程的常态就不会有真正的常态。从学校合并建本科开始，我们就一直以教学工作水平评估方案作为建设合格本科院校的标杆，立志把它作为我们尽快达到国家基本要求的标杆，将评建工作内化为学校自身建设和发展的需要。为此，重庆科技学院于 2004 年 9 月正式组建，2006 年就正式启动了本科教学工作评建工作，到 2009 年 9 月，学校先后组织校内外专家开展了 3 次自评工作，尤其是 2009 年 10 月学校被确定为评估调研学校后，评建方向更加明确，评建工作更加深入，学校各项工作都迈上了新的台阶。到 2009 年底，学校占地面积近 2000 亩，新建校舍约 50 万平方米，教学科研仪器设备总值 1.42 亿元；958 名专任教师中具有高级职称的比例达到 38%，具有硕士以上学位的比例达到 67%，其中具有博士学位的教师 109 人；国家高等教育教学成果奖、国家精品课程、国家特色专业等质量工程建设成效显著；近 3 年来，本科毕业生一次就业签约率始终位居重庆市本科高校的第一位。正是这些实实在在的评建成效，使全校师生员工深切地感受到评建工作对学校发展的重要性和必要性，从学校领导到普通教师和学生，都自觉地参与到本科评建工作中来，达成了共识，形成了工作常态和心理常态，基本做到了无论什么时候评、无论谁评、无论以何种方式评、评与不评都一个样。也正因为我们多年的常态建设，准备充分，基础扎实，学校对做好调研工作充满了信心。

2.领导心态是关键

领导的心态决定调研的状态。虽然我们经过多年的常态建设，可以自信地面对调研，但是本次调研工作毕竟是对学校的办学水平、本科教学工作及人才培养质量的全面检阅,直接关系到学校的发展和社会影响力,学校领导班子,尤其是党政负责人作为调研工作的第一责任人,没有压力是不可能的。一旦这种压力释放不当,就会以层层加码的形式,传导给教师和学生。因此,学校领导的心态是保证调研工作常态开展的关键。

正确认识,准确定位,才能保持高质量的常态。学校领导班子多次专题研读评估方案和自评报告,认真领会普通高校本科教学合格评估方案调研工作培训会精神及"十不准"的要求。领导班子一致认为,第一,我校能作为调研学校,尤其是分散式进校调研方式的试点学校,是教育部和重庆市教育委员会对我们的信任,责任重大,使命光荣,我们有责任和义务在教育部高等教育司和高等教育教学评估中心的指导下,积极配合专家,做好调研工作,探索好的做法,形成好的经验,为我国本科教学评估工作做出贡献;第二,这是促进学校科学发展的良好机遇,学校与专家不是对立面,而是做好、做实调研工作不可缺少的两个方面,我们必须以一种积极的、平和的心态,配合专家做好调研工作,在专家的指导下,查找问题,分析原因,厘清思路,认真整改,为全面进入第二战略发展期打下坚实的基础;第三,这是宣传学校、展示学校的好平台,我们要以调研工作为契机,认真总结6年来的本科办学成绩、优势、特色、经验和教训,凝心聚力,圆满完成第一发展战略期的目标与任务,提升学校的品质,扩大学校的影响。

不回避问题,不给师生施压,才能体现出反映过程的常态。如果领导层心态不好,那么实施工作就极有可能走样。我们一直坚持有问题不可怕,只要分析清楚原因,明确整改措施,体现评建过程和进步,做好自己的本职工作,就是对调研工作的最好贡献。比如,近3年来,我校的教学事故有81起,我们就在自评报告中如实反映,并深刻分析了原因。如果领导心态不正,不敢反映甚至造假,不仅会增加师生的负担,而且会招致师生对调研工作的对立情绪,更不利于建立和坚持常态。

3.精心组织是保障

一是研读指标,做好自评。要保持常态,必须做到心中有数,这就需要认真研读指标体系,理解其内涵,并在此基础上认真撰写好自评报告。通过班子集体研读、校长宣讲、专家辅导、中层干部集中培训、各单位职工大会宣讲、部门和院系结合工作来学习等方式,吃透指标体系内涵和上级部门要求,用指标体系来指导评建工作,并经过15次易稿,完成了4.2万字的自评报告。通过研读指标体系和自评报告,基本做到了心中有数。

二是"三抓一促",彰显常态。常态不是不作为,更不是松懈。借调研的东风,将学校的各项规章制度更好地落实下去，将评建的成果巩固下来，将该规范的行为规范起来，将一些突出的问题解决好，将计划开展的活动开展好，使调研工作与学校日常工作和要求紧密结合在一起，相辅相成，相得益彰，这就是常态。为此，学校提出了"三抓一促"的要求，即抓建设、抓整改、抓运行，促规范。整个调研期间，全校师生员工都正常工作、学习和生活，整个校园宁静祥和。"深入抓党建，强力促三风"，课堂教学质量年、体育文化节、59周年校庆等多项大型活动均按计划进行。同时，学校还成功承接了中共重庆市委宣传部和重庆市教育委员会主办的"中国红·青春中国心——走进大学"启动盛典活动。

三是精简机构，高效运行。根据分散式进校调研的特点，本着精简、高效、低调的原则，学校制订了专家接待方案和宣传应急预案，成立了由党政办公室、宣传部、学生处、教务处、后勤处、保卫处等几个主要职能部门负责人组成的协调指挥工作组，负责专家进校后的组织协调工作，由评估建设办公室人员直接负责专家的接待和接受专家的指令，为专家独立自主工作提供方便。参与接待工作的人员大幅度减少，使学校绝大多数师生员工的工作、学习和生活不受影响。

四是严肃纪律，风清气正。专家在校期间的吃、住、行严格按照"十不准"的要求执行，不搞任何特殊。如专家考察、听课、走访、用餐等，主要由1名普通工作人员引导，涉及的单位或部门安排1～2位负责人或相关人员负责接待、汇报。接待工作完全尊重专家的意愿，细致、周到、热情、简朴，配合但不干扰专家工作。做好宣传工作应急预案，不宣传，不动员，一切工作都在常态下开展。同时，专家在校调研期间严格要求自己，评估中心全程跟踪纪律执行情况，使整个调研期间风清气正，广大师生反映很好。

二、合格评估整改及成效

2010年10月25日，教育部高等教育教学评估中心向学校反馈了《普通高等学校本科教学工作合格评估方案调研专家组考察报告》。专家组充分肯定了学校本科教学工作取得的成绩，并就有关问题提出了中肯的整改意见和建议。学校党委和行政高度重视，及时召开了专门会议，认真研究专家组的考察报告，于11月1日形成了《重庆科技学院本科教学合格评估整改方案》。一年来，学校坚持"以评促改，以评促建，以评促管，评建结合，重在建设"的20字方针，以加强学科专业内涵建设、探索应用型本科人才培养模式改革和师资队伍建设为重点，以科学构建内部教学质量保障体系为主线，分析问题，明确任务，改革创新，求真务实，扎实开展整改工作。

1.整改工作的指导思想与基本思路

(1)整改工作的指导思想

以科学发展观为统领，以《国家中长期教育改革和发展规划纲要(2010—2020年)》为指南，坚持"以评促改，以评促建，以评促管，评建结合，重在建设"的20字方针，以凝练学科专业特色、打造本科教育品牌为重点，以科学构建内部教学质量标准和保障体系为主线，以求真务实的态度加强本科教学建设与改革，努力开创本科教学工作的新局面。

(2)整改工作的思路

全面总结，明确任务。根据专家组的意见，结合学校自评自建中查找到的问题，全面总结，认真梳理，找准主要问题，立足当前做整改，着眼长远定规划，围绕学校第二战略发展期建设特色鲜明的科技大学的目标，提出整改内容。

立意高远，六个结合。领导主抓与全员参与相结合；巩固成果与整改提高相结合；解决当前急迫问题与着眼未来发展相结合；整改工作与日常工作相结合；整改方案与学校"十二五"规划相结合；整改提高与突出创新相结合。

加强领导，分工负责。评建领导小组主抓，部门牵头，学院配合，分工负责，整体推进，阶段检查，重在落实。

2.整改的措施与成效

(1)科学制订第二战略期发展规划和"十二五"发展规划，进一步明确目标，统一思想

学校于2010年底开始起草两个规划[《重庆科技学院"十二五"改革和发展规划(2011—2015年)》和《重庆科技学院第二战略发展期改革和发展规划纲要(2010—2020年)》]，经过全校各个层面的广泛征求意见、大讨论、大学习和大宣传，于2011年11月18日提交第二次党代会审议通过。两个规划的制订过程实质上是一个统一思想、凝聚人心、谋划学校科学发展的过程。通过宣传，"特色科技大学"的办学目标、"行业性、地方性、开放性、应用型"的办学定位和"314"的发展思路已在全校深入人心，形成共识，为第二战略期的发展奠定了良好基础。

同时，在学校总规划的基础上，各二级单位分别制订了师资队伍建设、学科建设、专业建设、实验室建设等子规划和分规划，对规划任务进行了分解，并配套形成了规划实施过程中的检查评价制度，确保学校规划认真执行和落实。

(2)创新体制机制，不断推进和深化学校内部治理结构改革

通过广泛调研、充分论证，学校于2010年底颁发了《关于进一步深化和完善校内

管理改革实施学院制的决定》《关于推进二级学院实体化运行的实施办法》《关于实行学院制改革重组二级学院的方案》《关于进一步深化和完善机关改革的方案》以及相应的配套制度,启动了院系学院制、机关大部制的体制改革。学校管理重心下移,对学院实行目标责任制管理,形成职责明确、管理规范、权责统一、监督到位的运行机制意义重大。规范二级学院管理权力的使用,以资源有偿使用配置办学资源,保证了学校各项政策的落实和权力的有效行使,并同期进行了第三届中层领导干部换届工作。

从 2011 年起,学校实施二级学院领导班子考核和机关工作年度考核,较好地激发了二级单位的积极性和创造性,形成了校部职能部门宏观管理、组织协调和服务保障功能进一步有效发挥,以及二级学院党政权力、学术权力和民主管理权力更加协调的良好局面。

(3)继续坚持"人才强校"战略,加强师资队伍建设

学校强调引进与培养并重,扎实推进师资队伍建设的"双百工程""教学名师工程",深入实施"重科人才计划""特聘教授计划""卓越学者计划""团队培育计划""青年教师三个经历计划";先后颁发了《重庆科技学院学科带头人和学术骨干资助计划实施办法》《关于选拔优秀中青年骨干教师公派出国深造的实施办法》《关于进一步提升中青年教师工程实践能力的实施意见》等文件,大力实施教学能力提升工程、工程实践能力提升工程、教师国际化工程、青年教师博士化工程,实施辅导员"三专"建设,投入 1000 万元滚动资助 66 个创新团队,连续 5 年每年投入 500 余万元资助优秀中青年骨干教师出国深造,教师能力不断提升。近 3 年来,面向国内外柔性引进了 5 名"两院院士"、长江学者和国家级教学名师,聘请了"巴渝学者"1 名,聘请兼职教授29 人。

(4)大力推进内涵建设,打造特色专业

制订学校"十二五"专业建设规划,厘清专业建设思路与目标;坚持"有所为,有所不为"的原则,严格专业申报程序,在专业建设中突出特色与优势。

积极开展卓越工程师教育培养试点。2011 年来,学校被教育部批准为卓越工程师教育培养计划试点单位,石油工程、冶金工程等 5 个专业为试点专业。学校同时在校内启动了多个专业的试点工作,积极探索高级应用型人才培养模式。

确保教学经费的投入,切实加强教学平台建设。学校新增教学科研仪器设备值年均达到 2000 多万元,教学科研仪器设备总值 2.6 亿元,建成国家级实验教学示范中心和国家级虚拟仿真实验教学示范中心各 1 个。通过产学研合作,学校打造了独具特色的 3 大综合性跨学科实践教学资源共享平台,即石油天然气钻采集输技术与装备综合实践教学平台、冶金技术与装备综合实践教学平台、化工过程与装备综合实践

教学平台,前两个平台已于 2010 年底投入使用,第三个平台 2012 年建成。学校对每个新建实验室均进行绩效验收检查,同时清理修订实验指导书,不断完善实验与实践教学内容,试点全面实施开放,实践教学平台在应用型人才培养中的作用得到进一步发挥。

精心组织实施质量工程。合格评估以来,学校对校级以上质量工程的建设情况进行全面检查,推进建设,同时积极组织申报新的质量工程,新增国家级质量工程项目 8 个、重庆市质量工程项目 15 个。学校获批立项国家级、省部级各类质量工程项目达 68 项。

继续推进产学合作,合作发展打开新局面。我校坚持构建以行业背景为特色的学校、政府、企业之间的互惠双赢模式,建立了产学研合作的长效机制。以 2011 年 60 周年校庆为契机,我校成立了产学研合作工作委员会和产学研合作专业(指导)委员会,组建了 68 个校友分会,校领导带队走访行业企业、行业协会等近 1000 人次。重庆市人民政府与三大石油公司签署了共建重庆科技学院的协议;我校与武汉钢铁(集团)公司、重庆钢铁(集团)有限责任公司、西南铝业(集团)有限责任公司签署了战略合作协议;先后与中国石油天然气集团公司、中冶赛迪工程技术股份有限公司、重庆海润节能技术股份有限公司、中国银行重庆分行、重庆美的暖通设备销售有限公司、中国航天科工集团零六一基地等签订产学合作共建协议,获得企业共建资金近 3000 万元。

(5)进一步深化人才培养模式改革,培养应用型人才

深入实施"万千百十"工程。"万千百十"工程即覆盖全校上万人的大学生实践能力培养工程:构建以实践能力培养为核心的人才培养方案;强化教师的工程实践能力;打造特色实验实训教学平台;实施覆盖万名学生的"双证制"。覆盖数千人的大学生学科竞赛工程:坚持推行赛课计划,实施大学生创新奖励学分制度,以赛带课,以课促赛。覆盖百人的大学生科研训练工程:以"大学生科技创新研究训练计划"为载体,每年投入专项经费,鼓励成绩优良的学生以团队的方式在教师指导下开展科技创新项目研究。覆盖十人的大学生创新研究培育工程:每年重点资助 5～l0 项思路新颖、目标明确、具有创新性和探索性的创新人才培养资助计划。

构建以能力培养为核心的人才培养方案。学校把 2011 级人才培养方案的制订作为第二战略发展期开局的大事来抓,进一步明确了应用型人才的标准和培养途径,实现"两个全过程,六个充分体现":广大教师深度参与人才培养方案调研、论证、修订全过程,行业企业专家参与人才培养方案调研、论证、修订全过程;充分体现学校的培养目标定位,充分体现社会实际需要与学生发展,充分体现行业企业专家全程参与,充分体现广大教师的广泛参与,充分体现知识体系的深度论证,充分体现产学合作教育理念。

大力开展教学方式方法和考核评价的改革。从 2010 级开始,学校加强因材施教和分流培养,实行了分级教学和专业试点班教学改革,对大学英语、高等数学、计算机、大学物理等量大面广的公共基础课进行分级教学;同时,在部分专业组建卓越工程班,对学生进行分流培养,探索应用型人才培养模式。学校开展以案例教学法为主的教学方法改革立项,首批立项 72 门,启动基于 CDIO 的项目教学改革,聘请专家开设讲座,并在部分专业开展试点;要求 3 学分以上的课程实行期中考试,引导教师采取多种方式相结合综合考核评价学生学业,加强试卷库建设,加大教考分离力度。目前,公共基础课已基本实现由教务处抽题考试。

积极搭建学生成长成才平台。学校实施"五大工程",即职业生涯规划工程、素质培养工程、能力培养工程、阳光关爱工程、思想政治教育"四进公寓"工程;建立了国家资助、学校扶助和学生勤工自助"三助"机制;深入开展以"六个一"为主要内容的大学生社会实践活动,扎实开展创新创业教育,积极搭建学生成长成才平台。一年来,3 万余人次学生参加了各类实践活动,激发了学生知行合一实践成才的热情。合格评估以来,我校组织学生参加各级各类竞赛,获国家级奖项 150 余项、省部级奖项 180 余项。生源质量和毕业生就业质量稳步提高,第一志愿录取率和报到率不断创历史新高,第一志愿录取率和毕业生初次就业率分别保持在 96% 和 90% 以上,在重庆市普通本科院校中名列前茅。

(6)学科建设再上新台阶,科研工作取得新突破

学校以学科建设为龙头,完善、优化学科布局,凝练学科方向,加大重点学科建设,形成了以石油与石化、冶金与材料、机械与电子、安全与环保等为特色,以工为主,理、工、经、管、文协调发展的学科群。学报编辑质量和水平不断提高,社科版影响因子列全国大学学报(学院类)前列,为学科建设和科研工作提供了良好的平台。2011年,我校 2 个重庆市"十一五"重点建设学科顺利通过验收,获得重庆市"十二五"重点建设一级学科 2 个、二级学科 2 个;获批成为国家"工程硕士专业学位研究生试点工作单位",石油与天然气工程、安全工程两个领域获准招收硕士研究生,实现了新建本科院校研究生教育的重大突破,学科建设上了新台阶。

学校坚持以成果转化为导向、应用技术研究为重点、平台团队建设为抓手、产学研结合为途径,积聚企业和学校各种资源,做大做强科研工作。学校建成重庆市工程技术研究中心 2 个、国家发改委省级重点实验室 2 个,获得省部级以上成果奖 3 项、重庆市科技创新团队 2 个;国家基金项目、国家科技支撑计划项目、国家 863 重大项目等高级别项目均实现了零的突破并持续增长,实现重庆市科技进步一等奖的突破,年科研经费突破亿元。

(7)教学管理更趋规范,质量监控机制进一步健全

完善教学规章制度,加大执行力度。一年来,学校修订了教学管理规章制度,包括教学事故认定处理办法、学科竞赛管理办法、五大教学规范、二级学院教学考核办法等;同时,加大检查监督力度,定期进行信息通报。另外,学校还加大考核力度,进一步提高学校及学院教学管理水平。学校修订二级学院教学工作考核办法,新制订了教师教学工作业绩考核办法,对促进教学及教学管理工作逐步实现规范化和科学化起到良好的推进作用。

建立常态评估机制,反馈教学信息。2011 年,学校设置了教学质量保障工作的二级管理机构——教学质量与评估办公室,形成了教学管理运行与教学质量评价两条线的管理模式,教学质量与评估办公室、教务部门与院(部)三位一体的教学质量组织保障体系。教学质量与评估办公室将结合学校实际情况,针对教学工作、专业建设、教学质量等建立专项评估机制,适时引入第三方开展毕业生质量调查,将日常建设、运行与评估结合起来,加强对二级单位教学工作的宏观管理、调控和指导,促进教学质量的全面提高。

经过整改,评估中发现的问题得到了有效解决,整改方案中拟定的各项具体任务得以全面落实,办学条件进一步改善,师资队伍建设取得新的进展,学科建设成效显著,教学管理和质量监控再上新的台阶,教学质量稳步提升,学校知名度进一步提高。

2012 年 11 月 3 日至 4 日,教育部高等教育教学评估中心领导及合格评估专家对重庆科技学院本科教学合格评估整改工作进行检查。通过听取汇报和实地考察,专家组认为,重庆科技学院领导班子的驾驭能力和组织管理能力很强,学校的发展思路非常清晰,推出的每一个举措和工作环节都非常严谨、周全,整改效果非常明显,真正体现了"以评促改,以评促建,以评促管,评建结合,重在建设"的评估工作 20 字方针。学校目前的状况令人兴奋,不仅跟上了国家在提高高等教育质量整体要求方面的步伐,而且走在了新建本科院校的前列。

第三节 高校自我评估

高等学校自我评估是院校评估制度的基础。自我评估是高等学校对自身的教育质量进行自我检查与评价。我国高等学校正在逐步建立以提高质量为目标的学校本科教学质量保障体系,高等学校通过自我评估促进质量文化的建立,强化质量是高等教育生命线的意识,营造不断提高质量的氛围;通过自我评估建立完善有效的质量监控体系,对决定人才培养质量的教学过程以及教学资源进行系统有效的管理,使其符合学校确定的人才培养目标要求。高等教育的人本性要求其密切关注学生的学习体验和学习效果,密切关注用人单位的评价和社会认可度,提升学校教学工作的满意度水平。新的院校评估制度规定,高等院校在自我评估的基础上形成本科教学年度质量报告,学校年度质量报告是院校评估的重要参考,在适当范围内发布并报相关教育行政(主管)部门。[9]

根据合格评估整改要求,2011 年 10 月,重庆科技学院成立二级机构——教学质量与评估办公室,作为校内本科教学质量管理的第三方机构,按照"以评促改,以评促建,以评促管,评建结合,重在建设"的评估方针要求,以教学评估和常态数据监测为重点,学校、专门机构和社会多元评价相结合,先后组织开展课程教学质量评估、教学基本状态数据采集与分析、毕业生质量跟踪调查、本科教学年度质量报告撰写,及学风教风调研、实验室绩效评估调研工作,督促、指导、考核各单位教学质量保障举措及效果。经过几年的评估实践,学校基本形成"自我分析,他方评估,多方参与,全面监测"的教学质量自我评估机制,全面推进本科教学质量保障体系建设,推动本科教学持续改进。

一、专业评估

专业建设是高等学校的一项综合性、系统性、长期性的基础建设,是高等学校的强校之本,是高等学校发展的一项长期战略性任务。而专业评估作为一种有效的工具,利用可行的评估手段,通过定性与定量分析,找出专业建设中的优势和不足,明确建设的目标和方向,提升专业内涵发展,为高等院校专业建设规划、专业布局、各专业人才培养目标等方面进行科学决策提供依据。重庆科技学院于 2014 年初启动专业评估与认证工作。

1.评估原则

(1)导向性原则

专业评估应以《普通高等学校本科专业目录和专业介绍》《工程教育认证标准》《卓越工程师教育培养计划通用标准》等文件为依据，引导各学院对专业建设和专业教学进行自我诊断、自我改进和自我完善，促进各专业自建自评和打造特色。

(2)统筹性原则

专业评估应与教学管理、师资建设、招生就业、学生管理等工作结合起来，充分发挥校内职能部门的功能，尽量参考职能部门的数据结论，减少重复劳动和重复评价。

(3)针对性原则

专业评估要以学校办学定位和人才培养标准为导向，以地方社会经济文化发展需求为依据，以学校现实条件和可提供条件为基础，强化分类指导，有针对性地评估专业发展的关键要素。

(4)结合性原则

专业评估要体现"以评促建，评建结合"的思想，强调定性评估与定量评估相结合、专业评估与常态数据监测相结合。

2.评估对象

根据专业建设发展的不同阶段及专业特点，校内专业评估分为三类：新专业建设评估(有3届以下毕业生的专业)、工程教育认证评估(有3届以上毕业生的工科专业)、非工科专业建设水平评估(有3届以上毕业生的非工科专业)。

3.评估标准

有3届以上毕业生的工科专业以中国工程教育认证协会发布的《工程教育认证标准》为依据进行评估；其他专业依据《重庆科技学院专业标准》，由教务处与教学质量和评估办公室组织各学院进行评估。

4.组织实施

教务处根据《普通高等学校本科专业目录和专业介绍》《工程教育认证标准》《卓越工程师教育培养计划通用标准》《重庆科技学院专业标准》等文件要求，组织开展各类专业建设。

各二级学院对照教育部专业设置标准、专业认证标准及学校专业评估方案、专业建设办法，认真开展专业建设。

教学质量与评估办公室负责本科专业评估的组织,专业评估方案的制订,自评自建阶段的协调、检查、指导和服务,专业状态数据的采集及分析工作。

二、课程教学质量评估

课程教学是学校的基本教学活动,也是人才培养的中心环节。课程教学质量直接决定了人才培养的质量,课程教学质量评价是学校开展自我评估、提高教学质量的重要举措,是实施新一轮绩效分配制度改革"优劳优酬""打破身份管理"的重要依据,同时也是学院制改革的重要抓手。通过开展课程教学质量评价,及时反馈信息,促进教师改进教学内容和教学方法、手段,提高教学质量,并为教师岗位聘任、职称晋升、绩效考核、评优评先等提供重要依据。重庆科技学院于 2012 年,实现了课程教学质量评价工作的常态化。

1.加强政策导向

学校充分发挥"以评促改,以评保管"的导向作用。学校层面,修订相关制度,将评教结果作为教师绩效考核、评优评奖、职称评聘等的重要依据,明确评教排名的要求;学院层面,将评教结果应用于绩效考核,对排名靠前的教师进行奖励,对排名靠后的教师进行帮扶,实现鼓励先进、帮助后进的目的,充分发挥评教的激励功能,最终实现改进教师教学工作、提高人才培养质量的目标。

2.优化评教网络系统

学校对现有评教系统进行完善,使其功能更完备、操作更便捷。学校实行网上评教前"一分钟阅读",由系统控制来督促学生学习评教,正确对待评教,对自己负责,对教师负责。另外,在评教系统中添加教师职称、年龄、学历等基本信息,以便进行相关分类统计分析。

3.评价方式多样化

除了网上评教,学校还辅以不记名问卷调查、座谈会、个别交流等多种方式,全面准确收集学生评教信息,弥补网上评教的不足。同时,将定量评价与定性评价相结合,重视学生主观评价中对教师的建议。

4.科学处理评教信息

学校重视对评价数据进行科学统计和分析,对原始数据进行取舍,剔除奇异样本数据,采用标准分等统计学方法消除不利的影响因素;对主观意见进行归类,以便了解学生对教师教学状况的真实看法;细致统计各项指标评分,深入剖析评教中反映出的教师教学状况。

5.建立良性的沟通机制,引导教师积极进行教学反思

学校建立了良性的沟通机制,让教师及时了解自己的评分情况,看到自己的优点与缺点,积极进行教学反思。学校还引导教师不要一味地将原因归咎于学生评教的主观、随意,应冷静思考,积极反思,有则改之,无则加勉,不断提高教学水平。教师应意识到教学不仅仅是传授知识,还应处理好与学生的关系,"严管"的同时更要"厚爱"和"善诱";加强与学生的沟通交流,给学生表达自己想法的机会,激发学生的学习兴趣,营造一种民主、轻松的课堂氛围,注重学生的反应和课堂效果。

三、本科教学质量分析

编制并发布本科教学质量报告,是高等学校开展自我评估、建立健全高等教育质量保障体系、完善高等学校信息公开制度的一项重要工作;是高等学校进一步增强社会责任意识、回应社会关切的重要体现;也是高等学校向社会展示自身风貌和办学特色、宣传办学理念和教学成果的重要途径。《国家中长期教育改革和发展规划纲要(2010—2020年)》指出:"建立高等学校质量年度报告发布制度。"2011年7月,教育部高等教育司发文,要求"985工程"高校率先公布2010学年本科教学质量报告。

重庆科技学院于2012年开始编制并发布本科教学质量报告,围绕本科人才培养工作的关键要素,主要分析以下内容。

1.学校基本情况介绍

介绍校史、学校定位、培养特色、教育理念、专业设置、学科门类、本科生源质量情况等。

2.师资与教学条件

描述学校师资队伍数量及结构情况,生师比、本科生主讲教师情况,教授承担本科课程情况,教学经费投入情况,教学用房、图书、设备、信息资源及其应用情况等。

3.教学建设与改革

分析教学过程中各主要方面和关键环节,包括专业建设、课程建设、教材建设、教学改革等,还包括培养方案特点、开设课程门数及选修课程开设情况、课堂教学规模、实践教学、毕业论文(设计)以及学生创新创业教育等。

4.质量保障体系

阐述学校人才培养中心地位落实情况,校领导班子研究本科教学工作情况,出台的相关政策措施,教学质量保障体系建设、日常监控及运行情况,本科教学基本状态分析,开展专业评估、专业认证情况等。

5.本科教育成果

呈现学生学习满意度、应届本科生毕业情况、学位授予情况、攻读研究生情况、就业情况、社会用人单位对毕业生评价、毕业生成就等。

6.特色发展

介绍学校近年来在本科生教育和管理方面的创新尝试。

7.需要解决的问题

针对影响教学质量的突出问题,分析主要原因,提出解决问题的措施及建议。

为了尽量提高报告发布数据及相关内容的真实性,学校参照了国外高校通常的做法,引用了第三方评价,即通过专业的第三方机构对学校的毕业生质量、用人单位满意度等情况进行专项的调查,然后将这些调查数据融入整个报告当中,从而增加报告公布数据的真实性,更加客观地呈现人才培养效果。

质量报告的发布采取多种方式。校内通过组织学校、学院讨论、学习等方式,让广大师生了解、关注教学质量,对存在的问题提出建议。同时,报送政府主管部门,通过在学校网站发布、宣传等方式,向社会公开,接受监督。

四、其他专项调研评估

问卷调查、数据分析也是评估的常见方式。对学校的某些专项工作,在评估标准或评估时机不成熟的情况下,可以采取调研方式了解现状,发现问题,提出改进建议。近年来,重庆科技学院先后开展学风调研、实验室绩效调研、学分制实施满意度调研、高等数学教学改革调研等多项工作,作为自我评估的有力补充。

1.学风调研

学风是一所大学的灵魂和气质,充分体现着学校师生员工的精神面貌和行为风范。为了深入了解我校学风现状,掌握学生的学习、生活情况,增强学风、教风建设工作的针对性和实效性,促进学风建设,从 2011 年开始,学校每年都开展学风专题调研。

(1)调研内容

根据对教、学、服务三个方面的过程梳理,选择与学生学习和教师教学的效果关系紧密且对其产生影响的若干方面作为调查重点,具体分解为以下几个方面的内容:师生对我校学风的认识和评价;学生的学习现状;学生素质拓展的状况;学校教学管理与服务保障的现状;教学评价(评教、评学、评管)的状况;学生自我管理及社会责任感的现状;师生对学风建设的建议。

(2)调研指标构成

第一,学风内在因素,包括以下几个方面:学风认识与评价,包括学风评价、学风优劣归因、学风建设等;学生学习现状,包括学习动力、学习态度、学习习惯、学习纪律、学习兴趣、学习效果、学习困难;学生素质拓展状况,包括拓展意愿、拓展渠道、拓展效果;学生自我管理状况,包括心理调适、社会责任感。

第二,学风外在因素,主要包括以下几个方面:教学管理,包括过程分析、组织管理等;服务保障,包括实验室管理、实践满意度、服务满意度;教风,包括教学态度、教学能力、教学方法、教学工具、教学效果、师生交流、教学期待、德育教育(见图 10-1)。

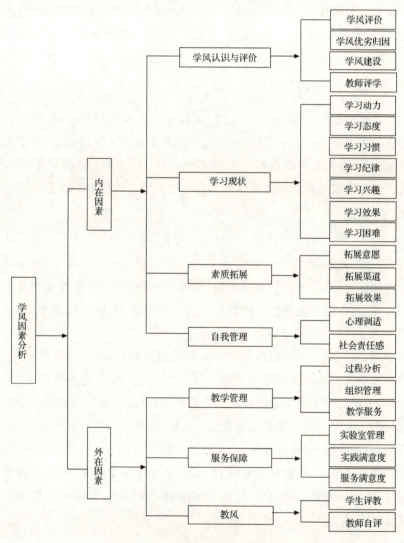

图 10-1　学风调研框架及指标体系

(3)调研方式

第一,网上问卷调查。通过网上发布问卷进行调查,收集师生对学风、教风的评价及建议。

第二,现场调查。对学生自习及课堂出勤率、图书馆借阅量、寝室自习和图书馆的上座率等情况进行现场调查。

第三,师生座谈、访谈。针对学风、教风中的重要问题和需要求证的问题采用座谈、访谈等形式,听取个性化对策与建议。

第四,相关数据分析,包括教务处成绩分析,即补考率(全校、学院、与其他同类学校比较)、补考率高的课程、毕业率、授位率;公共基础课(统考课)成绩分析;图书馆借阅书籍分析,即借书量、种类、学生比例、学院情况;网上评教数据分析,即评教情况、与问卷评教数据对比分析;教学日常运行状态数据分析。

2.实验室绩效调研

实验室是学校教学、科研的重要支撑,实验室工作水平是教学、科研及管理水平的重要标志。为了进一步了解实验室建设、管理及实验设备使用现状,不断推进实验室建设管理水平,提高实验设备利用率、实验开出率,2013年5月至7月,教学质量与评估办公室组织完成了对全校二级学院实验室建设管理的专项调研工作。

(1)调研组织

2013年5月,教学质量与评估办公室制订了《实验室调研方案》,组建了由教学质量与评估办公室、教务处、总务处相关人员参与的调研工作组。以2012年两个学期的教学运行数据为基础,采取了数据采集、专家组现场考察、问卷调查和师生座谈访谈等多种方式,在全面了解学校实验室建设现状的基础上,主要针对学校2008年至2011年间投资的51个实验室建设项目开展了调研。

调研期间,学校成立了由校内外专家及教学质量与评估办公室、教务处、总务处相关领导参加的实验室调研现场考察组。在2008年至2011年投资的51个实验室建设项目中,按照每个工科类学院抽取2个项目、每个文科类学院抽取1个项目的原则,考察组深入12个二级学院相关实验室,对19个项目的实验室建设、实验设备利用、大型仪器设备管理、规章制度建设、实验教学运行管理等情况进行调研考察,并现场召开实验教师座谈会,了解实验室管理、实验仪器设备使用保养、实验教学运行的情况,以及需要求证或了解的问题,同时听取学院、师生对实验室建设管理成效的介绍和意见、建议。

（2）调研内容

本次实验室调研从实验室建设、管理、教学、服务等方面进行梳理，选择与其密切相关的因素作为调研指标，具体包括：

第一，实验室建设管理，即实验室立项流程、职能部门职责、建设实施进度、实验室验收等情况；

第二，实验室综合管理，即管理规章制度、设备操作规程、实验室档案管理、账卡物相符度、仪器设备完好率、维护维修记录、单价 10 万元以上大型仪器设备管理与利用、实验室专职人员结构及实验室环境安全等情况；

第三，实验教学，即对照实验室建设项目申报书考察实验室功能发挥情况，包括实验室实验项目开设、承担教学任务、学生科技创新、科研及社会服务等情况。

（3）调研效果

通过本次调研，专家组认为，学校高度重视实验室建设工作，仪器设备投入的经费不断增加，贵重仪器设备建设的总量和速度也在不断增长，教学科研人员的实验能力及管理水平不断提高，实验室的建设有了长足发展。本次调研总结了各学院在实验室管理、实验设备利用、实验项目开发、实验队伍建设等方面的亮点及值得推广的经验，同时也发现了实验室建设中存在较严重的重申报、轻使用的现象，实验室建设流程不清晰、绩效验收环节缺失、设备到位不及时、大型设备利用率不高、设备共享机制不健全、实验技术队伍缺乏激励机制等突出问题。

各专项调研之后，形成专项调研报告，教学质量与评估办公室向校长办公会汇报，并在全校组织学习，就存在的问题向相关职能部门及教学单位反馈，并推进整改，形成持续改进机制。

第四节　第三方评估

社会组织第三方评估又称社会评估,指公民个人、社会团体、社会舆论机构、中介评估机构等通过一定的程序和途径,采取各种方式,直接或间接、正式或非正式地评估学校的教育活动。第三方教育评估机构作为协助开展教育评估的非官方机构,具有中介性、独立性、专业性及公正性等特点,有效协调了政府、社会和高校三者的关系,在高等教育的决策、质量管理环节以及信息流动中发挥了导向作用。

重庆科技学院于 2011 年开始引入第三方教育数据咨询和质量评估机构——麦可思数据(北京)有限公司,持续开展毕业生跟踪调查和用人单位需求及满意度测评。对评估中发现的问题,向各教学单位及时反馈,促进整改,不断提高人才培养质量。

一、毕业生质量跟踪调查内容及框架

毕业生质量跟踪调查的目的主要是为了了解本校毕业生一年后的短期就业能力与培养质量的社会评价。调查根据以下几个方面来测量和评价,帮助发现教学和培养过程中的问题并加以改进:毕业一年后的基本去向、就业数量、就业质量;毕业生对就业现状、母校教学、学生工作和生活服务的满意度;职业与行业的竞争优势与对地区经济的贡献;毕业一年后基本工作能力和核心知识在工作中的重要度和满足度,在校期间的价值观提升;毕业生对课程设置的有效性评价,学业成绩对就业的影响;毕业生的在校体验,对社团活动的满意度;毕业生对本校就业指导与求职服务的有效性评价。其基本调研框架和指标体系如图 10-2 所示。

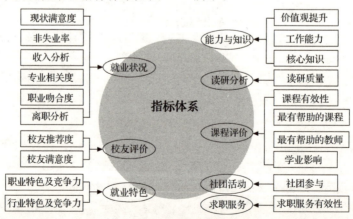

图 10-2　毕业生质量跟踪调查框架图

二、用人单位需求调查

由第三方组织对本校毕业生的主要用人单位进行调研,反馈本校应届毕业生用人单位的主要招聘渠道、招聘需求、录取决定及对本校应届毕业生的使用评价和满意度,反馈本校应届毕业生离职情况及原因;由用人单位对本校应届毕业生的工作能力、知识水平进行测评,预测未来对本校各专业毕业生的需求。这些信息可帮助高校调整专业结构、改进培养内容和方式,提高毕业生的就业能力。

用人单位需求调查应了解本校用人单位的需求状况,包括过去的聘用情况、过去没有聘用的理由及未来招聘计划;了解本校用人单位聘用应届毕业生的理由;了解本校用人单位对应届毕业生的基本工作能力需求;了解用人单位对本校应届毕业生的使用评价;了解用人单位与本校合作的状况和方式;了解用人单位希望本校提供的招聘支持。其调研框架与指标体系见图 10-3。

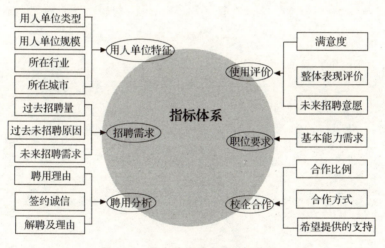

图 10-3　用人单位需求调查框架图

由于评估工作的执行主体是与评估对象利益不相关的第三方组织,第三方评估能有效地避免教育系统内部评估在公信度方面的不足,从而增强评估的透明性。同时,评估立场的中立性能够最大限度地保护评估对象的利益,使评估对象免受行政因素干扰,从而较大限度地保证评估数据的客观性。但第三方评估的功利目的、短期效应及缺乏个性一直是学界反思的焦点。教育质量很大程度上体现在人的能力、品德、性格等层面,体现在人的潜在能力和未来行为的改变上。与人有关的这些要素,虽然可以通过工具来测量,用数据加以描述,但是数据无法准确描述人的潜在特性和发展趋势。更何况,各学校定位、目标及特色各有不同,用同一个指标无法客观反映。因此,在对教育质量进行评价时,始终存在一种"测不准"的现象。[10]

　　针对以上问题,为了使评估更符合学校实际、评估结论更具指导性,学校在委托麦可思数据(北京)有限公司评估的过程中,全程参与。全面采集学校、专业及师生的原始信息,确定重点分析专业,对不符合学校实际情况的评估指标或结论与麦可思数据(北京)有限公司共同分析原因,并改进评估。针对评估比较宏观、对专业指导性不强的情况,学校以数据为基础,深入分析各专业的具体指标,发现问题并提出改进举措。

第五节　本科教学常态数据监测

教学状态数据是在一系列教学活动中形成的能够反映日常教学运行和教学管理质量的一些基础性的可量化的数据,是反映高校教学工作运行状况和教育质量的重要依据之一,也是一所高校办学水平、办学实力的重要体现。建立校级教学基本状态数据库系统,并以此为平台构建科学合理的教学质量监控和评价体系,将更有利于提升学校的管理水平,提高人才培养的质量。

一、校级教学基本状态数据库的基本要求

校级教学基本状态数据库的内容,既要考虑到与教育部的"高基表"的对接,也要考虑到与各类教学评估指标体系相对应,更要考虑到本校的实际情况与本校的教学管理和质量监控相适应,真正满足学校信息化建设的需要。因此,数据库的内容,既要有宏观的统计分析和判断,又要有微观的数据处理和报表形成;既要有"硬数据",也要反映"软数据"。[11]

1.与全国高校教学基本状态数据库系统相衔接

教育部高等教育司和教育部高等教育教学评估中心于 2007 年底开始着手建设"全国高校教学基本状态数据库系统",该系统的研制工作由华中科技大学、中山大学和北京师范大学承担。2011 年 6 月,教育部高等教育教学评估中心发布了新出台的"本科院校教学基本状态数据采集培训材料":《全国高校教学基本状态数据库用户手册》《全国高校教学基本状态数据库填报表格》和《全国高校教学基本状态数据库系统数据项内涵说明》。从上述材料所列的数据项来看,全国教学基本状态数据库的内容较以前变得更加丰富和全面。作为校级教学基本状态数据库系统,应与国家层面的数据库系统相衔接,以方便数据及各种报表的链接、上报。

2.与各类教学评估指标体系相对应

校级教学基本状态数据库系统研制的主要目的之一是为高校教学工作评价服务。因此,数据库各项指标的确立,应根据各校自身的实际情况,充分参考各级各类教学工作评价的数据要求,如教学工作合格评估、水平评估、专业评估及学校内部的

院系教学评估等,在实现与上级评估指标体系相一致的同时,更能满足学校自身日常教学评估及质量监控的需要。

3.以学校的信息化管理系统为依托

随着现代信息技术的发展,各高校都在加紧建立和完善数字化校园,把各种原来相对独立的办公系统、人力资源系统、教学管理系统、学生管理系统、资产管理系统、图书管理系统等有机整合,形成规模庞大的网络数据资源和信息化管理系统。校级教学基本状态数据库的建设,就应该以此为依托,提取相关的数字及信息资源,或直接成为数字化校园的一个重要组成部分,这样可以充分发挥网络数据及信息资源的共享功能,有效避免数据的冗余、冲突和矛盾,保证数据的准确度,提高工作效率。

二、校级教学基本状态数据库系统的应用

建立校级教学基本状态数据库系统,并不只是简单地收集信息、分析数据、统计上报材料或应付评估与检查,更重要的是通过对数据的收集、整理和分析,为高校自身的教学质量管理和监控提供保障,为各级各类的评估提供依据,为上级主管部门决策和社会监督提供信息服务。

1.为学校自身的教学质量管理和监控提供保障

校级教学基本状态数据库的建立,使高校通过常态化的信息管理,适时地收集、分析和监控各类数据信息,及时、准确地把握自身的教学基本状态。同时,使学校领导和有关部门及时发现问题,找出差距,制订整改措施,这样可以有效地避免问题的累积,提高工作效率,为学校的教学质量监控提供强有力的保障。

2.为各级各类的评估提供依据

建立校级教学基本状态数据库,并以此为平台建立起适应于各级各类评估指标体系的教学评估系统,可以使教学评估工作简单、适时、效率高。如对于上级管理部门的评估,可以直接登录系统对有关数据材料进行检查,并依据系统提供的功能生成各类报表备查和存档;学校也可参照有关评估指标体系及要求,使用本系统不定期地对自身的办学情况进行比对和测评,发现问题,及时整改,从而有效地避免各部门为了评估而评估、为了评估而临时找数据或凑数据甚至弄虚作假的现象,使评估工作常态化,评估工作的效度和信度也得以提高。

3.为上级主管部门决策和社会监督提供信息服务

利用校级教学基本状态数据库系统的统计分析和报表生成功能,学校按照要求

将数据填报提交后,上级主管部门可随时查询审核,并利用系统数据开展对比、分析和预测,提高教育科学决策水平。同时,根据教育部的要求,高校的部分数据将向社会公众公布,通过查询各高校的办学条件、教学工作等方面的数据,社会公众将进一步了解各高校的办学情况,实现对高校教学工作的监督,从而增强高校提高教学质量的自觉性。[12]

参考文献:

[1]郭广生.完善教学评估体系 确保本科教学质量——美国的高等教育质量认证制度比较分析[J].中国高教研究,2005(4).

[2]刘振天.我国新一轮高校本科教学评估总体设计与制度创新[J].高等教育研究,2012(3).

[3]刘献君等.高等学校本科教学评估的成效、问题与改进对策[J].高等工程教育研究,2012(2).

[4]刘振天.我国新一轮高校本科教学评估总体设计与制度创新[J].高等教育研究,2012(3).

[5]刘振天.我国新一轮高校本科教学评估总体设计与制度创新[J].高等教育研究,2012(3).

[6]刘献君.高等教育质量:本科教学评估的落脚点——对我国本科教学评估的几点思考[J].高等教育研究,2006(9).

[7]教育部.教育部关于普通高等学校本科教学评估工作的意见[Z].教高〔2011〕9号.

[8]陈东冬,李志宏.新建本科学校教学工作合格评估方案的新特点[J].中国高等教育,2012(Z2).

[9]王红.建立院校评估制度 提高本科教学质量[J].中国高等教育,2012(17).

[10]赵定贵.高等学校教育质量"第三方评估"模式探析[J].教育与职业,2013(14).

[11]凌惜勤,张明.建立校级教学基本状态数据库系统,完善教学质量监控体系[J].中国电力教育,2011(32).

[12]凌惜勤,张明.建立校级教学基本状态数据库系统,完善教学质量监控体系[J].中国电力教育,2011(32).

第十一章　教学质量改进系统

　　教学质量是高校的生命线，是高校人才培养工作的核心。教学质量既反映高校的综合实力，也体现高校改革和发展的宗旨。深化教育教学改革，完善教学管理制度，是培养高素质人才的重要措施。本科教学评估的导向作用是指本科教学评估本身所具有的引导被评估学校朝着既定的目标努力的作用。因此，把握本科教学评估的导向功能，构建科学高效的教学质量监控体系，形成科学规范的教学管理制度，是确保教学质量与人才培养质量不断提高和持续改进的必要举措。从本科教学评估的实践与过程来看，本科教学评估总体上对切实提高本科院校的人才培养质量起到了促进作用，主要是促进了学校明确办学定位、厘清办学思路、端正办学指导思想和凝练办学特色；对促进教学基本条件建设、促进规范办学、注重质量保障、提高本科教学质量、推动教学改革产生了重要作用，尤其对新建院校和地方高校的促进作用更为明显。因此，高校教学质量的持续改进是质量提高的内在动力，要保持该动力，就需要准确认识和践行评估的导向功能，正确解读评估结果，巩固与深化评估成果，落实教学整改措施，严明教学秩序要求，制订科学的考核办法，完善质量监控体系，健全教学运行规则，发挥评估的长效作用，持续推动学校的建设与发展。

第一节　持续改进教学质量评价机制

20 世纪 80 年代以来,世界高等教育进入了以提高质量为中心目标的时代。1984 年,美国高质量高等教育研究小组提出,美国高等教育的根本问题是教育质量问题,高等学校要全力以赴地提高教育质量。同年,法国通过的《高等教育法》强调,高等教育的核心是提高教育质量。1998 年,世界高等教育大会将质量问题列为新世纪高等教育的三大主题之一。

我国政府也高度重视高等教育质量问题,世纪之交制定了《关于加强高等学校本科教学工作提高教育质量的若干意见》,启动了高等学校教学质量和教学改革工程;《中华人民共和国高等教育法》用法律形式规定了"高等学校的办学水平、教育质量接受教育行政部门的监督和由其组织的评估"。2003 年,教育部开始进行五年一轮的高等学校本科教学工作水平评估,并于 2004 年成立高等教育教学评估中心。2010 年,教育部新出台了本科教学合格评估的相关规范,在原教学水平评估的基础上,重新修改了评估指标,导向性也有所变化。

一、教学评估的导向功能

有学者指出,评价的本质是"一种价值判断活动,是对客体满足主体需要程度的判断"[1],其目的是揭示主体与客体之间的需要关系。这种关系包含三个方面的含义:一是评价要素,即评价主体、评价客体、价值主体、价值客体和参照客体;二是价值关系,即评价主体与客体间的需求关系;三是通过价值客体与参照客体所做出的评价判断。当前,我国本科院校教学评估的导向功能主要体现在两个方面:其一,行为导向(直接导向),所指向的评价主体为政府及其管理下的高校,具有显性的特点;其二,机制导向(间接导向),所指向的是评价客体或价值客体,具有隐性的特点。无论是直接导向还是间接导向,都围绕"以评促改,以评促建,以评促管,评建结合,重在建设"的 20 字方针,客观上达到了促进经费投入、教学建设、管理规范、质量提高的目的。

实际上,以上教学评估的两类导向基本体现了我国高等教育分类指导的发展思路,符合我国经济发展对多层次人才的需求。尤其对新建本科高校而言,评估导向有利于进一步明确办学目标定位和本科人才培养规格,培养服务区域(行业)经济社会发展的应用型本科人才,规范办学行为,注重以就业为导向的学生应用能力的培养,产学研结合,改革教学方法,促进地方政府对学校的经费投入,促进学校质量保障体系的建设。对新建本科院校而言,现行本科院校教学合格评估的目的在于引导其建立和完善内部质量保障体系,保障并不断提高教学质量。通过教学评估来推进"四个促进":促进办学经费投入,促进办学条件改善,促进教学管理规范,促进教学质量提高;实现"三个基本":办学条件基本达到国家标准,教学管理基本规范,教学质量基本得到保证;引导"两个突出":突出为区域(行业)经济与社会发展服务,突出应用型人才培养。

当然,高等教育质量还包括输入(生源)质量、培养过程质量和输出(毕业生就业)质量三个基本环节。对三者的全面评估才能体现评估的完整性。目前,本科教学工作评估主要注重培养过程质量评估,其原因主要是输入、输出质量仅靠政府或高校自身的力量还难以实现,必须借助社会评估机构及社会公众的共同参与才能客观、完整、公正地实现评估的完整性。[2]

二、教学质量评价机制的改进

受教育部高等教育教学评估中心的委托,国家教育咨询委员会委员、国家教育考试指导委员会委员、教育部直属高校巡视专员、教育部省部共建地方大学咨询顾问、中山大学原党委书记李延保教授带领的课题组进行了问卷调查,目的是对已开展的评估工作进行评价。调查对象主要是已评的171所高校的校长、党委书记、主管教学副校长、教务处长、地方教育主管部门的领导及部分评估专家。问卷采取无记名反馈信息的方式,对调查项目进行选择,并征求意见或建议。

该研究报告指出,本科教学工作评估总体上对提高本科教学及人才培养质量起到了很大的促进作用,对促进学校明确办学定位、厘清办学思路、端正办学指导思想、凝练办学特色起到了很大的作用,对促进教学基本条件建设、促进规范办学、注重质量保障、提高本科教学质量、推动教学改革起到了重要的作用,尤其对新建院校和地方高校的促进作用明显,是民心工程、社会工程及近几年中国高校提升教育教学质量的亮点,应当作为国家对高等教育的一项宏观管理制度坚持下去。

教学工作是学校的中心工作,教学质量是学校的生命线,提高教学质量是学校永恒的主题,因此,评估的本质意义在于提高本科教学质量。加强政策与方法的衔接、完善评估指标体系、注重内涵建设、突出办学特色、完善质量保障、优化评估过程、实行分类指导、弱化功利驱动、实行"阳光"评估、加强社会监督等都是教学质量评价机制改进应遵循的原则。从高校自身来讲,应改革其内部教学管理体制,建立和运行其内部教学质量保障体系和监控机制,注重科学和严谨,遵循高等教育规律,体现时代、社会赋予高校培养人才的共同使命和高等教育理念的共同价值观。

三、构建教学质量监控与评价的长效机制

如前所述,高校教学评估近年来备受关注,人们对其褒贬不一。评估固然有不足之处,但也无须责备求全,因为评估本身具有复杂性和困难性。大学本科教育教学工作本身是一个相当复杂、全面的系统,本科教学质量很难用简单的方式来表述。教学质量在目前的评估框架下只能在确定若干"边界条件"、约定俗成下面寻找可操作、相对合理的评估意见和结论。

1.转变评价理念,强化质量意识

高校教学质量监控与评价属于质量管理的范畴。构建高校内部教学质量监控与评价的长效机制,必须正确处理"四对关系",坚持"四个注重",强化"四种意识",即正确处理他律与自律的关系,注重自律,强调教学质量监控与评价全员参与,强化各个主体的责任意识;正确处理规范与发展的关系,注重发展,强调以促进提高人才培养目标的达成度为宗旨,研究发展性监控与评价模式,强化发展意识;正确处理非常态与常态的关系,注重常态,强调持之以恒、一以贯之的环境氛围,强化养成意识;正确处理形式与内涵的关系,注重内涵,强调保障和促进教学质量的内在要求,摒弃形式主义,重内涵,重实效,强化质量意识。

依据以上监控与评价理念,构建高校内部"三全一化、四位一体"教学质量监控与评价长效机制的基本思路包括四个方面:一是研究探索高校内部教学质量监控与评价长效机制的基本框架,构建由教学管理、教学咨询与评估、教学监督三大系统组成的组织体系,形成科学性、系统性、操作性相统一的制度体系;二是研究探索高校内部教学质量监控与评价机制有效运行的途径与方式,形成常态化运行的实践体系,以"常态"促"长效";三是研究探索发展性教学质量监控与评价机制,构建多维度立体化的教学激励机制,促进教师个体增强质量意识,自觉提高教学水平;四是研究探索高校内部监控与评价机制如何有效促进教学质量的不断提高,构建教学工作持续改进机制,增进提高教学质量的内在动力。

2.教学质量内部监控与评价长效机制的基本架构

近年来,一些高校通过评估将校内一些好的经验和做法进一步固化为本科教学工作的新规范、新典范,推动学校本科教学水平的提高,努力健全和完善保障本科教学质量的长效机制、常规机制。通过组织体系、制度体系的构建以及持之以恒的实

践,构建以"三全"(全员参与、全程监控、全面评价)为基础,以"一化"(常态化)为特色,集多元监督机制、分类评估机制、考核激励机制、持续改进机制四种机制于一体的长效机制。

(1)全员参与

在教学质量监控与评价过程中,从学校领导到普通职工、从教师到学生都是参与者,他们既是教学质量监控与评价的客体,又是教学质量监控与评价的主体;全员树立质量意识,全校上下,人人关心教学质量,人人服从和服务于教学质量的提高,人人都是教学质量的责任人。

(2)全程监控

全程监控即教学质量监控与评价涵盖从学生入学到毕业的整个培养过程,对教学工作的各个具体环节进行全过程监控。

(3)全面评价

教学质量监控与评价涉及教、管、学各个层面,既评教、评学,也督管。首先,对教学工作的各个方面进行监控与评价,包括对专业建设、课程建设的评价和对课堂教学、实践性教学等环节的监控;其次,对教学建设项目的各个方面进行评价,制订科学合理的评价方案,开展校内专业评价、课程评价,从培养模式、师资建设、教学条件、教学改革、教学管理、人才培养质量、地位与特色等方面,对专业建设、课程建设实行全面评价。

(4)常态化运行

将本科教学质量监控与评价作为学校的制度化、正常化和经常化的工作,持之以恒、常抓不懈。常态是高校内部教学质量监控与评价长效机制真正建立的重要标志。

(5)多元监督

一是监督主体多元,既有教学管理人员,也有广大教师和学生,以校内专家为主,也吸纳部分校外专家参与;二是监督内容多元,既有对教师教学各个环节的监督,也有对学生学习状况的监督,还有对教学管理的监督;三是监督手段多元,如听课、评教、专项教学检查等。

(6)分类评估

一是在教学评估时按学科进行分类;二是在教学评估的项目上进行分类,如学院教学工作水平评估、专业评估、课程评估、学生社会实践评估等;三是在教学评估方案指标的设计上进行分类。

(7)考核激励

在本科教学质量监控与评价过程中,通过实行教学工作目标管理与年度量化考核、开展各种竞赛以及各类优秀教学奖的评比表彰等活动,构建科学完善的教学质量激励机制,进行积极有效的考核激励。教学质量监控与评价既具有指导教学工作的规范作用,更具有提高教学质量和提升师生素质的促进作用。

(8)持续改进

无论是教学质量的监督还是教学质量的评价,都以重在建设为根本,对存在的问题持续跟踪,努力解决。把教学质量监控与评价作为一个持续的过程,使存在的问题得到切实解决,使教学工作有效改进、教学质量不断提高。

四、教学质量监控与评价机制长效运行的实践途径

1.教学质量监控与评价的组织保障体系

切实有效地实施高校内部教学质量监控与评价,需要建立一个独立于教学管理部门之外的专门机构,行使教学评估、教学监督、教学信息收集与反馈等基本职能,形成教学管理与质量监控并行的长效运行机制。[3]现在,许多高校都成立了教育教学评估中心,作为学校本科教学质量监控与评价的常设专门机构,其主要职责就是对学校的本科教学工作进行监督、指导、检查、评估。同时,许多高校还建立了由教学督导员组成的校、院两级教学督导组织以及由学生信息员组成的学生监督群体,构建了由教学管理系统、教学咨询与评估系统、教学监督系统三大系统组成的组织体系。该系统为构建校内教学质量监控与评价的长效机制提供了有力的组织体系保障和全员参与基础。

2.教学质量监控与评价的制度体系

加强制度建设、强化教学管理是提高教学质量的重要保证。学校良好教风、学风的养成要以必要的规章制度和严格的教学管理为基础。严明的教学秩序要求、科学的教学考核办法、严密的质量监控体系、合理的教学运行规则等,都要以教学管理规章和制度的形式来体现。因此,高校教学质量监控与评价的长效机制包含由一系列结构合理、功能齐全、关系协调的规章制度构成的制度体系,该制度体系要涵盖教学工作的各主要环节。各院(系)也应根据自身实际制订二级管理的各项规章制度和实施细则。根据教育部和省(市、自治区)有关政策精神,高校要结合本校教学工作的实际,充分吸收教学评估过程中的先进经验,对现有的教学制度进行整合、修订和完善,

坚持用制度规范教学秩序和教学行为,实施以校内教学评估为主线,以校、院两级教学督导、学生评教和年终教学工作量化考核为辅翼的教学质量监控与评价制度,为构建教学质量监控与评价的长效机制提供完善的制度体系保障;努力做到制度先行,狠抓落实,有章必依,有规必循,严格执行,规范严格,科学管理,充分发挥各项制度的应有作用。

3.教学质量监控与评价的激励

党的十八届三中全会审议通过的《中共中央关于全面深化改革若干重大问题的决定》,旗帜鲜明地坚持以改革为主线,全面系统地提出深化改革开放的战略任务和创新举措,是指导我国经济社会发展的纲领性文件。创新体制机制,人事制度改革是核心。《中共中央关于全面深化改革若干重大问题的决定》指出,建立集聚人才体制机制,择天下英才而用之;加快形成具有国际竞争力的人才制度优势,完善人才评价机制。目前,高校在人事管理和学术评价方面多实行"一刀切"政策,未根据人才专长和任务特点进行分类管理,缺乏竞争,缺少流动,活力不足,管理体制和用人机制比较僵化,成为制约高校发展的瓶颈。人事制度改革的重中之重是深化考核评价制度改革,结合学科特点,逐步完善数量、质量与贡献相结合的多元评价指标体系。坚持团队评价和个体考核并重,鼓励团队合作和协同创新,进一步破除高校与其他创新主体之间的体制壁垒,推动教育与科技、经济、文化紧密结合。健全各类人才队伍管理机制,逐步在教学科研岗位系列实行岗位分类聘用管理模式,实施针对高层次人才和特殊人才的项目聘用、协议聘用等方式,完善重大贡献和突出业绩奖励制度,让优秀拔尖人才脱颖而出,努力造就一支师德高尚、业务精湛、结构合理、充满活力的高素质教师队伍。

有学者指出:"激活教师教学积极性的关键在于建立一套科学合理、行之有效的激励机制。"[4] 随着高校绩效工资制度的改革,一些院校正在努力探索构建多维度的教学激励机制,旨在引导全校营造重视教学、关心教学、研究教学的良好氛围,促使教师聚精会神投入教学,其具体措施主要体现为以下方面。

(1)量化考核

二级学院作为高校教学管理的主体和基础,其教学工作的好坏、水平的高低直接影响整个学校的教学工作。加强二级学院教学工作的目标管理和年度量化考核,对于激励竞争、总体提升发挥了较为满意的作用。

(2)学生网评

例如,"最受学生欢迎的任课教师"评选备受学生关注,学生的投票基本上可以反映广大学生对任课教师的评价和喜好。

（3）教学竞赛

如"中青年教师讲课比赛"可以每年举行一次，分为预赛、复赛和决赛三个阶段。决赛由学校组织，评委由教学专家和学生代表组成，要求青年教师到现场观摩。通过教师讲课比赛，可以让更多的教师领略不同学科的教学艺术，激励、启发教师提高自身的教学水平。

（4）综合考评

一是学校组织评审专家组对二级学院的教学工作进行综合评定；二是院（系）对积极承担本科生教学任务，在教书育人、教学改革等方面取得显著成绩，年度内达到一定教学工作量要求，教学效果优秀的在职教师进行评选、表彰、奖励。无论是考核集体还是考核个人，综合考评都具有整体的导向作用。综合考评的关键在于建立科学、合理的考评指标体系，执行中彰显公平公正。

4.形成常态化运行的实践体系

质量监控与评价是学校常规化的工作，关键在于立足常态、着眼长效、真抓实干、坚持实践。评估结束后，学校及时向被评单位反馈评估情况和整改意见，有关职能部门认真组织各学院制订整改方案，落实整改措施，并进行检查验收，确保实效。构建高校内部教学质量监控与评价长效机制是一项复杂的系统工程，既需要高校上下的共同努力，也需要在不断探索和长期实践中加以完善。

首先，领导重视。为确保教学质量管理在学校管理中的中心地位，一些高校成立了教学质量与教学改革工程领导小组、本科教学评估工作领导小组、本科教学评估专家委员会，由主要校领导担任组长；一些学校每年召开一次教学工作大会，分析总结年度教学工作，部署教学工作的中心任务，推进教学改革；不少高校为做好校内教学质量监控与评价工作，从人、财、物等方面提供保障条件。领导高度统一认识，身体力行，积极支持质量监控与评价工作。因此，领导重视、认识统一、步调一致是长期、有效地实施教学质量监控与评价工作的重要前提。

其次，以人为本。任何一项有效的质量监控体系和机制的建立都离不开科学、合理的教学管理制度以及对这些管理制度的严格执行。制度所涉及的人包括教学管理者、教师和学生，教学质量监控与评价过程中的利益博弈很难避免。以人为本，正确引导，关键在于统一认识，明确质量监控与评价的根本目的是充分调动人的主观能动性，使教学管理者、教师、学生能在严格、科学、公平、和谐的教学氛围中发挥潜能和作用，提高教学质量。

再次，理顺关系。目前，不少高校都成立了类似于教育教学评估中心的校内机构，负责全校的教育教学质量监督与评估工作。教学管理部门（教务处）与教学质量监控部门（评估中心）之间的关系，实际上是管理与监控在教学质量保障体系中分工的不同。一方面，两者在内涵和机理上相互对立，但在功能上并不排斥；另一方面，二者又统一在共同的质量保障和人才培养目标之中。处理好这对关系，关键在于明确各自的职责，分清各自的职能，摆正各自的位置。一般而言，教育教学评估中心作为教学监督与评估部门，负责实施教学监督、组织教学评估、反馈教学信息、提供评估结果；教务处作为教学管理部门，负责日常教学工作的管理与运行、处理各类教学信息、利用各类评估结果。

最后，整改提高。构建校内教学质量监控与评价长效机制，主要是为了通过坚持不懈地开展教学质量监控与各项校内教学评估，摸清家底，了解情况，掌握信息，总结成绩，发现问题，切实整改，使投入建设有的放矢，从而不断促进教学改革深化和教学管理规范，稳步提高教学质量和人才培养质量。其根本目的是促进整改建设，不断提高教学质量。因此，在质量监控与评价过程中，既要充分肯定成绩，更要高度重视发现的问题与不足，适时反馈监督与评估情况，帮助监督对象和被评单位找出存在的问题，促进有效整改，这是校内教学质量监控与评价取得实效的根本所在。

第二节 高校教学质量的信息反馈

一、信息反馈的概念与形式

在管理学中,信息反馈是指及时发现计划和决策执行中的偏差,并对组织进行有效的控制和调节,以防止执行中出现的偏差和失误,避免偏差和失误给工作带来的损失。信息反馈具有针对性、及时性和连续性等特点。在控制与决策活动中,信息反馈的形式有:正反馈与负反馈、纵向反馈与横向反馈、前反馈与后反馈。信息反馈的基本要求是:准确真实、迅速快捷、信源全面、通道顺畅。

二、信息反馈的基本作用

1.信息反馈是对信息传递进行检验—调整的基本依据

管理过程理论认为,只有当管理者能够对即将出现的偏差有所觉察并预先提出某些措施时,才能进行有效的控制。信息反馈作为一种信息传递效果及作用结果的返回传递,能及时地将有关信息传递过程中的传递效果以及接收者的接收效果返回信息发出端,信息发出者收到这些反馈信息后,便可以将其与相关信息的接收利用效果的目标期望值做比较,从中发现差距,从而评估有关信息的传递效益,这就是公关信息反馈对信息传递的检验作用。不仅如此,公关信息发出者还可以通过对反馈信息的分析,找出造成偏差的原因,采取相应的措施,对信息的再度传递施以调整,以提高信息传递的效益。

2.信息反馈是进行决策的重要基础

在决策中,一般需要大量地运用两类信息:一类是一般信息;另一类是反馈信息。没有一般信息就不能决策,没有反馈信息就不能改善决策。信息反馈是决策执行结果的反映过程,是决策执行效果向决策者的回传,是决策进一步修正的信息来源。因此,在决策的执行过程中,必须建立完善的信息反馈系统,以便在多方案决策中选择最佳决策方案,对决策方案的执行过程进行有效控制,使决策取得理想的效果。

3.信息反馈是提高质量的可靠保证

首先,信息反馈是收集有关信息的重要途径之一,是收集有针对性的信息的一条重要途径;其次,信息反馈可以用于评价信息加工整理水平,有利于组织加强信息加工整理工作,提高信息的加工整理质量;最后,通过信息反馈还可以发现信息的老化情况,为组织剔除与淘汰某些过时的、老化的信息和修改、补充新的信息提供依据。

三、高校教学质量的信息反馈

教学质量监控与保障体系由若干子系统构成,如组织管理系统,质量标准系统,教学运行质量监控与保障制度系统,师生教学质量监控与保障系统,教学信息收集与处理系统,教学质量评估、分析与反馈系统,激励、约束机制系统等。这些子系统无一不涉及信息的传递与反馈。高校教学质量信息反馈的首要任务即为完善学校持续提高教学质量的决策、实现学校发展目标服务。要做好高校教学质量信息反馈工作,就必须树立质量是高校的生命线、全面加强教学质量管理的理念,切实做好教学质量的保障监控工作。[5]高校教学质量信息反馈必须制度化,该制度与教学投入保障制度、教学管理制度、学科建设制度、教学改革制度、师资队伍建设制度、课堂教学制度、考试制度和加强学生管理制度、教学督导制度、教学评估与检查制度及奖惩制度等共同构成完整的教学质量监控制度体系。

1.高校教学质量信息的反馈形式

(1)高校教学质量信息的正反馈与负反馈

高校教学质量信息的正反馈是指依据教学评估指标体系对人才培养、师资建设、实习实践、专业建设、培养方案、课程建设、教学管理、质量监控、学生工作、教学效果等方面的先进经验和做法进行表彰、褒扬和倡导。正反馈的意义在于建立激励机制,保证教学质量的提高,如一些学校开展的系列教学评优、教学竞赛、名师评选等活动都属于高校教学质量信息正反馈的具体形式。正反馈直接指向教师的工作热情激发,以调动全体教师的主观能动性和从事教学改革研究的积极性。

高校教学质量信息的负反馈是指依据教学评估指标体系或教学基本文件和教学管理规章制度,对不良的、具有负面作用和影响的教学行为进行纠正、调控,如教学事故的认定、通报。高校教学质量信息的负反馈旨在建立约束机制,通过制度约束实现学校教学质量目标和质量方针对师生员工行为规范的要求,使各项教学活动和教学环节有法可依、有章可循,促进良好的教风、学风建设。

(2)高校教学质量信息的纵向反馈与横向反馈

高校教学质量信息的纵向反馈是指自上而下或自下而上的信息传递,如学校与上级主管部门、学校与二级学院、二级学院与教学系(教研室)间的信息传递。

在学校层面,教学质量监控与保障自上而下在学校教务委员会、学校教学质量管理办公室、二级学院、学校教学质量管理人员、教学系和教师间形成纵向信息反馈通道。学校教务委员会的主要职责是统一领导本科教学质量监控与保障体系的制订和实施工作,并监督各个工作机构的执行情况,明确学校教学质量管理的目标、教学质量的标准,以及教学运行过程的监控、学校内部各种教学质量管理活动的协调,制订有关教学活动的政策和措施,总结学校有关教学管理活动的经验和理论,建立规范化、科学化的教学质量管理的运行机制。学校教学质量管理办公室的主要职责是负责本科教学质量保障体系的正常运作,组织管理评审和教学评估,完成学校教务委员会交办的各项任务。二级学院(包括教辅机构)的主要职责是负责制订相应的质量子目标及其质量指标,制订实现质量子目标和达到质量指标的计划,组织以上计划的具体实施,根据监督系统的反馈意见进行分析与改进。学校教学质量管理人员负责对本单位执行本科教学质量保障项目的情况进行日常监督,并定期将情况反馈给教学质量管理办公室。教师的主要职责是根据反馈信息改进教学方法,提升教学效果。

在学院层面,其职责是定期研究和检查教学工作,贯彻落实学校教学质量保障监督的规章制度。教学质量的反馈信息通过学院教学委员会(或教学工作委员会)、学院教学质量管理办公室(或质量管理小组)、学院教学质量检查专家组(或督导组)、学院教学质量管理员来实现。

高校教学质量信息的横向反馈是指学校与社会、学校与企业、学校与学生家庭间的信息传递。高等教育质量与时代紧密相连。在大众化教育阶段,高等教育质量的内涵发生变化,传统的学术性培养目标已经无法涵盖学生的多样化需求,西方国家在实现高等教育大众化后便引入了工业企业产品质量的概念。21世纪,大众化教育的质量主要考核高等教育提供的服务满足社会和个体需要的程度。高等教育本身就是与社会经济紧密联系的一类教育,无论是闭门办学还是经院式教学,都将导致高等教育的价值无法得到社会的认同,教育质量也就无从谈起。

(3)高校教学质量信息的前反馈与后反馈

高校教学质量信息的前反馈是指教学质量控制前端的教学行为调控。

一是质量标准的制订。所谓质量标准,是指为了达到人才培养目标、学业水平和要求而制订的规范性文件。质量标准具有目的性、规范性、可操作性,人才培养目标和规格、专业建设、课程建设,尤其是毕业设计(论文)环节的质量标准,包括毕业设计

（论文）所要达到的教学目的、选题原则、指导教师的资格等，不同专业特点的质量标准、评分标准及答辩标准都要有明确的规定，要力求达到制订质量标准的全面性和实施质量监控的全程性。

二是制订相应的教学管理工作规程、教师教学工作规程、教学检查制度、课堂教学评估制度、领导和教师听课制度、教学内容的评价制度、实践教学评估制度、同行评议制度、学生定期反馈制度、教学督导制度、学生信息员制度、教学事故认定制度、教学质量一票否决制度等一系列规章制度。尤其对地方新建本科院校而言，要不断健全教学管理制度，制订一系列管理办法和管理目标，使学校的教学有章可循、有据可依。与教学运行管理、教学质量管理与评估、教学基本建设管理相适应的必要工作制度也不可忽视，如排课、考试、学籍学位管理，学科专业、课程、教材、实践教学基地、学风、教师队伍的建设与管理等制度，都需要突出体现教学过程中各环节的规范与管理要求。

高校教学质量信息的后反馈应依据质量标准对教学环节进行质量检查或评估。然而，建立质量标准是当前教学管理改革中应加强的薄弱环节，建立质量标准与评估方案、管理文件相配套的管理体系是当前教学管理改革的重点。高校教学质量信息的后反馈是指当理论教学（课堂教学）和实践教学[实验、实习、实训、社会实践、批改作业、辅导答疑、考试、课程设计、学年论文、毕业设计（论文）等]的主要环节完成后，依据质量标准和各项教学规章制度所进行的检验与调整。教学质量信息后反馈要解决的重要问题是：抓住改革课程体系和教学内容这一关键环节，大力推进课程体系与教学内容改革；加强对重点课程的资助，积极探索系列课程与课程群建设；努力构建适应新形势要求的课程体系；强化课程建设中的遴选、审核、验收工作；大力推进优质课程和优秀教材的建设，拓展引进国外先进教材；更新教学内容，使教学内容真正达到本科教学的应有水平。

2.师生教学质量监控与保障

教师对教学质量的影响可分为主客观两个方面，主观方面是指教师工作的积极性、责任感，客观方面是指教师的业务水平和科研能力。当教师具备了一定的业务水平和科研能力后，其教学工作的积极性和责任感就对教学质量起决定作用。为保证教师的基本教学素质，指导和规范教师的教学行为，可以采取定期和不定期、多层次、多方位和专项评估监控的方式，按照教师评价标准，以客观、公正为原则，对教师教学质量、教师工作进行评价，并将评价结果进行统计、分析，形成反馈信息，上报相关部门，为其掌握教师教学质量的情况提供科学依据。如通过课堂教学抽查、考试试卷分析、毕业论文或毕业设计审查、学生问卷和座谈调查的反馈、用人单位的评价等,综合衡量教师风范。学生学习质量是教学质量的重要表现,加强学生学风建设、端正考风是高校提高教学质量的必然选择。

四、高校教学质量信息的收集与处理

1.建立教学管理信息反馈制度,拓宽教学信息收集渠道

首先,从学校管理人员、学校领导、教学督导人员、广大教师、学生等方面收集教学信息;其次,建立教学信息员制度,聘任教师教学信息员和学生教学信息员,随时收集教学活动中的信息,将收集到的信息进行严格筛选、分析、整理,形成反馈信息,定期或不定期地向学校校长、有关部门反馈。再次,利用学校网络平台,进行网络化管理,包括原始数据录入,评估信息的收集、整理、分析、处理、公布及反馈等。

2.认真做好教学质量的评估、分析与反馈

评估与反馈是在信息处理完毕以后对结果的分析工作,这是对教学质量评估的重要环节之一,是促使教学管理人员不断完善管理的手段与方法,可促使教师改进教学手段与方法,引导学生更加认真学习。由校外专家、校内专家组成评估小组开展和协调评估工作,其目的是评估和改进教学与科研情况;评估的重点是提早规划,分析近期发展趋势,以及确定自身发展方向;中心环节是自评。自评报告将学校定位和指导思想、师资、科研、本科生培养以及研究生培养作为核心问题加以重点分析,并及时将评估结果反馈给各级领导和全体教职员工,以使被评单位对存在的问题及时加以整改,进行自我完善。

建立完善的教学质量监控与保障体系是高校教学质量提高的一项重要制度保证,它涉及学校内部的各个方面和各个环节。教学质量保障与监控体系是一项系统工程,必须在强有力的领导下,有计划、有组织、按步骤进行,全校师生员工应始终树立"教学质量不仅关系到学校的生存,也关系到全校师生的切身利益"的理念,共同参与教学和质量建设,及时判断教学成效,不断协调、改进教学工作,引导教学改革,促进教学管理水平的提高;正确认识教学质量评价的目的及意义,建立科学合理的评价指标体系,注重定量与定性评价相结合,增强评价的科学性,正确利用评价结果,准确及时反馈各类信息,建立由学生、同行和职能部门共同参与的教学质量监控与保障体系,促进教学质量的提高。

第三节　高校教学质量改进的途径与方法

如前所述,构建教学质量监控与评价的长效机制,既是高校的当务之急,也是一项长期、艰巨的任务。高校应围绕构建教学质量监控与评价的长效机制,立足常态,着眼长效,着力从理论上缜密思考,实践上积极探索,不断探寻教学质量改进的途径与方法,积极构建教学质量内部监控与评价长效机制,确保教学质量与人才培养质量的持续提高。

一、探索构建高校教学质量的监控体系

1998 年,在巴黎召开的世界高等教育大会通过的《21 世纪的高等教育:展望和行动世界宣言》指出,"高等教育质量是一个多层面的概念",应"考虑多样性和避免用一个统一的尺度来衡量高等教育质量"。联合国教科文组织指出,高等教育的质量问题是一个综合性的概念,它在很大程度上取决于特定系统的组织结构、法定任务或特定学科的条件及标准。质量问题涉及高等教育所有的主要职能和活动,包括教学、课程、培训、科研工作的质量,工作人员的素质和学生学习的质量,以及基础设施及学术环境的质量等。因此,高校教学质量理想的监控系统应由监控组织、监控对象、监控主题和监控标准构成。

从国家层面看,政府对高等教育质量的监控主要是通过立法规范、行政指导、经济手段、评价督导等方式进行的;从学校层面看,学校对高等教育质量的监控主要是通过建成自主、自律的校、院、系三级监控体系来进行的;从社会层面看,社会介入高校教学质量监控主要是通过投资、捐赠、赞助等方式参与人才培养和质量管理来实现的。也有部分社会中介组织通过政府购买服务对高校教学质量进行评估。另外,用人单位、学生家长、新闻媒体、同行专家也对高校教学质量的监控发挥重要作用。因此,高校教学质量的持续改进,应通过质量监控的多元化,充分调动政府、社会、学校等监控主体的积极性,政府对高校进行有限控制,使高校教学质量监控直接化、科学化、主体化、常态化,同时积极引入社会评价,发挥市场与教育中介组织在质量监控中的协调作用。

二、高校教学质量改进的基本途径

1.明晰办学定位

学校办学定位主要是指总体目标定位、类型定位、层次定位、人才培养目标定位、人才类型定位和服务面向定位等。办学定位要符合"四个为主"：一是以服务地方为主，专业布局面向地方（行业）经济社会发展需要；二是以本科教育为主；三是以应用型人才培养为主，培养生产、建设、管理服务一线需要的高素质专门人才；四是以教学为主，科学处理教学与科研的关系，依据自身的条件优势和发展潜力，注重形成办学特色。

2.转变思想观念

教育思想观念是高等教育发展的先导和动力，也是高校发展的任务和要求。学校的一切改革都离不开思想观念的转变，办好一所学校，必须要有先进的教育思想观念。一是要建立具有时代特征的质量观、人才观，学校要强化质量意识，牢固树立"人才培养的质量是高等学校的生命线，提高教学质量是永恒的主题"的观念；二是结合学校的办学定位，制订质量标准并切实实行；三是要遵循教育规律，处理好扩大规模与提高质量、统一性与多样性、成人与成才、规范管理与改革创新等的关系。

3.不断完善教学条件

教学条件包括教学硬件和软件。硬件包括教室、图书馆、运动场地、实验室、教学仪器设备、教材、图书资料等；软件包括师资、招生、专业教学计划、课程设置和教材建设等。

4.完善内部管理体制

高校人才培养要对经济社会发展做出迅速与敏捷的反应，不失时机地加强学校与社会之间信息、能量的流动速度及效率，充分发挥各职能部门和院系的积极性和创造性，构建与之相适应的管理体制。只有建立起管理层次恰当，管理幅度合理，职能相应的校、院（系）、室三级管理体制，学校的各项活动才能有序运行。

5.改革人才培养模式

人才培养模式是教学资源配置的方式、教学条件组合的形式和教学手段运用的范式的总和，是一所学校教育教学思想和观念最为集中、最为典型的一种表征。[6]以应用型人才培养为特色的高等院校,要积极探索多元化的人才培养模式,坚持"市场导向、服务社会"的原则,努力培养适应生产、建设、管理、服务第一线需要的、德、智、体、美等方面全面发展的高等技术应用型专门人才。一是遵循市场导向,实施订单式培养;二是积极开展产学研合作教育,培养创新人才;三是依托政府、企业合作办学,积极争取社会各界的支持和帮助,特别是政府职能部门的指导和支持。

6.推进教学改革,努力提升核心竞争力

专业建设是教学改革的重点之一,也是培养学生创新能力和实践能力的立足点。专业教学改革一是明确专业设置标准,制订合理的建设规划,根据区域经济社会发展需要和本校实际调整专业与专业结构;二是注重特色专业的培育。与之相应的课程建设必须符合专业人才培养目标,反映本学科专业发展的方向和经济社会发展的需要,教学大纲规范完备,执行严格;注重教材建设,有科学的教材选用与质量监管制度及先进的教学手段。

7.强化师资队伍建设

深化教学改革的关键在教师,保证教学质量的关键也在教师。在教学工作中,教师是关键,教师对提高教学质量和学校将来的发展起着重要作用,抓好师资队伍建设是保障教学质量的关键。

8.建立自我完善、自我约束的教学质量监控体系

建立自我完善、自我约束的教学质量监控体系是教学质量监控的重要保证。教学质量监控包括目标确定、各主要教学环节质量标准的建立、信息的收集(包括统计和测量)、评估、信息反馈、调控等6个环节。教学评估与检查是学校教学管理部门对教学质量进行过程控制的重要手段。学校教学评估的重点是课程评估、教师授课(实验教学)评估、学生学习评估、院系教学工作评估等。学校评估工作应有目的、有目标、有计划、有步骤地进行;应探索建立科学、合理、易于操作的评估指标体系,有实施办法和相应的奖惩制度。

9.加强学风建设

其一,加强学风建设必须坚持以人为本,切实制订调动学生学习积极性的政策与措施,开展行之有效的学风建设活动;其二,要营造良好的学习氛围,指导学生养成主动学习、奋发向上、遵规守纪的品质和习惯;其三,要积极开展校园文化活动,指导学生社团建设与发展,搭建学生课外科技及文体活动平台,鼓励学生广泛参与,提高学生综合素质。

10.加强和创新学生思想政治教育

首先,要创新思想政治教育形式,丰富思想政治教育内容,增强思想政治教育工作的针对性和实效性;其次,要培养学生服务国家、服务人民的社会责任感和公民意识,形成团结互助、诚实守信、遵纪守法、艰苦奋斗的良好品质;再次,必须牢固树立育人意识、服务意识、发展意识,在教育教学中切实开展服务学生、关爱学生活动,如开展大学生学习指导、职业生涯规划指导、创业教育指导、就业指导、家庭经济困难学生资助、心理健康咨询等服务,服务学生求知求学,服务学生成长成才。

第四节　高校教学质量改进的效果与评价

随着近年来我国高等教育规模的不断扩张以及高等教育由精英教育向大众化教育的转变，人才培养的质量愈来愈成为人们关注的焦点问题。教学质量评价是教学质量管理的重要手段，建构科学的、系统的、行之有效的教学质量评价体系和运行机制，对于加强高校教学质量管理、提高教学质量具有重要意义。但当今高校教学质量评价在观念、主体、标准、制度等方面存在许多问题，使教学质量评价作为教学质量管理的重要手段不能充分发挥其应有的功能。笔者主要从教学质量评价这一角度来探讨如何完善教学评价机制，进而推进高校教学质量的改革。

一、完善教学评价机制，推进教学质量提高

高校教学是一种高度专业化又充满个性化和创造性的培养人的活动。高校教师的工作动机源于内在激励。高校教学质量评价的根本目的不在于奖惩或划分等级，而在于通过评价形成科学合理的激励机制，形成公平良性的竞争环境，以调动师生自觉自愿地致力于教学改革、提高教学质量的积极性。[7]高校教学质量评价应以发展性的评价观为指导思想，不以定性为目的，而以发展为根本目的。

1.充分发挥教育评价的导向功能，推进教学改革

高校与科研院所的区别在于高校的基本功能是培养人才，而人才培养的基本途径是教学，因此，无论是教学型的大学还是研究型的大学，都应重视教学工作，积极推进教学改革，提高教学质量。帮助人们形成这样的观念，除了宣传教育以外，还要利用教育评价机制促进人们观念的转变。要想更好地发挥教育评价对学校工作的导向作用，对高校的评价应增加教学的权重，突出教学的重要性，将教学工作、教学质量的评估作为高校评估的核心内容，引导学校管理层更加重视教学工作，将更多的人力、物力、财力资源投入到教学工作中去，推进教学改革，提高教学质量。通过教学评估指标体系的引导，使学校更加重视教学管理制度建设、教学过程管理、教学改革与研究；利用教育评价引导教师将更多的精力投入到教学中去，激励教师投身于教学改革，开展教学创新，努力提高教学质量。教育宣传与教育评价双管齐下，使推进教学

改革、提高教学质量的措施落到实处。

2.以教学质量为中心,全员参与质量管理

教学质量是一个与学校人才培养全过程有关的概念,学校的教学质量活动是一种与学校所有成员有关的活动,所以,一个良好的教学质量评价体系应建立在广泛的支持和参与之上,利用多元化的评价主体对教学进行全方位、多角度的考察和评估。教师、学生、学校职能部门、毕业生、用人单位、家长等都可以作为评价主体参与到教学质量的评价和反馈活动中来,形成对教学质量的多角度审视,以保证教学质量评价的客观合理性。高校教学质量评价应将师生自评、教师评价、学生评价、领导评价、同行评价相结合,校内评价与校外评价相结合,在校生评价与毕业生评价相结合,教师个体教学质量评价与学校集体教学质量评价相结合,切实使教学质量评价全员参与,良性互动。教学是一个由教师、学生、课程、教学资源、教学环境等多因素组成的功能系统,教学质量的高低取决于教学各因素的质量及其各因素相互作用的质量,所以,教学质量的评价应是对教学全过程各环节的评价,而非从单纯的课堂教学延伸到教学的其他环节,而且还要从教学的主要因素延伸到教学的相关因素;[8]不仅要对各年级进行纵向的教学质量评价,还要抓住各环节进行横向的质量评价。

3.建立利益驱动机制,发挥评价的激励功能

教学改革的推进,教学质量的提高,归根结底取决于教师的积极性。调动教师的积极性,一方面可通过宣传教育,提高其认识水平;另一方面要发挥教育评价的激励功能,建立利益驱动机制,促使教师将更多的精力投入到教学之中。评价教师,不仅要看科研成果,还要看教学绩效,将教学绩效作为教师岗位聘任考核、职称晋升的必要条件和依据,实行教学工作一票否决。通过改进评价,鼓励教师开展教学研究,积极推进教学改革,教改项目与科研项目同等对待,教学研究与学术研究同样重视,教学成果奖与学术成果奖一样受到鼓励、嘉奖。从评价机制上鼓励教师组织教学创新团队,开展课程建设;鼓励骨干教师投身教学,争当教学名师,营造氛围,使得教学名师与学术权威一样受到敬重。特别重视教学过程评价,借助教学过程评价指标体系,强化教学过程管理,加大引导力度,规范教师的教学行为,鼓励教师进行教学创新。

4.完善教学质量评价机制

第一,高校教学质量评价是贯穿教学过程始终的一种经常性的活动,因此,应建立常态化的教学质量评价制度。教学质量评价主管、督导和执行部门可以采取定期定点和不定期不定点相结合,以随机抽样的方式对教学过程各环节进行经常性的检

查和评估。这样做虽然增加了监督部门和师生的负担,但却能保证评价结果的真实可靠性。

第二,高校教学是一个连续性的过程,教学效果既有即时性,又有迟效性,所以,仅凭一时一事一人一物等定格的方式"一评定终身"来评价教师个体和学校整体的教学质量是不客观的,只有在连续性的过程中多次进行的评价才是可靠的。高校教学质量评价宜将近期评价和长远评价结合起来,既注重结果评价,又注重过程评价;既注重在校生评价,又注重毕业生反馈,可以建立毕业生跟踪调查制度。

第三,扩大评价的范围和主体。学生的发展是学校教学质量关注的核心,学生是学校教学活动的主动参与者,对教学质量的提高承担特殊责任,所以,学生评教的意义非常重要。高校教学质量评价要建立和完善学生评教制度,但须防止评教过程中的形式化、功利化倾向,科学制订评价等级、评价规则,保证评价的客观、真实。

第四,建立教学质量评价信息处理和反馈制度。首先,教学质量评价必须做好教学质量信息的收集、传输、处理和反馈工作。在教学质量信息的收集方面,要动员一切可以动员的力量,包括教师、学生、管理干部、校外人士、毕业生、家长等,全方位地收集有关教学质量方面的信息;也可以建立教学信息员制度,在教学机构和各个班级选择品学兼优、责任心强的人,以匿名的方式设为信息员,及时收集教学信息并反馈到教学督导部门。其次,建立畅通、迅捷的教学信息传输渠道。除了采取现场评价、专家评价、问卷调查等直接方式外,还可利用现代信息技术,建立教育评价网站,开设教学质量评价专用信箱、教学质量评价热线等,使教学质量信息以更客观、迅捷的方式得以上传下达。再次,建立专门的教学信息处理机构,设置专门的信息处理人员,对教学质量信息进行科学的统计和处理,剔除失真的信息,减少误差的存在。最后,对信息处理的结果进行及时的反馈。在反馈过程中要注意反馈的方式,或公开或秘密,视具体情况而定,不可随意处理,以保护被评价者的自尊心和形成内心的激励机制为目的。同时,处理结果也要反馈给信息采集者,以提高他们进一步收集教学信息的主动性和积极性。

二、高校教学质量持续改进与评价的步骤

1.采集、分析数据,确定质量改进目标

确定质量改进目标在于引导教师、学生及教学管理者共同努力,形成质量提升的合力。管理学研究认为,目标制订能够提高效率,这是因为目标能使员工和管理者的注意力集中到相关的重要因素上;目标能调节个人的真实工作强度,个人所花费的精

力与管理者和员工所接受的目标难度成正比；难度大的目标能增强一个人的意志，而持之以恒是"长时间工作所需的努力"[9]。因此，学校采集教学数据、分析教学数据是确定教学质量提升目标的基础性工作，通过对数据的分析判断来制订教学质量提高的近期、中期和长远目标。

2.分析质量问题原因，制订纠正与预防措施

通过教学数据的收集、确认和分析，寻找导致质量问题的主要原因是教学监控的主要任务之一。一般来说，学校接受评估后一项工作即以建立教学质量监控长效机制为目的，强化教学管理，搞好整改工作。特别是通过制度建设，规范教学管理，确立教学质量管理的全面性、全员性和全程性（全面性是指学校对教学工作进行全面的质量监控，做到凡事有准则、有程序、有监督、有负责；全员性强调全员参与和团队配合，使每个部门、每个人都有强烈的服务意识、质量意识、团队意识，不断提高学校的整体办学水平；全程性要抓紧教育教学工作的每一个环节、每一阶段工作的质量管理，以阶段性目标的达成来保证高质量成果的实现），完善教学过程的监控制度，强化教师教学工作制度。为了有针对性地进行教学质量改进，必须找准质量问题的主要原因，拟定纠正和预防的措施，并在教学实践中加以实施。

3.检查质量目标的实现度，持续改进教学质量

检查质量目标是否达成是教学质量评价与监控的重要环节。原定目标实现才可能向新目标前进。质量改进是不断循环的过程，原有质量目标的实现需要教学质量评价与监控方式的改进；反过来，教学质量评价与监控方式的改进又促进教学质量的提高与质量目标的实现，由此，新的质量目标形成，从而进入下一轮教学质量评价与监控。如此循环，螺旋上升，质量提升步入良性循环的轨道。

总之，高校教学质量评价与监控过程中的各个要素、环节相互联系，相互制约，其中，目标以人才培养质量为导向，以全面评价与监控为基础。如果实施过程中评价与监控目标明确、责任明晰，持续改进质量才会收到满意的效果。从系统论的角度来看，科学的、全方位的教学质量评价与监控应运用多种策略，如评价与监控的运作策略、教学质量信息流通的策略、教学质量效果的反馈策略等。

我们相信，教学评价或评估是提高教学质量的手段而非终极目的，要坚持深入贯彻"以评促改，以评促建，以评促管，评建结合，重在建设"的 20 字方针，只有认真扎实整改，才能巩固教学评估的成果。不断健全和完善质量监控的长效机制，不断深化教育教学改革，始终将教学质量作为高校永恒的主题，才可能全面提高教学质量和人才培养质量，创造一流的本科教育。

参考文献：

[1]冯平.评价论[M].北京：东方出版社,1995：33.

[2]李少华,李汉邦.本科教学评估导向功能分析[J].河南理工大学学报(社会科学版),2010(2).

[3]佘远富.高校内部教学质量监控与评价长效机制的构建[J].扬州大学学报(高教研究版),2007(3).

[4]张灵,禹奇才.聘任制背景下完善教学激励机制的研究与实践[J].中国大学教学,2007(5).

[5]毕克贵.高校教学质量信息反馈系统的长效机制[J].东北财经大学学报,2012(2).

[6]林多贤.长效机制与品牌策略：地方高校教学评估的思考与实践[J].中国高等教育,2006(23).

[7]张典兵.高校教学质量评价存在的问题与对策[J].继续教育研究,2006(1).

[8]李慧仙.教学质量监控与评估体系的改革举措[J].中国大学教学,2006(7).

[9][美]W.J.邓肯.伟大的管理思想——管理学奠基理论与实践[M].赵亚麟,谭智,张江云译.贵阳：贵州人民出版社,1999：14.

第十二章　教学质量文化培育

　　当前,质量文化建设的研究越来越受到重视,对质量文化的结构(物质层、制度层、行为层、精神层)与功能(导向、激励、凝聚、约束、辐射)的论述也较为精细。这种解剖式研究有助于我们抓住质量文化建设的要素,构建质量文化的体现框架。随着对质量管理的认识、研究和实践的深入,虽然质量文化的结构日趋丰富,但是并没有出现我们期待的质量文化功能的体现和发生:制度健全但执行不力甚至有"法"不依;校训流畅,宗旨鲜明,学生却无认同感;很多管理现象让人们纠结、困惑,如同一个四肢健全、器官完备的个体并没有体现应有的能力,让人不解。

第一节 教学质量的文化含义

我们虽然无法准确定义质量,但是通过对质量的效用二象性原理的阐释,可以得出一个基本的判断:质量与人们在具体境域中的观点有关,是人们对某事物的有用性和有效性的判断和评价,所以,质量是文化的一部分,质量与文化密不可分,"质量应当是每个组织的文化和管理体系的一部分"[1]。

"质量文化"这一概念赋予了质量强大的文化背景。质量自身的文化逻辑与"文化"这一上位概念的融合使得人们对质量的研究应采用文化的逻辑,在质量管理过程中,关于质量的意识、态度、行为、制度、观念等要放在文化这个大背景中来考察。"马克斯·韦伯提出,人是悬在由他自己所编织的意义之网中的动物,我持相同的观点……对文化的分析不是一种寻求规律的实验科学,而是一种探求意义的解释科学。"[2]格尔茨的这一观点,阐明了对质量文化进行分析的方法路径。

那么,如何理解质量文化呢?约瑟夫·M.朱兰认为:"质量文化是人们与质量有关的习惯、信念和行为模式,是一种思维的背景。设计并保持满足自我控制标准的职位,是实现积极的质量文化的必要前提。"[3]该定义的唯一模糊之处是隐含了思维模式,对质量的有关信念影响着人们对质量的思维模式,从而导致相应的行为模式。在文化分析中,行为是很重要的考察要素,"行为必须受到关注,并且必须带有某种程度的准确性,因为正是通过行为之流——或者,更准确地说,通过社会性行为——文化的形式才得以连贯为一体——无论符合体系'按它自己的说法'是什么,或者在什么地方,我们都可以通过考察事件,而不是通过抽象的实际安排为统一的模式,而对它们做出经验的理解"[4]。教学质量文化是关于教学质量的观念、态度、思维模式和行为模式的总和,其核心是教学质量观,生成观念所期待的教学质量的保障是态度、思维模式和行为模式。

在实践中,教与学是一体的,没有学就不存在教,但反之则不成立。体现和界定教学质量的方面既包括教师教学(知识的选择、方法)的质量,也包括学生学习的质量,还包括管理(尤其是评价标准体系)的质量。教学质量的载体多元、评价主体多元、形式(成绩、满意度、毕业率、授位率、讲课比赛等)多元,使得教学质量的评鉴充满不确定性。但是,学生在修课择师时对教师的优劣却有一个基本的判断,且口口相传，这时他们并没有考虑个人成绩、获奖，只是基于观感、私下教师评价满意度以及来自他人的经验，属于不证自明的文化范畴。教学质量文化在教学实践中的价值在于促使教师加强修养，提高业务水平和教学技能，关心学生成长。付出总有回报，学生对教师的评价主要依据教师的教学水平、教学能力、教学态度和教学风格。

社会很少直接对教学质量做出评价，一般基于学校声誉，学校对外公布的重点学科、重点专业以及实验室的级别与数量，教师中院士、博士、各种人才培养计划的人数来对学校做出整体评价，由此推断学校的教学质量。政府对学校教学质量的评价主要通过评估的形式进行，除包含社会所持的评价取向外，还重点依据毕业率、就业率、各种教学资源等对学校进行综合评价。

各评价主体对教学质量的关注侧重点不同，折射了质量文化态度、观念和思维方式的不同，这使得教学质量文化建设各主体的行为在某些评价指标方面存在工作张力，质量文化建设的应然要求与主体利益的实然诉求具有不同程度的错位，甚至出现背离根本、追求功利化的现象，这是质量文化建设中不可避免的，只是因对文化认同形成"共同意识"的程度和范围的不同而有所差别。所以，教学质量文化建设的核心是形成和巩固这种"共同意识"。

第二节　教学质量文化建设存在的问题

一、理念上洪亮,行为上走样

首先,以教学为中心是所有大学应秉承的文化理念,但是重科研轻教学的现象是世界范围内普遍存在的问题,大多数教师的时间和精力主要投入在科研上。有评估专家说:"大家都在谈以教学为中心,其实真正做到的有多少？ 如果真正做到以教学为中心,很多问题也就好办了。"明知打开缺口可使很多问题迎刃而解,但就是打不开,根本原因在于利益驱使,在利益分配和评价上与科研有关的项目指标权重较大,尽管博耶将教学提升为四种学术之一,依然难以改变教学在教师内心的"鸡肋"定位。菲利普·G.阿特巴赫将教学与科研功能的平衡列为高等教育质量保障的三大挑战之一。

其次,以学生为中心,关注学生利益的理念并未得到有效贯彻,学生的学习自由受到不同程度的限制。"学习自由的内在本质是思想自由,对于教育而言,最重要的是保障学生的思想自由;学习自由的外在表现是选择自由,包括课程选择权、专业选择权、学校选择权和教师选择权。"[5]学生学习自由受到限制的原因既有学生自身能力有限得不到有效指导而不能充分享受权利,也有体制制度方面的不作为,还有意识形态方面的文化焦虑。

最后,办学自主、学术自由、教授治学三大办学理念是大学发展史上的宝贵经验,也是现代大学制度的三大基石,但是在我国也受到不同程度的限制,是我国高等教育发展的痼疾。相关的研究可谓汗牛充栋,但是依然难以解决现实问题。马林诺斯基认为,制度乃是文化分析的真正单元。在社会稳定时期,文化创生了制度;在社会变革时期,制度催生着文化。三大基石不同程度的缺失,直接拷问体制机制的拘谨和尴尬。必要的基石制度都不完备,何谈改革？

二、技术上应对,文化上排斥

1.质量管理缺失文化培育

根据约瑟夫·M.朱兰对质量文化的界定,制订质量评价标准是实现积极的质量文化的必要前提,标准昭示了目标,在行动上预示着至少要达到甚至超越目标。既然是前提,一切行动在此基础上开展,那就应培育与质量文化背景相匹配的习惯、信念、思维模式和行为模式。目前,大学将质量管理演变成了对评估的一系列管理,手段与目的混淆,把质量当成一种问题,所谓的质量管理,就是解决质量问题,侧重在技术层面上的建构。不是着眼于大学组织文化的创新以及质量文化的培育,而是希望通过对质量评估指标体系的细化和量化,通过质量监控体系的系统化和经常化以及内外部质量保障和控制的文本化、程序化等,实现高等教育质量管理的制度化。[6]质量不是评出来的,很明显的质量影响因素——教学内容和教学方法的改革、教师技能培训和学生学习机会提供等——因日常化和效果显现难以立竿见影而被弱化了。经常强调却很少付诸行动的事情,个体对其极容易产生文化疏离感——态度上冷漠,心理上无能为力,行为上漫不经心。

2.质量评估缺失文化理性

在质量管理实践中,教学质量评估是最基本、最重要的技术手段。对评估目的(期望)的认识,比较深刻的当属袁益民教授,通过国内外不同利益相关者对于院校评估不同期望的比较,折射了国人对质量提高的文化迷失(如表 12-1)。

表 12-1　不同利益相关者对于院校评估不同期望的中外比较

利益相关者	主要想从评估中得到什么		一般会如何使用评估结果	
	国内	国外	国内	国外
学校	外部认可	自我证明	招生宣传	避免干扰
校长	领导认可	提升自我	宣传自己	改进工作
教师	避免打击	增长知识	很少使用	专业发展
政府	加强管理	绩效问责	奖优罚劣	保护消费
投资人	顺利通过	咨询决策	很少使用	调整计划
社会公众、媒体	较少关注	掌握信息	很少使用	传播信息
督导、评估机构	领导认可	顾客满意	进行整改	公开信息
家长、学生	较少关注	民主参与	很少使用	关注机会
其他学校同行	掌握动态	同行交流	开展竞争	自我改进

资料来源:袁益民.教育评估理论与实践:概念、构念和理念的中外比较(下)[J].高教发展与评估,2011(2).

通过表 12-1 可以看出,在我国高校,学校及领导缺失文化自信;教师则明显地表现出文化消极心理,失去专业发展的机会;学生则表现出文化淡漠心理。教师和学生这种文化心态都不可能积极主动地思考评估结果、关注发展机会,他们对质量的发展动态持漠然态度。学校及领导虽然极为关注评估结果,但因缺乏文化自信,改进及决策很容易采用等级秩序思维方式,侧重改进评估缺陷方面,难以平和地全局思考,出现"头痛医头,脚痛医脚"的情况。

第三节　教学质量文化培育

关注质量、重视质量文化建设之风在进入 21 世纪后越吹越烈。近几年来,教育部要求各学校建立质量保障体系,此举可视为质量文化建设的抓手,但绝不是目的。正如有的校长所说:"教学质量保障不是什么新鲜东西,我们原来做的就是这件事,只不过不是这种叫法,各要素也没有这么系统。现在要做的就是将教、学、管、评等因素系统化、全面化。"这是一种朴素的务实态度,也是质量管理的文化诉求之一:继承传统,稳定发展,挖掘质量生长点。"大学的组织文化中原本就有某些独特的质量文化的因子,在高等教育质量管理已经不可避免的今天,我们要做的绝不是去重新创造全新的高等教育质量文化,而是要激活那些可能是因话语转型而休克的大学组织文化中的与质量相关的基因,使它们能够在新的话语体系中重新开始复制、传播,并发挥其在高等教育质量管理中应有的作用,从而使大学能够在质量时代不断地从优秀走向卓越。"[7]

一、超越评估,培育品质文化

教学质量评估是质量管理必不可少的一种措施,作为对教学质量诊断、评价的驱动要素,其内在地包含着质量、质量评价的观念。在一所大学的文化体系中,教学质量评估属于管理文化的范畴,是质量文化建设的重要推动力量,但不属于质量文化建设的核心。质量文化建设的核心是培育品质文化,统领人们的理念、思维和行为。众所周知,文化内核以一定的文化载体呈现出来,当文化体现为规则时,它必然采取习惯、制度、习俗等形式。当文化规约的力量或文化传统固守达到一定程度,也就是说习惯、习俗的力量在更普遍范围内影响甚至左右人们的思维和行为方式时;当习惯的力量指向与制度的预期取向相吻合或相一致时,会增强制度的渗透力和约束力。当二者出现错误或步调失谐时,一般情况下,习惯会阻碍制度的落实。只有制度具有强势的力量来纠正习惯的偏向或滞后,才会形成合力,但是,这种情况往往会出现较大的冲突和不稳定因素。培育品质文化,就是要利用文化的弥散性作用——无处不在、无时不在,充分发挥文化的润滑、凝聚力量,使工作习惯、行为习惯与制度预期紧紧统合在一起,工作、行为自觉地契合制度的要求。

1.什么是品质文化

所谓品质文化,是指组织内部成员坚守的文化理念、严格守护的行为准则,以至于发展为一种习惯性的观念性认识和习惯性的行为倾向。它外在地表现为意识上的普遍自觉,思想上的深刻认同,行为上的惯性依循。在成员心目中,制度仅仅昭示了一条行为底线,管理仅仅是服务性地把人、财、物组织到一个体系中,体系中的工作行为习惯性地自觉运转着,整个学校文化客观地存在着,组织成员诗意地栖居着。

一所学校的文化底蕴决定着学校长久的发展潜力,没有品质文化这个内核,文化底蕴只能是驳杂、随意、模糊的印象大杂烩,再响亮的口号、再先进的技术、再严格的管理,都无法保证众人一心;没有品质文化这个内核,所有管理、行为、目标好像都是为了完成某项任务而已,心灵上没有归宿,心理和行为上浮躁功利,虽然忙碌,但总给人一种"没有大学的感觉"。"品质文化培养的主要功能是针对学校组织内部的成员,因为组织内部成员的行为模式与价值观若无法与品质和绩效责任做一联结,则组织机构将面临所谓'上有政策,下有对策'的局面。因此,只有当组织成员能对品质有一致共识与信仰时,才能落实组织的具体作为。而品质文化的建立需要大学教育机构本身的自觉性,更需要相关政策法令的引导与激励,否则高等教育机构的竞争局面是出现了,但制度与法令的桎梏与牵绊,反而会更加促使组织机构的不协调,甚至有可能导致组织机构中的成员失去信心与产生排拒。"[8]

现在多数高校制度与激励措施比较完备,竞争局面已经形成,但是出现竞争的利益化倾向,对没有明显利益归属的工作敷衍应付,有明显利益激励的工作又出现不良竞争,根源在于行为缺失品质文化的关照,行为模式、价值观被利益自在地驱使着,行为与目的脱离,只为完成任务。这使得学校治理理念被异化为控制理念,更易于接受一些技术、方法或程序的更新及改进,以彰显管理的科学化,以致发展到"有种趋势是找一个'系统',安装之后便能产生质量,并可以用获奖显示'质量'的确存在着"[9]。管理走入了技术误区,表面的科学化掩盖了思想、文化的苍白。

2.品质文化的四大支柱

每所高校都有自己的文化特质,不同高校对质量的看法不同、认知不同,也就会有不同的质量理念。但是,任何一所追求卓越的大学,其质量文化品质都有四大支柱:严谨、诚信、创新和责任。依赖这四大支柱,品质文化得以传承。

(1)严谨

毛泽东曾说:"世界上的事情,怕就怕认真二字。"认真是一种态度,一种客观公正、执着坚定的态度。对于个体来说,认真是很容易做到的,也是最难做到的,其中隐含了个体对自己态度的控制和精力的投入。因极易松懈而走样，所以，认真很难坚持，也很容易流于形式。严谨高于认真，严谨不仅是一种态度，也内在地包含了一种能力和睿智，更具有学术理性的内涵。它需要有智慧辨别真伪，识别细节是非；有能力抓住关键环节的论证逻辑，对数据、论据、图表有敏锐的洞察能力和识别能力。严谨不是制度严格要求就能做到的，严谨是一种纯粹的态度、习惯、能力乃至品质的糅合，能够看到、感觉到，却难以准确界定。笔者有位学生在香港科技大学攻读博士学位，他对严谨治学带来的学生行为变化体会尤为深刻："这里的导师普遍治学严谨，对引用的数据、实验获取的数据、结论的推演过程考察得特别认真，有位师兄引用了某著名大学教授的数据被导师批惨了，就因为这位教授治学不严谨。还有，导师对学术视野和研究潜力特别重视，每周都要求学生阅读大量资料，还要向其阐明自己的观点，比高考累多了，已有 4 位师兄被批评劝退了，就是因为达不到要求。在这里，刻苦勤奋是不需要强调的，就强调思路和论据，不严谨、没有自己的观点根本行不通。"教师的态度和行为深刻地影响着学生的思维倾向和行为倾向，一所高校治学严谨的风格，是靠教师群体维系和铸就的。这种维系的力量来自一种信念乃至信仰，有一种固守的态度才会有养成习惯的可能，这也是考察一所大学文化品质的标准。

（2）诚信

高校教学质量问题有很大一部分是由于诚信缺乏造成的，明知道这样做不行，但为了某些利益因素或好逸恶劳的习惯，依然我行我素。例如，某些教师明知道满堂灌效果差，但为了减少工作量和工作难度，回避逻辑推演，视野仅仅局限于教材，照本宣科，忽视与学生的讨论与互动。还有一种普遍现象，为了应对检查而作假，污染学术神圣，客观上影响了学生对学术的不尊重。从文化视角分析，教师学术文化是一种主导性文化，教师与学生虽然地位平等，但是各自发挥的作用是无法平等的，有一种公理性认识：教师对学生的影响远远大于学生对教师的影响。教师的诚信缺失行为不仅直接导致教学质量含金量降低，还影响了学生在类似背景下的模仿行为。上升到学校层面，诚信有利于建设轻松、和谐的人际关系，诚信产生信赖，减少人与人之间的猜疑，是合作的基础。诚信有利于营造良好的学术发展软环境，促进教师之间的沟通和交流。"高质量的人际关系的威力比道德目标更大，当缺少高质量的人际关系时，无论哪一种解决方案都会是成本高昂的。没有一种信赖的关系，人最多只是去做与自己的薪水相应的工作；有信赖的关系，他们会使你的投入有翻倍收益的同时付出额外努力。"[10]高校中还有一种风格上的诚信缺失问题，主要表现在利用信息不对称进行隐瞒、欺骗，阻碍知识学术资源共享。这种现象在教师、学生、管理人员之间都不同程度地存在着，影响了教学质量和学习质量。诚信问题因国人的"面子"问题以及顾及产生的影响,虽常有发生,但难以得到惩治,更不适宜宣扬,造成背后的议论以及餐桌上的议论,甚至产生"小圈子"文化现象。诚信的缺失,其背后的代价是增加了成员之间的不信任,造成整个学校风气的怪异和别扭,只有身处其中的人们才有体会,这是评估难以企及的方面。

(3)创新

把创新作为质量文化的支柱之一,根据是高校作为高层次人才培养的殿堂和学术圣地,创新应是一种学习和工作方式,没有创新,高校就没有存在的合法性,也没有发展的动力。专业人才和专业知识的汇集,形成了高校创新得天独厚的优势,二者意味着专业思维和专业视界,意味着肥沃的创新土壤,这是高校自身客观存在的。主观上,创新文化的培育关键要培养教师、学生的问题意识,问题意识是创新的诱因。教师能否在课堂上准备若干问题组织讨论,学生能否就所学内容提出自己的问题,这是考察课堂教学质量的一个重要指标,也是国内标准制订忽视的一个方面。欧美国家对学生问题意识的培养极为重视,其观点是没有问题的教学是无效教学。有美国教育专家在对我国课堂教学进行评价时说:"既然学生没有问题,为什么还要讲呢?"基于教学实际,学生的问题困境首先在于学生抓不住问题实质,不会层层分解问题,造成逻辑理路混乱;其次在于学生知识储备有限,知识建构不注重条件,造成无法与问题情境建立联系。课堂教学应重点突出思维引导,体现一种问题思考流程:问题来源—界定问题—问题条件—分解问题—解决依据—解决问题,凸显对问题的盘剥。"徒弟从师傅那里获得的东西中,最重要的是'思维风格'而不是知识或技能。就这一风格而言,发现问题与解决问题一样重要。"[11]这种问题思考流程,从方法上固定了一种程序,教师能够有意识地剖析知识,学生学习有意识地思考各环节的知识条件,寻找论据。这本身就是一个发现过程,其中,问题意识、思维习惯得到发展和训练。让学生学会提出问题、分析问题和解决问题是衡量教学质量的一个重要方面。

(4)责任

从理念层面分析,责任是一种赋予组织或自身建构的使命,体现自身存在的价值或展示存在的原因;从行为层面分析,责任是分内应做的事情,也就是承担应当承担的任务、义务,以及应当承担的后果。质量文化在普遍意义上被认为是人们在内心深处对质量及其相关活动的认知程度,责任维系着这种质量意识所导致的行为恪守原则,反对打破底线,崇尚精益求精。"在全面质量管理的发起国日本的企业中,他们认为质量管理在很大程度上是一种责任心,如果一个人、小组、部门的责任心在,那么讲出的话即可成为结果,也承担相应的责任,因此也就不需要什么文件来确认了,所需要的只是一个保证可追溯的问题。"[12]在质量文化视野中,责任感驱使个体思考如何才能达到自身定位的高质量。换言之,质量意识鲜明,并以达到或超越质量标准为自身的追求目标,在教学中以如何提高学生知识转化的能力和策略为教学思考切入点,时刻关注学生对学习、对问题、对思考的认识和反应,关注学习资源的配置和供给,关心学习平台和学习机会的提供能否支持学生自主学习。在关注过程中,产生强烈的质量情感。由责任感进一步升华的质量情感,使得个体对违背教育教学规律的行为、急功近利的行为和形式主义行为自动屏蔽甚至深恶痛绝,个体会在能力范围内以多种方式表达自己的不满、抗议,进一步彰显、凝聚责任感和质量情感,为组织注入正能量。

二、夯实基础,变革教学质量文化

文化变革是一个潜移默化的过程,"潜移"是前提,必须有实质性的变革制度和行为发生,并持之以恒,才能达到"默化"的结果。"默化"的结果取决于"潜移"的制度适切性和行为的深入性和一贯性。在文化变革过程中,普遍的痼疾是:建章立制多,执行落实流于形式;虎头蛇尾的情况多,使得制度得不到应有的尊重,导致潜而不移。文化变革的关键在于变革期望的理念认识到位、行为能够持续发生。质量文化变革一般都要涉及思想、态度、行为的转变,分解到组织行为上,包括了解、承诺、能力、改进、沟通和持续六个方面。

1.了解

变革教学质量文化要真正明白教学与学习的需要,改变传统的"分数即质量"的狭隘认识,教学质量的质素因子应体现为知识转化,分数是对知识转化程度和范围的评价。对于教学质量,知识转化是第一位的,分数是第二位的,分数围绕知识转化的效果这个轴线上下波动。"分数即质量"的观点容易导致教学指导应试化以及考前划重点、划范围等教学投机行为,也容易造成阅卷标准降低。知识转化的质量观点则注重问题的分析和解决方法,关注思维发展的方向和能力的评价。因此,教学与学习应该围绕知识转化的内容进行组织,相应地,教学和学习活动应体现为思维的转变和深入。

2.承诺

承诺联结着内在认可和预期的外在行为。质量文化建设容易流于形式的根源在于对品质文化缺乏情感的注入和行为的飘忽游离,对文化建设的应激性反映行为替代了恒常的行为坚持。质量文化建设不能只是依赖号召,乃至制度约束,如果制度不能走进组织成员心中,那么行为也就只能是对制度的敷衍。因此,变革质量文化的关键是要有策略地激发、驱使组织成员内在的激情和动力,不管是主动还是被动,只要内心的热情被调动起来,都将转化为主动的行为。根据对教学质量的理解,需要组织成员承诺对知识转化投入的精力和工作方式,院系主管人员以及学科带头人都应以身作则,有坚定的信心。一旦做出承诺,就注入了人格的力量,组织成员就会调动自身的能力和资源力量来捍卫自身的尊严,这也表明组织成员要对改进质量、注重知识转化投入足够的精力,没有退路,以承诺厘定工作底线。不能调动组织成员内心的热情、不能得到组织成员认可的承诺是艰难的,也就预示着质量文化建设极有可能举步维艰。有了承诺,质量变革行为就会变得水到渠成,仅仅就是技术和策略性问题了。

3.能力

知识转化需要教师有深厚的知识底蕴和系统化的结构性知识,以及熟练的教学技能和实践技能。学校还应提供条件进行培训和倡导学习,以改进教师完成质量改善工作的方法,使得各种教学行为都自主自发地朝向知识转化的方向。

4.改进

组织成员要集思广益,发挥集体智慧和个体的主观能动性,确实掌握知识转化过程中普遍存在的问题以及所需要的条件,探讨解决的可能性以及解决路径,从整体上促进知识转化的效度。

5.沟通

有了承诺,有了共同的努力方向,沟通就成为自身发展和达成目标的必然选择。通过与知识转化有关的所有同行接触,关注促进专业知识转化的所有可能因素,组织成员彻底明白自己在改善质量中所扮演的角色,并支持质量管理行动。

6.持续

因为有了承诺,对质量改进和知识转化的关注就会变得持之以恒,无论情况如何变化,组织成员都会坚守底线,审视自身行为与要求的距离,不断调整自己的行为,不能有丝毫懈怠。

上述六大方面的变革,源于一个基本的常识:教师对学生的影响远远大于学生对教师的影响。作为社会文化的代言人,教师负有天然的社会责任——教化学生。教师除了对学生进行价值观念的引导外,更重要的是一种行为观念——批判和创新——的培养。大学生有自己的评价原则和价值标准,社会倡导的价值观念学生也大多耳熟能详,关键是教师的教育教学行为对这些价值观念的诠释和体现才会产生教化能力,习惯性行为和恪守的原则理念比语言更能产生教化意义。榜样是在行为中产生的,而非在语言中产生。现实中,高校的质量文化建设在一些展现形式和条文制订上颇受重视,并没有与质量提高直接联系,仅仅是为体现文化建设。六大变革,核心是促进教师质量意识、质量行为、质量情感、质量道德的转变,并潜移默化地带动、引导学生的变化。

参考文献:

[1][美]詹姆斯·R.埃文斯,小詹姆斯·W.迪安.全方位质量管理[M].吴蓉译.北京:机械工业出版社,2004:2.

[2][美]克利福德·格尔茨.文化的解释[M].韩莉译.南京:译林出版社,1999:5.

[3][美]约瑟夫·M.朱兰,A.布兰顿·戈弗雷.朱兰质量手册[M].焦叔斌等译.北京:中国人民大学出版社,2003:724.

[4][美]克利福德·格尔茨.文化的解释[M].韩莉译.南京:译林出版社,1999:22.

[5]樊华强.论大学生的学习自由权及其限制[J].黑龙江高教研究,2012(6).

[6]王建华.高等教育质量管理:文化的视角[J].教育研究,2010(2).

[7]王建华.高等教育质量管理:文化的视角[J].教育研究,2010(2).

[8]汤尧,成群豪.高等教育经营[M].中国台北:高等教育文化事业有限公司,2003:428.

[9]杨钢,Wilfred Leichert.质量无惑:世界质量宗师克劳士比省思录[M].北京:中国城市出版社,2002:107.

[10][加拿大]迈克尔·富兰.变革的力量——深度变革[M].中央教育科学研究所,加拿大多伦多国际学院译.北京:教育科学出版社,2004:48.

[11][美]罗伯特·卡尼格尔.师从天才——一个科学王朝的崛起[M].江载芬,闫鲜宁,张新颖译.上海:上海科技教育出版社,2001:240.

[12]中国质量协会.质量文化建设论坛介绍——质量文化探究[EB/OL].[2015-10-12].http://www.caq.org.cn/Html/nqcc_meeting/2009-3/11/142850_2.shtml.

后 记

本书是在重庆市重大教改课题"高等学校内部质量保障体系建设的理论与实践研究"(项目编号:111022)基础上完成的,由重庆科技学院院长严欣平教授主持,教学质量与评估办公室、教务处、高教研究所、学工部、研究生处等有关单位专家、学者和一线教师积极参与,研究和实践同步进行,实践反馈改进研究,研究探索改进管理实践,历时四年完成。参与该书撰写的人员有:王光明(第一、二、三、四、十二章),柏伟(第五章),陈静(第六章),王润华(第七章),李文华、向晓春(第八章),张其敏(第九、十章),余志祥(第十一章)。

该书成书思路和主要内容为:梳理既有研究成果—达成质量共识—分析研究质量生成过程—寻找影响质量的关键控制点—建立关键质量控制点的质量标准—收集关键控制点的质量信息—实施关键控制点的质量评价—反馈并应用于质量管理调控—质量持续改进提高。在达成质量具有效用二象性共识的基础上,推衍知识转化是教学质量生成的本质,从重庆科技学院实际出发,制订符合地区发展和与自身定位相适应的质量标准,包括人才培养规格标准、专业设置标准、课程标准、师资标准、培养过程标准、质量评价标准等,以标准为参照,细化实施工作,建立教学质量保障机构,强化全面质量管理,强化自我质量保障和监督评价工作,使之系统化、制度化和执行常态化。

该书理论研究部分从知识视角入手,着重探索依赖知识转化提高教学质量的途径,实践研究力求对工作常态、制度安排进行纪实性撰写,既是对重庆科技学院进行教学质量保障体系研究的总结和升华,也为高校研究教学质量保障体系提供一定的信息参考。

尽管得益于各方面的支持和帮助,但由于时间和能力有限,本书难免有所不足,恳请各位专家、读者评判指正。

谨此致谢!

编写组

2016 年 8 月 15 日